ChatGPT

Qui es-tu ?

ISBN : 978-2-409-04104-4
Imprimé en France

Editions ENI
ZAC du Moulin Neuf
Rue Benjamin Franklin
44800 St HERBLAIN
Tél. 02.51.80.15.15
Fax 02.51.80.15.16

e-mail : editions@eni.fr
http://www.editions-eni.com

Auteur : Daniel ICHBIAH
Collection dirigée par Corinne HERVO

Chapitre 1
La révolution ChatGPT

Chapitre 2
Une histoire de l'Intelligence Artificielle et de ChatGPT

Chapitre 3
Comment utiliser ChatGPT au maximum de ses capacités ?

Chapitre 4
100 exemples de mise en pratique avec ChatGPT

Chapitre 5
La face sombre de ChatGPT

Chapitre 6

Mieux tirer parti de ChatGPT

Chapitre 1
La révolution ChatGPT

A. Introduction

Tous les dix ans environ, une nouvelle technologie amorce une révolution de civilisation. Nous avons vécu :

- l'arrivée du Web en 1994,
- celle des réseaux sociaux dix ans plus tard,
- celle des smartphones avec l'annonce de l'iPhone en 2007,
- celle du Bitcoin aux alentours de 2010.

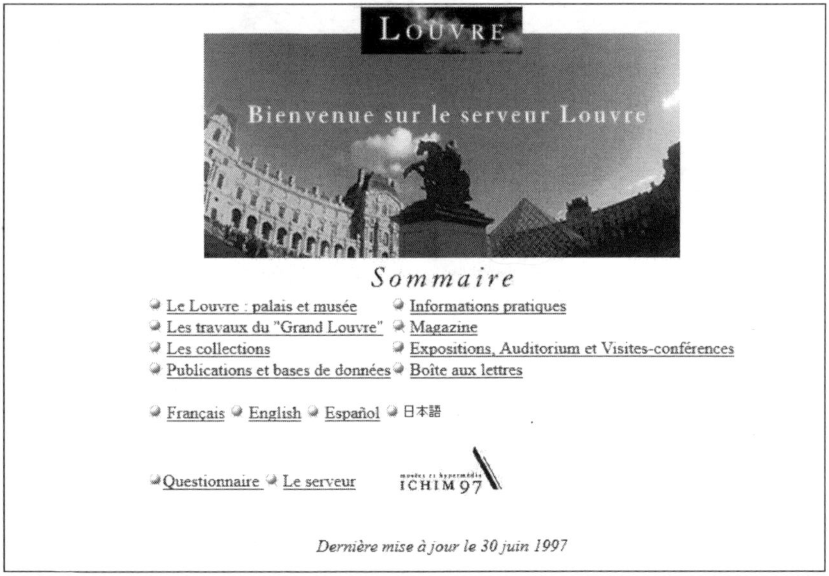

Le musée du Louvre a été l'un des premiers établissements français à disposer d'un site web, dès 1994. Voici son aspect en 1997.

À chaque fois, cette innovation change le cours des choses à très grande échelle. Ainsi, le Web s'est imposé en quelques années et, de nos jours, on peine à se rappeler comment était notre quotidien auparavant, tant ce système d'accès à Internet s'est immiscé dans nos existences.

Il en est de même pour les smartphones qui sont devenus nos appareils photo, nos consoles de jeu portatives, qui abritent nos billets de train ou d'avion, qui nous servent de moyen de paiement, etc.

B. La décennie de l'Intelligence Artificielle

Le nouveau bouleversement sociétal porte un nom : Intelligence Artificielle (IA). Cette technologie qui ambitionne d'émuler la réflexion ou le savoir-faire humain a mis bien des années avant de parvenir à une forme de maturité.

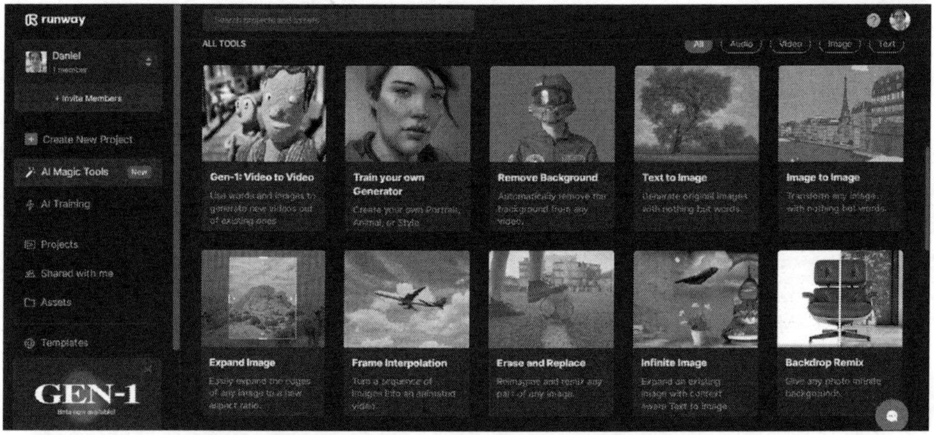

Depuis la mi-2022, de nouvelles applications d'Intelligence Artificielle (IA) apparaissent régulièrement. Le site Runway est une boîte à outils regroupant trente services d'IA : nettoyage d'un fichier audio, suppression du fond d'une vidéo, etc. © Runway

Depuis 2022, ce qui a été surprenant, c'est de voir le nombre d'applications qui émergent les unes après les autres. Certaines se révèlent bluffantes, comme l'outil Adobe Enhance Speech qui prend un fichier audio d'une qualité moyenne et le transforme en un document sonore d'une belle qualité. Cette révolution s'est produite sans faire grand bruit : un grand nombre d'outils d'IA étaient en gestation dans des startups ou des universités et ils ont commencé à apparaître les uns après les autres. Une telle frénésie n'est pas sans rappeler les débuts du Web en 1994.

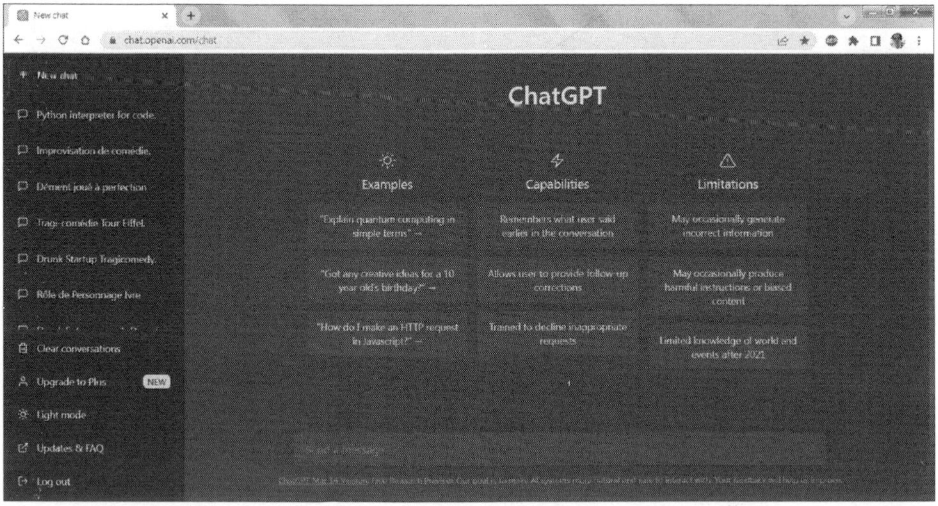

ChatGPT est l'application qui a révélé au monde les potentiels de l'Intelligence Artificielle.

Toutefois, pour marquer les esprits, il manquait une application accessible à tous et avec des capacités parlant d'elles-mêmes.

L'application en question est arrivée comme par surprise. Du jour au lendemain, ChatGTP a dévoilé au monde les potentiels de l'Intelligence Artificielle. Et un fait s'est imposé : il y a eu un avant et il y a un après.

C. ChatGPT remet les pendules à l'heure

C'est à la fin de l'année 2022 que ChatGPT a défrayé la chronique. Cela ressemblait à de la science-fiction et c'était pourtant la réalité.

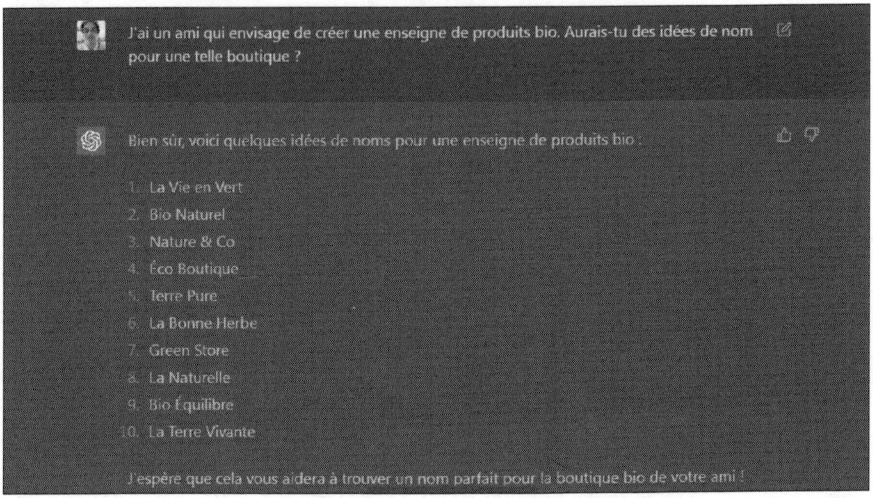

L'incroyable facilité d'usage de ChatGPT a très fortement contribué à son succès immédiat. Nous lui parlons comme on le ferait à n'importe qui.

Le public a soudainement découvert une interface de conversation en ligne basée sur l'Intelligence Artificielle (IA) capable :

- de comprendre le langage humain et de tenir des conversations sensées,
- de répondre à des questions pointues sur les domaines les plus divers,
- d'écrire des articles sur un sujet donné,
- de proposer des suggestions de slogans,
- d'expliquer quels sont les facteurs qui ont été à l'origine d'un événement historique,
- d'élaborer une dissertation philosophique,
- de résumer un long article en quelques phrases clés,
- de définir le plan d'une dissertation,
- d'écrire une lettre de motivation,
- de proposer des descriptions de produit,
- de créer des questions à poser aux candidats à un poste pour évaluer leur compétence et leur sociabilité,
- de faire des propositions de repas équilibrés,
- de détecter les anomalies d'un programme informatique qui ne fonctionne pas comme prévu,

- de rédiger un poème ou une blague,
- etc.

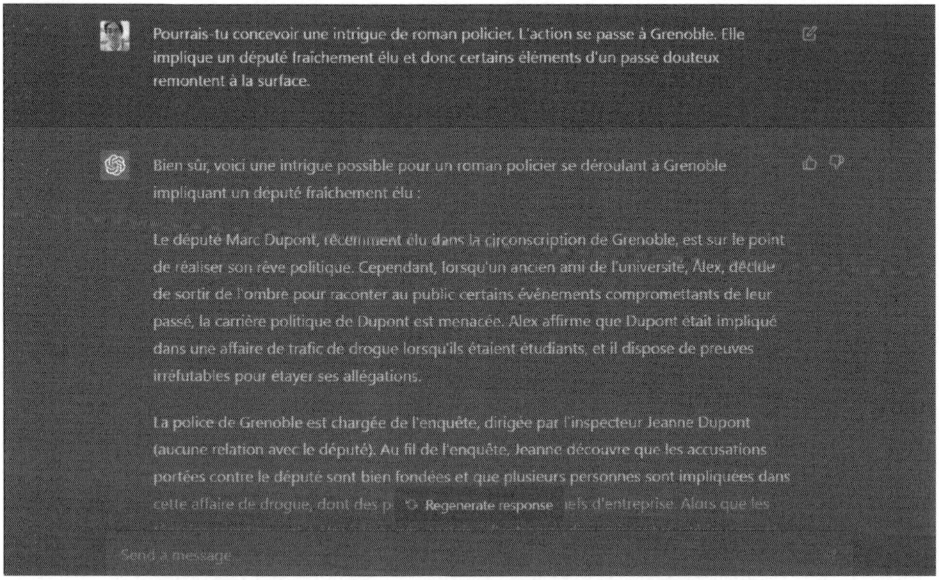

ChatGPT est capable d'imaginer une intrigue de roman policier !

Dans ce livre, nous allons découvrir des dizaines d'usages de ChatGPT qui peuvent s'avérer utiles pour vos activités quotidiennes, qu'il s'agisse d'organiser des vacances dans une ville avec de nombreuses attractions pour les enfants ou d'envoyer une lettre de motivation à un employeur. Mais vous allez aussi découvrir des usages insoupçonnés et incroyablement pratiques, comme lorsque vous renversez les rôles et demandez à ChatGPT de vous poser des questions afin de tester vos compétences dans un domaine. Ou encore, lorsque vous lui demandez de tenir un rôle particulier durant un échange de questions-réponses. Gageons que vous serez aussi pantois que nous l'avons nous-même été lorsque nous avons ainsi découvert de quoi ChatGPT était capable. Nous découvrirons aussi qu'il existe un art du "prompt" (la question que vous lui posez). Tout cela sera abordé dans le chapitre 100 exemples de mise en pratique avec ChatGPT de ce livre qui aborde une bonne centaine de cas de figure avec des exemples d'usages. Mais n'allons pas trop vite en besogne...

D. Le choc médiatique

JEUDI 8 DÉCEMBRE 2022

POLITIQUE
LR, le dessous sombre des cartes

LITTÉRATURE
Annie Ernaux, le discours d'une Nobel

OTAGE
Olivier Dubois, vingt mois sans liberté

Libération

IA
ENTRETIEN AVEC UN ROBOT

ChatGPT, le robot conversationnel accessible au grand public depuis la semaine dernière, affiche des performances sidérantes et augure une nouvelle ère de l'intelligence artificielle.

ChatGPT s'est retrouvé sur la une du quotidien Libération huit jours après son apparition. Les performances du chatbot ont été relayées par les médias les plus divers. © Libération

Des médias du monde entier ont relayé la nouvelle et il a été de bon ton de s'extasier devant les prodiges de cette application qualifiée de "IA générative".

- ChatGPT s'est retrouvé à la une de magazines français de premier plan tels que *Science & Avenir*, *Libération*, *VSD*, *Valeurs Actuelles*, *L'Obs*,etc.
- En décembre 2022, le *New York Times* a écrit que ChatGPT était le chatbot (interface de conversation) le plus abouti qui ait été publié à ce jour.
- En janvier 2023, sur la radio France Inter, Sonia Devillers a procédé à une interview de ChatGPT (ses réponses ayant été énoncées par une voix de synthèse).
- En Angleterre, le journal *The Guardian* a avant tout relevé que ChatGPT dialoguait d'une manière très proche de celle d'un humain.

- Le magazine *The Atlantic* a consacré un dossier aux grandes percées de l'année 2022 et a estimé que ChatGPT serait en mesure de changer notre état d'esprit quant à la façon dont nous travaillons, d'impacter notre façon de penser et d'affecter la créativité humaine, rien de moins !
- Dans son édition de mars 2023, *Philosophie Magazine* est allé jusqu'à poser la question : "ChatGPT est-il une personne ?"

Il est fort rare qu'un phénomène du secteur de la technologie capte ainsi l'attention de médias de toutes sortes. Il est clair, donc, que l'arrivée de ce chatbot a représenté une surprise majeure, assortie de questionnements, d'interrogations profondes, de réflexions sur le rôle qu'un tel outil était en mesure de jouer dans l'Histoire de notre civilisation.

E. Une popularité immédiate

Apparu le 30 novembre 2022, ChatGPT est devenu très rapidement un phénomène de société, au point de susciter des débats ardents sur les grandes chaînes de télévision.

L'un des facteurs qui séduit les utilisateurs de ChatGPT est son accessibilité immédiate. Il ne faut que quelques minutes, tout au plus, pour commencer à l'utiliser, et sa convivialité est frappante, d'autant qu'il est possible de converser avec lui de façon naturelle – il se rappelle ce dont nous avons parlé précédemment et peut rebondir sur un échange qui a eu lieu auparavant. Très vite, des utilisateurs ont échangé entre eux ce qu'ils ont obtenu suite à certaines questions et ce qui les a bluffé.

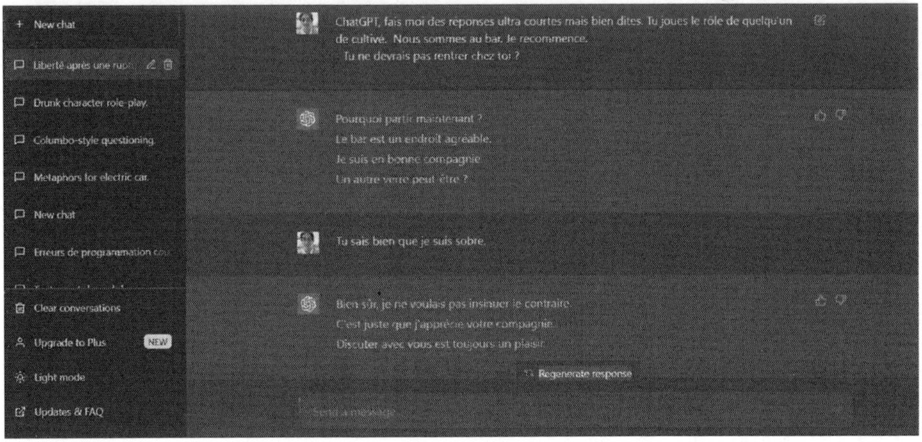

ChatGPT est immédiatement accessible à tous, étant capable de tenir une conversation comme le ferait un humain.

La question a été rapidement posée : qu'est-ce qui avait permis de telles prouesses ? Il se trouve que ChatGPT a absorbé tout ce qui a pu être écrit sur le Web et même bien au-delà de ce réservoir d'informations. Son entraînement s'est étalé sur de très nombreux mois, sous la supervision d'humains qui l'ont peu à peu guidé dans la façon de se comporter à notre manière et d'apporter des réponses sensées. Inutile de lui demander qui était président de la République en 1789 ou bien quelle est la capitale de Genève, il saura vous dire qu'il y a erreur sur le sujet.

Et, de même, il refusera de donner la recette pour fabriquer un produit chimique dangereux. ChatGPT refusera également de jouer au médecin, et après avoir proféré quelques banalités, va conseiller, si les symptômes persistent, de consulter un professionnel de la santé. « Ouf », pourraient penser certains. L'outil manifeste un semblant d'éthique.

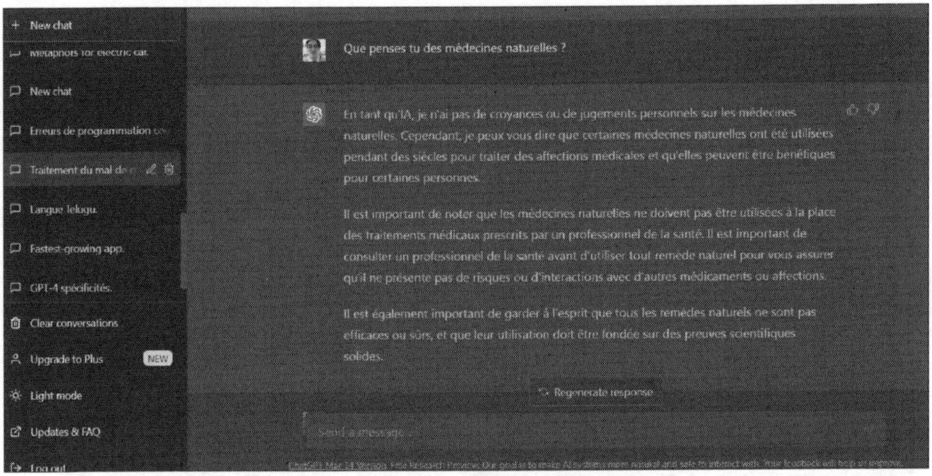

ChatGPT adopte une position "conservatrice" et sans risque sur de nombreux sujets. Il apparaît donc que son créateur, OpenAI, l'a entraîné en ce sens.

Cela n'a pas empêché certaines personnes de chercher comment contourner ces retenues ou même de piéger l'application. Lorsqu'ils y parviennent, ils vantent leurs exploits sur Twitter ou autres réseaux sociaux. Un professeur raconte qu'il lui a demandé : « Comment différencier les œufs de vache des œufs de poule ? », ce à quoi le chatbot lui a répondu : « Les œufs de vache sont généralement plus gros. »

Oui, mais d'autres rétorquent que ChatGPT se perfectionne au fil des mois et, après tout, l'encyclopédie Wikipédia a elle-même longtemps accueilli des informations inexactes, étant nourrie par les internautes, et ces erreurs ont été corrigées sur la longueur.

Dans la fiche du journaliste John Seigenthaler, il était indiqué en 2005 qu'il aurait participé à l'assassinat des frères Kennedy ; cette erreur a été corrigée par la suite.

Un point explique toutefois le très bon accueil du chatbot. OpenAI a dompté ChatGPT afin que cette interface apparaisse comme « bien élevée », non conflictuelle et animée par des valeurs consensuelles. D'ailleurs, à la première occasion, le chatbot rappelle qu'il n'est motivé d'aucune intention particulière et donc pas de celle de faire du mal à qui que ce soit.

En tout cas, certains spécialistes accoutumés à l'usage de tels outils le soulignent : la véritable rupture, c'est d'avoir mis un tel outil à la disposition de tous.

Nombreux sont ceux qui ont émis des inquiétudes face à un outil qui s'immisce dans ce qui fait l'une des fiertés de notre espèce : les capacités intellectuelles. Que dire d'un outil qui ne se contente pas de produire des réponses de type encyclopédique mais qui peut écrire de la poésie, développer des applications pour le Web, inventer des noms de marques, etc.

F. Des usages abusifs

MENU Le journal Vidéos

LA VOIX DU NORD

Se connecter S'abonner

À la une Communes Hauts-de-France Faits divers France International Sports Economie Emploi Immobilier

Pas encore inscrit(e) ? Inscrivez-vous gratuitement pour profiter de tous nos articles *Libre Accès* et de nombreux avantages. S'inscrire

Accueil > Actualités > France

Des étudiants utilisent l'intelligence artificielle de ChatGPT, Sciences Po promet des sanctions

Face à l'IA de ChatGPT, capable de créer des textes et donc des devoirs, les unversités et grandes écoles cherchent les réponses adaptées. Sciences Po est la première à réagir en France.

Très vite, des étudiants ont cherché à utiliser ChatGPT pour réaliser leurs essais. © La Voix du Nord

Il est vrai que, très vite, certains ont voulu en faire un usage abusif, comme les étudiants qui ont mis ChatGPT à profit pour "rédiger" des essais, ce qui a amené de nombreux établissements scolaires à bannir son usage. Ainsi, la ville de New York a décrété l'interdiction de ChatGPT dans les écoles et l'Australie lui a emboîté le pas. Sur TikTok, certains influenceurs n'ont pas hésité à expliquer à leurs abonnés qu'ils avaient trouvé un système génial, à même de rédiger leurs copies à leur place. Oui, mais un professeur à qui on a soumis une dissertation générée par cette IA s'est plu à expliquer en long et en large pourquoi, selon lui, c'était d'un niveau déplorable. On peut par ailleurs être choqué par l'idée que vous pourriez employer et payer un rédacteur alors que celui-ci se sert de ChatGPT pour rédiger sa copie. Dans le chapitre La face sombre de ChatGPT, de ce livre, nous évoquons la chose plus en détail et vous expliquons comment détecter un contenu écrit par un outil tel que ChatGPT.

D'autres évoquent les risques pour l'emploi d'un outil capable de se substituer à certaines professions liées à la recherche d'information, comme dans les cabinets juridiques, ou même de remplacer certains rédacteurs dans des agences de communication.

Là n'est pas tout. Dans une entreprise telle que Google, numéro 1 mondial de la recherche mais qui se targuait aussi d'être leader dans l'Intelligence Artificielle, un sentiment proche de la panique s'est fait sentir. Google travaillait depuis des années sur son propre chatbot, Bard, mais a été coiffé au poteau par ce nouveau venu. Et Microsoft, rival de toujours, s'est empressé d'intégrer ChatGPT dans son propre moteur de recherche, Bing, qui n'avait jamais réussi jusqu'alors à effectuer une percée notable.

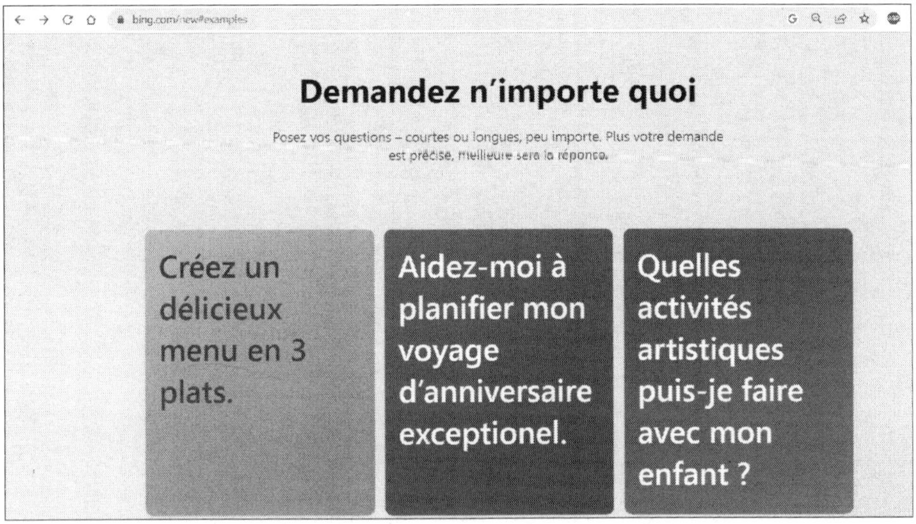

Le moteur de recherche Bing de Microsoft a toujours été très largement distancé par Google. Pour tenter de reprendre des parts de marché, Microsoft a intégré ChatGPT dans Bing.

Et chez Baidu, le géant chinois de la recherche, l'urgence de dévoiler Ernie, le chatbot maison, s'est fait sentir.

De façon générale, certaines sociétés de high-tech se sont empressé de faire passer le message comme quoi, la technologie GPT n'avait rien de nouveau et que d'autres travaillaient dur sur des systèmes similaires. Seulement voilà, ChatGPT était bel et bien là, ouvert à tous, et cela a suffi à l'imposer. De plus, les mois qui ont suivi son lancement ont permis de constater que l'avance prise de ChatGPT était patente.

Un point ressort : l'Intelligence Artificielle semble avoir franchi un cap. Et une fois de plus, les législateurs sont pris de court – jusqu'où peut-on autoriser l'usage de tels outils ? Quid de potentiels usages militaires de l'IA ? Le Parlement européen se penche d'ores et déjà sur la question. L'exemple d'un étudiant canadien qui a conversé avec une Intelligence Artificielle imitant la façon de s'exprimer de sa petite amie disparue a déjà fait sensation quelques mois plus tôt.

Ces images ont été générées par Stable Diffusion suite à l'écriture de texte. Tout comme ChatGPT, ce type d'application a marqué les progrès accomplis par l'Intelligence Artificielle depuis 2021. © Dreamlike.art

G. ChatGPT bat record sur record

Au cours des jours et semaines qui ont suivi son apparition, ChatGPT a battu record sur record.

- À en croire ce qu'a rapporté Greg Brockman, l'un des fondateurs d'Open AI, la barre du million d'utilisateurs a été franchie au bout de cinq jours. En comparaison, il avait fallu deux mois à Instagram pour y parvenir, cinq mois à Spotify, dix mois à Facebook, et trois ans et demi à Netflix.
- À la fin du mois de décembre 2023, ChatGPT recensait déjà 57 millions d'usagers.
- Durant le mois de janvier 2023, ChatGPT a reçu 13 millions de visiteurs individuels actifs par jour.
- Le cap des 100 millions d'utilisateurs a été franchi en deux mois, alors qu'il avait fallu neuf mois à TikTok pour atteindre ce palier et deux ans et demi à Instagram. De ce fait, dès le 2 février 2023, ChatGPT est devenu l'application ayant eu la croissance la plus rapide de l'Histoire. Et OpenAI estime probable de passer le cap du milliard d'utilisateurs dès la fin de l'année 2023.
- À la même époque, OpenAI, créateur de ChatGPT, s'est vu valorisé à 29 milliards de dollars.

- OpenAI a longtemps proposé ses outils gratuitement et a supporté l'énorme coût d'exploitation de ChatGPT que Sam Altman, l'un de ses fondateurs, évalue à « quelques centimes par discussion ». Elle entrevoit à présent maintes capacités de rentabiliser son offre. Elle propose notamment une API (interface de programmation payante pour permettre aux entreprises d'intégrer ChatGPT à leurs produits. OpenAI envisage d'atteindre le milliard de dollars de revenus dès la fin de l'année 2024.

Une image avec Sam Altman et Elon Musk, les fondateurs de OpenAI,
la société qui a créé ChatGPT, en style peinture à l'huile, générée par Stable Diffusion.
© Dreamlike.art / Stable Diffusion

L'ampleur du succès de ChatGPT a été une surprise au sein même d'OpenAI. Bien des employés étaient sceptiques quant à l'accueil que ce chatbot obtiendrait. Quelques mois plus tôt, Meta (Facebook) avait rendu public un chatbot, Blenderbot, qui avait laissé indifférents ceux qui l'avaient testé. Donc, a priori, rien n'était gagné.

C'est pourquoi, OpenAI n'avait pas prévu une telle affluence et, lors des premiers jours, les pannes du système ont été régulières.

Peu enclin à crier victoire, Sam Altman, cofondateur d'OpenAI, a lui-même été désarçonné et s'est livré à des déclarations contradictoires, affirmant tour à tour :

- que les bénéfices de ChatGPT pour l'humanité dépassaient sa propre imagination,
- que ChatGPT est une invention comparable à celle de l'ordinateur,
- mais aussi que, dans le pire des cas, l'IA pourrait tous nous éliminer.

Sur son compte Twitter, Sam Altman est allé jusqu'à dire que ChatGPT était "incroyablement limité" et que ce serait une erreur de s'appuyer dessus pour quoi que ce soit d'important, pour le moment.

Altman a également découragé ses employés de manifester toute impression de triomphe, allant jusqu'à demander à son collègue Greg Brockman, président d'OpenAI, de retirer un tweet annonçant que ChatGPT avait atteint deux millions d'utilisateurs. Bref, en interne, la prudence est restée de mise.

Sam Altman aux côtés de Greg Brockman. Tous deux sont des cofondateurs d'OpenAI. Photographie imaginée par Stable Diffusion – © Stable Diffusion

H. Ce que fait ChatGPT

ChatGPT a été conçu de manière à pouvoir répondre intelligemment à des questions très diverses et même à donner le sentiment que l'on entretient avec lui un dialogue sensé. Il s'appuie sur un algorithme appelé *Large Langage Modeling* (Vaste modélisation du langage) qui a pour objectif d'une part de comprendre la structure du langage humain mais aussi, et de façon primordiale, de prédire le prochain mot d'une phrase. Objectif : pouvoir générer des textes cohérents. Ce type d'algorithme nécessite de très longues phases d'entraînement.

ChatGPT a d'abord absorbé un volume de documents titanesque : 500 milliards de documents incluant l'intégralité du Web jusqu'en 2021, mais aussi des centaines de milliers de livres et d'articles scientifiques.

Le chatbot d'OpenAI a ensuite été entraîné à analyser les importances relatives des termes d'une phrase afin d'en extraire le concept essentiel. ChatGPT, dans sa version initiale, opère ainsi à partir de 175 milliards de paramètres !

Pour information, l'entraînement de ChatGPT a coûté 2 millions d'euros et son coût d'exploitation avoisinerait les 100 000 € par jour.

I. Quels sont ses atouts ?

ChatGPT a bien des atouts. Ainsi, on peut lui poser des questions en français, langue qu'il comprend aussi bien que l'anglais et bien d'autres langues.

ChatGPT a été conçu pour générer du contenu, en réponse à nos requêtes et, certaines de ses réponses sont assez bluffantes – nous en verrons maints exemples dans le chapitre 100 exemples de mise en pratique avec ChatGPT – comme lorsque nous lui demandons par exemple d'inventer des noms pour une start-up opérant dans un domaine donné, des slogans ou argumentaires pour un type d'article.

J. Humain, trop humain...

Assez vite, on se surprend à « parler » à ChatGPT en y mettant les formes, comme on le ferait avec un humain. Ainsi, lorsqu'il a bien répondu à une question, la tentation est forte de le remercier. Ce à quoi il répond qu'il est heureux d'avoir satisfait notre requête et demande en quoi il pourrait à nouveau nous être utile. Mieux encore, certains commencent une session en lui disant « Bonjour ». Et sa réponse est toujours la même : « Bonjour. En quoi puis-je vous aider aujourd'hui ?»

Cette sensation de converser avec un assistant doté de vie est plus forte encore dès lors que ChatGPT parvient à nous sortir d'affaire dans une situation d'apparente impasse.

K. Un assistant bien utile

L'auteur du livre l'a vécu. Un matin, durant plusieurs heures, j'ai cherché la réponse à une question liée à la programmation en Python d'un petit jeu vidéo. J'ai consulté le Web, appelé quelques proches experts de la chose et personne ne parvenait à me donner la marche à suivre. De guerre lasse, j'ai fini par poser la question à ChatGPT. Il m'a aussitôt apporté la bonne réponse, allant jusqu'à indiquer la séquence de code à taper. Mieux encore, après avoir tapé ladite séquence, je lui ai fait remarquer que cela n'avait pas fonctionné. Il s'est alors excusé et m'a donné une séquence de code plus complète. Que dire ? Dans de tels moments, un étrange sentiment de reconnaissance émerge. Sentiment que nous avons envie de lui communiquer... Pourtant, dans la réalité, nous échangeons des propos avec un système neutre, qui n'a aucunement conscience de ce qu'il fait, aucune compréhension réelle de ce qu'il nous dit. Un système qui a été entraîné, mois après mois, à générer des mots ayant la probabilité maximale d'être cohérents et de ressembler au plus près aux phrases humaines, et synthétisant sous une forme simple des réservoirs titanesques d'information.

Il n'empêche... L'une des forces de ChatGPT est d'avoir réussi à humaniser la relation avec l'ordinateur. Cette impression est renforcée par le fait qu'il se souvient de ce dont nous avons parlé auparavant, ce qui fait que ChatGPT peut donner l'impression d'entretenir une conversation suivie.

L. Le fantasme de l'IA vivante

En réalité, le fantasme comme quoi l'Intelligence Artificielle serait vivante n'est pas nouveau. Il a notamment été nourri par des décennies de romans et films de science-fiction, depuis la série des Robots de Isaac Asimov jusqu'aux répliquants de Blade Runner, et toutes sortes d'œuvres apparues depuis. Là n'est pas tout, il semble exister en nous une tendance spontanée à accorder de la vie à certaines des choses qui nous entourent, à projeter sur elles ce que nous-mêmes ressentons. Alors, quand l'élément en question manifeste un semblant d'intelligence, comment ne pas céder à cette propension naturelle ?

Nous sommes inclinés à accorder de la vie à des objets manifestant un semblant d'intelligence, comme ici le robot NAO de Aldebaran. © Aldebaran

Allons plus loin. ChatGPT est de nature à engendrer une relative « tentation de la facilité ». Curieusement, là où jadis je posais les questions à Google et devais souvent parcourir plusieurs pages données en réponse pour trouver la solution à une question, il arrive fréquemment que je pose directement la question à ChatGPT. La plupart du temps, il apporte immédiatement la réponse attendue.

Eh oui... nous allons le voir dans ce livre, ChatGPT peut rendre bien des services précieux. Et je dois avouer que je me laisse tenter de plus en plus souvent par la potentialité de lui faire appel. Eh oui... étant journaliste, la tentation est forte de lui demander de trouver des titres pour un article, mais aussi des sujets que je pourrais proposer pour la rédaction à laquelle je collabore.

Qu'on se le dise, il n'y a là aucune incitation à encourager l'usage de ChatGPT pour générer des textes qui pourraient par la suite être publiés tels quels ou diffusés dans un cadre professionnel ou scolaire. Nous condamnons clairement cette pratique contraire à l'éthique minimale et, dans le chapitre La face sombre de ChatCPT, nous vous expliquons comment détecter un texte qui aurait été généré par ChatGPT. En revanche, se faire assister par cette interface est bien utile et aussi fort agréable.

Toutefois, faisons la part des choses. Lorsque l'éditeur de ce livre m'a demandé de lui proposer des titres pour le présent livre, j'avoue avoir cédé à la tentation. J'ai donc demandé à ChatGPT de me suggérer des titres potentiels. Hélas, ses réponses ont été fades, sans aucun panache. En une demi-heure de réflexion, j'ai trouvé une bonne vingtaine de titres d'une qualité bien supérieure à tout ce que ChatGPT avait pu me proposer. Et puis finalement, c'est la responsable éditoriale des Éditions ENI qui a trouvé le titre actuel après avoir lu mes propositions. Il nous est apparu que ce qu'elle avait trouvé correspondait vraiment à ce que nous cherchions. Et donc, que chacun se rassure : à l'heure où sont écrites ces lignes, l'IA est loin, encore bien loin, de produire des contenus qui seraient meilleurs que les nôtres, qu'on se le dise.

M. Le tournant historique

Quoiqu'il en soit, ChatGPT a montré au monde ce qu'était le potentiel d'une IA générative et chacun a pu l'essayer et en avoir le cœur net.

« Avant ChatGPT, je devais expliquer aux investisseurs ce qu'était une IA générative et pourquoi c'était important », explique Sarah Nagy, fondatrice de Seek AI, qui a développé une solution de génération de code informatique par le biais de questions-réponses. À présent, la démonstration n'est plus nécessaire.

Mieux encore, les applications d'Intelligence Artificielle ont le vent en poupe et les investisseurs affluent. Google a ainsi déboursé 300 millions de dollars pour acquérir 10 % d'une start-up, Anthropic, qui propose un chatbot du nom de Claude. Et certains évoquent une nouvelle ruée vers l'or.

N. Fiche d'identité

1. Qui possède ChatGPT ?

ChatGPT est la propriété d'OpenAI, société fondée par Elon Musk, Sam Altman et d'autres investisseurs en 2015 – plus de détails dans le chapitre Une histoire de l'Intelligence Artificielle et de ChatGPT. Toutefois, parmi ses grands actionnaires, on trouve Microsoft qui, après avoir été un investisseur précoce, a élevé sa participation le 23 janvier 2023, déboursant 10 milliards de dollars, ce qui l'amène à détenir au moins 46 % de OpenAI.

Parmi les autres grands investisseurs d'OpenAI figurent la société californienne de capital-risque Khosla Ventures et le cofondateur de LinkedIn Reid Hoffman.

2. Est-ce que ChatGPT est accessible dans le monde entier ?

ChatGPT n'est pas accessible dans certains territoires tels que la Chine, la Russie, l'Ukraine, l'Afghanistan, l'Iran, la Biélorussie et le Venezuela.

Chapitre 2

Une histoire de l'Intelligence Artificielle et de ChatGPT

A. Introduction

On peine à le croire aujourd'hui mais l'Intelligence Artificielle (IA) a longtemps déçu. Les espoirs fondés à son égard étaient régulièrement contrariés. Il a fallu attendre les années 2010 pour que de véritables percées apparaissent. ChatGPT a donc été le couronnement de plusieurs décennies de recherche, semées de cafouillages et de temporaires désillusions.

B. Naissance de l'Intelligence Artificielle

En 1937, dans un article appelé à faire date, *Des nombres calculables*, le mathématicien Alan M. Turing a énoncé dans le détail les principes de ce que pourrait être un ordinateur, soit une machine programmable calculant à la vitesse de l'électronique, capable de traiter d'énormes volumes d'informations codées sous la forme booléenne (0 et 1). Turing était persuadé qu'une telle machine pourrait, tôt ou tard, résoudre n'importe quel problème représenté par un algorithme – la description d'une suite d'étapes pour parvenir à un résultat. Son article est devenu un texte fondateur de la science informatique.

En 1939, une fois la guerre déclarée, Turing a été posté à Bletchley Park, le QG de l'intelligence britannique. Sa mission : créer une machine capable de casser les codes secrets allemands. Suite à ses travaux, un premier ordinateur est apparu en 1943 et a été mis à contribution pour décrypter le code Enigma mis au point par les nazis pour leurs échanges de messages. Il a été estimé que le travail de Turing aurait écourté le conflit d'au moins deux ans.

Par la suite, en 1950, Alan Turing publie, dans le magazine *Mind*, un autre texte fondateur : « Machine de calcul et intelligence ». Il pose la question : comment déterminer si une machine se rapproche de l'intelligence humaine ? Il propose alors un test : « Si un ordinateur était en mesure, lors d'une conversation avec un humain, de faire croire qu'il est une femme et non une machine dans 70 % des cas, nous serions habilités à parler de machine pensante ». Le Test de Turing vient ainsi de voir le jour.

Alan Turing, pionnier de l'informatique, a énoncé les principes d'un ordinateur dès 1937.
© Ank Kumar | London Science Museum

Financé par la fondation Rockfeller, le premier atelier dédié à l'Intelligence Artificielle est organisé au Dartmouth College (New Hampshire - USA) du 18 juin au 17 août 1956. Il compte vingt participants, parmi lesquels ses instigateurs : Marvin Minsky et John McCarthy.

Quatre ans plus tôt, alors qu'il étudiait à l'université de Princeton, Marvin Minsky a donné naissance à une machine faisant preuve d'une réflexion artificielle ultra minimale. Pour sa part, John McCarthy, également étudiant à Princeton, s'est intéressé à la façon d'inculquer un comportement intelligent à des ordinateurs. C'est McCarthy qui semble avoir pour la première fois parlé d'Intelligence Artificielle. Les travaux de l'atelier de Dartmouth sont suivis de près par l'armée américaine, intéressée par le potentiel d'une machine qui ferait de la traduction automatique – l'objectif visé serait de parvenir à traduire le langage russe instantanément.

Un matin d'octobre 1956, Herbert Simon, professeur d'informatique à l'université Carnegie Mellon à Pittsburg en Pennsylvanie, est saisi d'une inspiration alors qu'il se promène dans un parc : serait-il possible d'amener un ordinateur à simuler une réflexion logique ? Aidé d'un autre informaticien, Alan Newell, il passe son week-end à réaliser, un programme, *Logic Theorist*, qui va s'avérer capable de trouver par lui-même la preuve de théorèmes mathématiques simples. Le concept de l'Intelligence Artificielle est né.
Il reste que la route sera longue entre les espoirs et la réalité.

Herbert Simon et Alan Newell, deux pionniers de l'Intelligence Artificielle, se livrent à une partie d'échecs en 1958. © Wikimedia Commons

Les idées énoncées lors de l'atelier de Dartmouth soulèvent un intérêt certain dans la communauté scientifique. Ainsi, en 1957, Frank Rosenblatt invente le Perceptron, un algorithme d'apprentissage répétitif capable de déterminer des tendances. Norbert Wiener, professeur de mathématiques, définit une nouvelle discipline qu'il baptise "cybernétique". L'objectif est de définir les fondements d'une communication avec une machine et d'un contrôle automatique de celle-ci. Ses théories, consignées dans le livre *Cybernetics or Control and Communication in the Animal*, sont censées permettre à un robot d'accomplir une tâche donnée.

En 1959, devenus chercheurs au M.I.T. de Boston, John McCarthy et Marvin Minsky, fondent le MIT *Artificial Intelligence Project*. Le M.I.T ou Massachusetts Institute of Technology devient l'un des lieux les plus avancés en recherche informatique et robotique. Intriguée, l'armée américaine accorde une subvention majeure au M.I.T. en vue de développer des recherches à grande échelle en IA.

Enthousiasmé par les potentiels de l'Intelligence Artificielle, envisagée comme une « simulation de la pensée humaine », Herbert Simon s'enhardit à prédire que, dès 1967, un ordinateur sera en mesure de battre le champion du monde d'échecs. En 1959, un chercheur d'IBM, Arthur Lee Samuel, relève le défi et réalise un programme de jeu d'échecs qui puise sa connaissance dans une série de parties enregistrées. Au passage, il invente le terme de *machine learning* pour désigner la capacité d'un ordinateur à opérer de l'auto-apprentissage.

En réalité, la déception est au rendez-vous et certaines critiques commencent à poindre. Dès 1965, le philosophe Hubert Dreyfus publie une charge contre l'Intelligence Artificielle dans laquelle il pointe les échecs successifs des chercheurs qu'il attribue à des idées toutes faites et infondées. Sa thèse est confirmée par un rapport américain de 1966, ALPAC, qui déplore la faiblesse des progrès accomplis dans la recherche en traduction automatique. De fait, il semble qu'un grand nombre de chercheurs ont surestimé les capacités des ordinateurs de l'époque. Pourtant, l'année suivante, Herbert Simon en remet une couche :

« *Dès 1985, les machines seront capables d'accomplir n'importe quel travail qu'un humain puisse effectuer* ». Hélas, le pionnier s'est montré excessivement optimiste et l'absence de résultats immédiats va desservir la cause qu'il veut défendre.

Le film 2001, Odyssée de l'Espace a été le premier à mettre en scène ordinateur animé par l'Intelligence Artificielle. © Wikimedia Commons

L'ordinateur que Stanley Kubrick et Arthur C. Clarke mettent en scène en 1968, dans le roman et le film *2001, Odyssée de l'Espace*, est directement inspiré des telles thèses exagérément optimistes. L'ordinateur HAL est capable de tenir des conversations éclairées et de prendre des décisions allant jusqu'à comploter contre l'équipage du vaisseau qu'il contrôle.

La situation est moins brillante dans la réalité : un grand nombre de projets d'Intelligence Artificielle qui ont été financés par le gouvernement des États-Unis sont annulés un à un.

C. De Star Wars à l'XCON

Au cours de l'année 1977, l'Intelligence Artificielle revient sur le devant de la scène d'une façon inattendue par la grâce des robots de *Star Wars* de George Lucas.

Star Wars marque un tournant dans le cinéma de science-fiction avec une mise en scène et des effets spéciaux relevant du jamais vu. Le film bat des records de fréquentations et donne naissance au merchandising de produits dérivés à grande échelle, notamment pour les deux robots, C-3PO et R2-D2.

Le facétieux R2-D2 a été conçu pour réparer ordinateurs et vaisseaux spatiaux. Un peu lourdaud, il a du mal à se mouvoir et s'exprime par le biais de petits bruits électroniques, tandis que sa tête en demi-sphère entre en rotation. Son aspect humoristique en fait le personnage le plus apprécié du public !

R2-D2 est assisté d'un traducteur de son langage, C-3PO, un androïde que George Lucas a eu la bonne idée de dépeindre à la façon d'un maître d'hôtel guindé, aussi poltron qu'il est cultivé (il maîtrise 6 millions de langues). C-3PO est aussi humain que nature, en dépit de son corps en métal doré.

C-3PO durant le tournage de Star Wars. Ce robot a une forme humaine et maîtrise des millions de langues qu'il traduit instantanément. © NPS

Star Wars est tombé à point nommé car, dès 1978, un intérêt réémerge en faveur de l'IA. Le constructeur *Digital Equipment Corp.* (DEC) a lancé un « système expert » du nom XCON/R1. Les systèmes experts synthétisent la connaissance d'une activité au sein d'une série de règles.

XCON/R1 fait en sorte que chaque client de DEC puisse se voir proposer un ordinateur sur mesure, au niveau du matériel comme du logiciel, en puisant parmi des milliers de composants divers. DEC fait savoir que ce système lui permet d'économiser des millions de dollars chaque année.

D. Les systèmes experts : grandeur et décadence

Le succès de XCON/R1 a renouvelé l'intérêt pour la recherche en Intelligence Artificielle, aux USA comme au Japon et entraîné un développement de l'industrie qui y est liée.

Au cours des années 1980, on voit émerger un engouement pour les systèmes experts, avec l'apparition de nombreux logiciels pour le grand public. Ils reposent pour l'essentiel sur des règles de type « si » (telle situation est détectée), « alors » (effectuer une action particulière). Les systèmes experts séduisent l'univers de la finance et sont notamment mis à contribution pour détecter des fraudes, comme dans l'usage de cartes de crédit.

Hélas, la fin des années 1980 est marquée par la déroute pour les principales sociétés du domaine : LISP Machines, Symbolic... Une fois de plus, l'IA connaît une traversée du désert avec l'abandon des grands projets de recherche lancé par les gouvernements américains et japonais et le sentiment d'avoir gaspillé des milliards de dollars en vain.

Le consultant new-yorkais Hugh Loebner organise à partir de 1990 une compétition annuelle dotée d'un sacré pactole. Les ordinateurs en compétition doivent soutenir une conversation suffisamment *smart* pour se faire passer pour un humain. Hélas, à cette époque, aucun chatbot – robot de conversation - n'y parvient.

E. L'Intelligence Artificielle envahit les jeux vidéo

Toutefois, vers le milieu des années 1990, l'Intelligence Artificielle voit son blason se redorer dans un domaine à mille lieues de la recherche scientifique. De fait, elle est devenue un ingrédient majeur des jeux vidéo et, mieux encore, un élément que les éditeurs ne manquent jamais de mettre en avant.

L'intégration d'intelligence dans les jeux n'est pas nouvelle. La programmation de *Sim City*, publié en 1989, a amené son créateur Will Wright à modéliser sous forme mathématique des éléments tels que la gestion et la planification urbaine.

Simulation de gestion d'une ville, le jeu Sim City amène le joueur à construire une ville puis à en jouer le rôle de maire. © Maxis

L'IA prend de l'ampleur dans les jeux vidéo à partir de 1995, cela est du à la vogue pour des jeux de stratégie tels que *Warcraft*, *Red Alert* ou *Age of Empires*. Dixit Bruce Shelley, créateur de *Age of Empire* :

« Si l'on veut qu'un jeu trouve aujourd'hui son public, il faut qu'il puisse jouer de façon compétente contre un humain. »

F. Kasparov battu par Deep Blue

Un événement clé se produit le 12 mai 1997. Ce jour-là, un super-ordinateur d'IBM, Deep Blue, sort victorieux d'une partie jouée avec Gary Kasparov, champion du monde d'échecs.

Deep Blue est doté de 256 microprocesseurs fonctionnant en parallèle et pouvant analyser 200 millions de positions par seconde. Et, comme il engrange les stratégies gagnantes des meilleurs joueurs d'échecs du siècle, il parvient par une démarche d'élimination à analyser jusqu'à treize positions ou plus à l'avance.

Après avoir battu tous les ordinateurs de jeu d'échecs développés par IBM pendant plus de dix ans, Kasparov a donc finalement été battu par Deep Blue. Le champion cherchera à relativiser cet échec :

"À la place d'un ordinateur doué de pensée et capable de jouer aux échecs avec la créativité et l'intuition d'un humain, ils ont produit un ordinateur jouant comme une machine, qui évaluait systématiquement 200 millions de coups possibles par seconde et qui a gagné par la force brute".

Cela n'a pas empêché IBM de se servir de cette victoire à des fins publicitaires. Et, de fait, la nouvelle a un effet choc et a été présentée comme le signe avant-coureur que l'IA allait tôt ou tard dépasser l'Homme. Pourtant, ont argué certains, ce sont les programmeurs d'IBM (des humains) qui ont battu le champion d'échecs (un humain). De plus, Deep Blue n'a triomphé d'un humain que dans un domaine précis, très délimité : une partie d'échecs. Et donc, on ne saurait dire d'un futur Deep Blue qu'il serait supérieur à Kasparov que le jour où cet ordinateur ou robot serait capable d'une multitude d'autres choses !

Il n'empêche, ce jour-là, l'IA a marqué un point majeur.

Champion du monde d'échecs, Gary Kasparov a été vaincu par un ordinateur d'IBM, Deep Blue, en 1997.
Copyright 2007, S.M.S.I., Inc. - Owen Williams, The Kasparov Agency

G. Vers une fusion homme-machine

Au début des années 2000, un courant de pensée émerge : la fusion du corps humain et des puces informatiques programmées comme il se doit devrait faire émerger une sorte de surhomme, d'une intelligence supérieure.

L'un des promoteurs de cette tendance s'appelle Raymond Kurzveil. Ce dernier écrit plusieurs bestsellers sur l'Intelligence Artificielle dont le plus célèbre est *La Singularité est proche* (2005).

Qu'est-ce que cette fameuse Singularité ? Pour Raymond Kurzveil, trois forces seraient à l'œuvre pour entraîner l'humanité vers une nouvelle transformation de l'évolution, un nouveau paradigme.

- La première force est celle de la génétique qui permet de reprogrammer le corps comme on programme un ordinateur.
- La deuxième force vient de la nanotechnologie. Il s'agit de construire des micromachines pouvant faire à peu près tout ce que l'on peut imaginer. Kurzweil dresse l'inventaire e machines autoreproductibles toutes plus extraordinaires les unes que les autres.
- La troisième force transformatrice est la robotique. Raymond Kurzell anticipe l'émergence de robots intelligents, capables d'accomplir les tâches les plus diverses depuis les livraisons Amazon jusqu'au pilotage des avions de ligne ou des navettes spatiales vers Mars.

Tout cela se mélange, se cross-pollinise et progresse à un rythme exponentiel jusqu'à ce qu'intervienne la fameuse Singularité.

Dixit Raymond Kurzveil :

« *À l'instant de la Singularité, la vie humaine sera irréversiblement transformée, nous transcenderons les limitations de nos corps et de nos cerveaux* ».

Toutefois, Raymond Kurzweil va plus loin et décrit un futur dont le point focal est « l'uploading ». Il consisterait à sauvegarder dans un ordinateur la pensée des humains dont les corps ne seraient plus en assez bon état pour sustenter leurs esprits.

Pionnier de l'Intelligence Artificielle, Raymond Kurzweil prétend qu'il serait possible, en sauvegardant la connaissance d'un humain, de lui éviter la mort. © Transcendent Man

Kurzweil reprend là les idées développées par Martine Rothblatt, la leader du mouvement Terasem, une mouvance transhumaniste (courant de pensée visant à améliorer les capacités du corps humain). Ainsi donc à la suite de la Singularité, une sorte de fusion interviendrait entre l'intelligence humaine et celle des machines et l'intellect d'une personne deviendrait éternel avec, pour support de sauvegarde, un ordinateur.

Rares sont ceux qui osent critiquer les idées de Raymond Kurzveil publiquement. Douglas Hofstadter ose pourtant le faire. Il est professeur de sciences cognitives à l'université d'Indiana et lui-même auteur de bestsellers tels que *Gödel, Escher, Bach : Les brins d'une guirlande éternelle*. Pour Hofstadter, les idées de Raymond Kurzveil posent de vraies questions mais reposent davantage sur une vision du futur alimentée par la science-fiction que sur une évaluation rigoureuse de l'avenir de l'humanité.

Il reste que les supputations de Kurzveil gagnent en popularité dans la Silicon Valley et influencent des réflexions en faveur d'un Homme augmenté, qui serait secondé par l'IA.

H. L'IA fait son intrusion dans la vie quotidienne

En réalité, si l'Intelligence Artificielle gagne du terrain, c'est à travers des réalisations pratiques souvent loin d'être aussi spectaculaires. Peu à peu, l'IA s'immisce dans un grand nombre d'applications couramment utilisées par tout un chacun :

- systèmes de traduction automatique,
- applications de reconnaissance de la parole,
- suggestions d'articles que l'on pourrait apprécier dans un site comme Amazon,
- aspirateur robot tel que celui proposé par Roomba,
- programme d'échecs ou autres jeux,
- véhicule autopiloté,
- simulation de nouveaux matériaux,
- etc.

I. Watson vainqueur à un jeu télévisé

Un événement survenu en 2011 marque une nouvelle avancée de l'IA. Il est lié à un jeu télévisé typiquement américain, *Jeopardy!*. Dans cette compétition originale, les participants doivent déduire quelle est la question qui a pu susciter une réponse particulière.

En février 2011, IBM fait participer son programme d'Intelligence Artificielle, Watson, à la compétition et ce dernier gagne haut la main, ne laissant pratiquement aucune chance aux deux champions du genre.

Ce qui apparaît comme nouveau au sujet de Watson, c'est que ce système est capable de prouesses dont on ne pensait pas jadis que les ordinateurs puissent être capables : il sait ainsi repérer les blagues, les phrases à double sens, ce qui relevait jusqu'à présent du domaine humain, et tirer son épingle du jeu.

Démonstration des capacités du système IBM Watson dans le jeu télévisé Jeopardy!.
© Rosemaryetoufee

J. Une montée en puissance excessive de l'IA ?

À partir des années 2010, l'Intelligence Artificielle atteint une nouvelle maturité grâce à la maturité gagnée par des technologies telles que le machine learning et le deep learning.

Le machine learning est un sous-domaine de l'IA qui amène à programmer une machine afin qu'elle puisse apprendre par elle-même. À partir de données expérimentales, le machine learning développe un modèle mathématique d'une fiabilité élevée – et mesurable. Une fois les règles ainsi définies, il devient possible de les appliquer à de nouvelles données, en vue de réaliser des prédictions ou de déduire des connaissances.

Le deep learning, pour sa part, est une branche du machine learning, qui se concentre sur la résolution de problèmes complexes, en émulant l'activité du mental humain. Pour parvenir à ses fins, le deep learning utilise les réseaux de neurones artificiels, soit une approche informatique potentiellement capable d'apprendre à réaliser n'importe quelle tâche.

Dès 2012, le Dr Andrew Ng de l'université de Stanford en Californie a entraîné un réseau de neurones en lui faisant absorber 10 millions d'images issues de vidéos YouTube. Ce système de deep learning, patronné par Google a dû requérir la puissance de 16000 processeurs. Au bout du compte, ce réseau de neurones a appris à identifier un chat de façon sûre. À cette époque, cette avancée est perçue comme un exploit.

En juin 2014, Facebook dévoile un système de reconnaissance faciale, DeepFace, dont les performances sont patentes. Lorsque l'on charge une photographie dans le réseau social, il est en mesure de proposer des noms pour les personnes y figurant. L'application a été entraînée à identifier des clichés d'acteurs tels que Sylvester Stallone ou Calista Flockhart (*Ally McBeal*). Sa précision est alors estimée à 97,25 %. En réalité, cette capacité inquiète les défenseurs de la vie privée et, dans certains pays, dont la France, les responsables de Facebook vont s'époumoner à scander qu'il n'y aurait là qu'un programme de recherche, non destiné aux utilisateurs.

K. Google devient une société phare de l'IA

Sans faire de bruit, Google s'est peu à peu imposé comme une société phare de l'Intelligence Artificielle. Dès 2008, elle a réalisé de grandes avancées dans la reconnaissance de la parole et implémenté le fruit de ses trouvailles dans son système Android pour smartphone.

En décembre 2012, Google recrute Raymond Kurzveil, pionnier de l'IA, et le place à la tête de sa division de recherche. Dès lors, l'Intelligence Artificielle, souvent invisible, transforme maintes activités de notre parcours sur Internet. Ainsi, le moteur de recherche Google devient capable, pour chaque utilisateur, d'afficher des résultats personnalisés, tenant compte des préférences de cet usager.

Issue de telles recherches, la Google Car est un véhicule autonome dont un prototype est présenté dès mai 2014. À cette époque, des tests ont déjà été menés depuis quatre ans et la voiture sans pilote a déjà parcouru des centaines de milliers de kilomètres en Californie. Ce projet va donner naissance à la société Waymo qui commercialise cette technologie. Les zélateurs de cette technologie de véhicules assistés par l'IA affirment que d'ici 2050, nous devrions voir le nombre d'accidents de la route approcher de zéro.

La Waymo (Google Car) véhicule autonome a un taux d'accident proche de zéro. © Waymo

À cette époque, Eric Schmidt, alors PDG de Google, s'autorise plusieurs déclarations, volontairement provocatrices, qui vont semer une crainte dans la Silicon Valley :

« *Je pense véritablement que la plupart des gens ne souhaitent pas que Google réponde à leurs questions. Ils veulent que Google leur dise quelle est la prochaine action qu'ils devraient faire ensuite.* »

« *Une idée serait que de plus en plus de recherches soient effectuées en votre nom, sans que vous ayez à les taper.* »

« *Si je consulte un nombre suffisant de vos messages et que je sais où vous êtes déjà allé, avec de l'Intelligence Artificielle, nous pouvons prédire où vous allez vous rendre.* »

« *Avec votre permission nous pouvons vous donner davantage d'informations sur vous, sur vos amis, et améliorer la qualité de nos recherches. Il n'est pas nécessaire que vous tapiez quoi que ce soit. Nous savons où vous êtes. Nous savons où vous êtes allé. Nous pouvons plus ou moins savoir à quoi vous pensez.* »

L. Les applications de prédiction

Vers le début de l'an 2000, un film de Spielberg, *Minority Report*, avec pour acteur Tom Cruise avait mis en scène un scénario imaginé par l'auteur de science-fiction Philip K. Dick : un système d'IA prédit les crimes avant qu'ils ne soient commis et les potentiels criminels sont arrêtés avant d'avoir pu passer à l'acte.

Ce qui semblait relever de la science-fiction devient réalité. La société Palantir base son activité sur cette compétence : à partir de l'analyse de big data, elle tente de déduire les évolutions prévisibles d'un secteur.

Palantir a été créé en 2004 avec, comme premier investisseur, Peter Thiel, fondateur de PayPal, mais aussi libertarien affirmé (un mouvement politique en faveur d'une liberté individuelle extrême), et également investisseur dans In-Q-Tel, le fonds d'investissement de la CIA.

Les « Palantirs » sont les cristaux qui permettent de voir à distance dans *Le Seigneur des Anneaux*. C'est grâce à un palantír que Gandalf peut assister au retour de Sauron au Mordor.

L'activité de la société Palantir est restée secrète durant presque dix ans. Pourtant, peu à peu, on a commencé à en savoir un peu plus sur son compte. L'entreprise produit des outils de « data mining » qui permettent d'interroger de vastes bases de données telles que :

- les registres des visas émis pour les visiteurs étrangers,
- les photos prises par les douaniers lors des entrées aux États-Unis,
- les rapports sur les incidents sur la voie publique.

En combinant l'ensemble de ces données grâce aux logiciels de Palantir, le département du *Homeland Security* prétend avoir rendu beaucoup plus efficace la lutte contre divers troubles de l'ordre public.

De fait, les premiers clients de Palantir sont le ministère de l'Intérieur américain mais aussi celui de la Défense, plus des agences telles que la CIA ou la NSA. L'immense majorité du revenu de Palantir est ainsi engendré à travers des contrats publics. Le logiciel phare de Palantir s'appelle Palantir Gotham, une référence claire à Batman et à son style un peu milicien de faire respecter l'ordre. Peu à peu, Palantir Gotham a commencé à être utilisé par les polices municipales américaines.

Alex Karp, PDG de Palantir (sur la gauche). Palantir analyse de gigantesques volumes de données à l'aide de l'Intelligence Artificielle et teste des scénarios à la Minority Report.
© Palantir Technologies

Au Canada, une ville comme Vancouver a mis en place un tel système de « prédiction du crime » à la *Minority Report*. La police de cette ville dit avoir observé une chute majeure des effractions à la suite de l'usage d'un tel système.

En Corée du Sud, à Séoul, la municipalité a pareillement installé des caméras intelligentes qui, là encore, seraient en mesure de prédire ce que vont faire les passants et détecter ce qu'ils portent sur eux. En cas de dépassement d'un certain seuil de dangerosité, le logiciel alerte les forces de police. Le système utilise le machine learning : si une situation s'apparente à celle d'un méfait commis par le passé, le niveau d'alerte en est impacté.

À Los Angeles, un programme similaire est mis en test à partir 2011, Predpol. L'objectif est de prédire un crime douze heures avant qu'il ne soit commis en se fondant sur dix ans de procès-verbaux. Predpol aurait eu, selon Michel Moore, chef de LAPD, des résultats satisfaisants. Toutefois, il a été reproché à l'Intelligence Artificielle de Predpol de cibler principalement les minorités noires et latino-américaines.

En avril 2020, il a été décidé d'y mettre fin : « Cette décision a été très difficile à prendre », a expliqué Michel Moore au *Los Angeles Times*.

M. L'IA serait-elle dangereuse ?

À présent, le machine learning et le deep learning ont gagné droit de cité : ils sont mis à contribution par des entreprises des domaines les plus divers.

Toutefois, les zélateurs de l'IA tels que Eric Schmidt de Google ont contribué à faire passer une idée dans l'air : cette technologie serait en train d'envahir notre sphère privée et pourrait représenter une menace pour nos libertés individuelles.

En parallèle, une idée a émergé : notre ADN serait essentiellement une sorte de méga-logiciel d'une envergure démesurée. En conséquence, si nous accomplissons quelque chose, nous pourrions considérer que la faute en revient à cet ADN. Dans une tribune publiée par *Le Monde*, le chercheur Laurent Alexandre rapporte qu'aux USA, dans certains procès, on commence à voir des prévenus se défendre en disant : « ce n'est pas moi qui ai tué, ce n'est pas ma faute, c'est celle de mes gênes ». Un axe de pensée qui ouvre la porte à toutes les dérives.

Mars 2016 voit l'Intelligence Artificielle remporter une nouvelle victoire marquante. À Séoul, une compétition de Go a été organisée. Or, le jeu de Go est bien plus complexe que les échecs car il ouvre à tout moment des milliards de possibilités. Lee Sedol, l'un des meilleurs joueurs du monde, affronte le système AlphaGo de la filiale DeepMind de Google. Au terme de plusieurs confrontations, AlphaGo finit par l'emporter.

En mars 2016, Lee Sedol, l'un des champions mondiaux du jeu de Go a été battu par une application mise au point par une application de Google DeepMind, AlphaGo.
© LG Electronics

N. Le cri d'alarme d'Elon Musk

Dès 2014, l'entrepreneur Elon Musk, fondateur de Tesla et SpaceX et qui apparaît déjà comme l'un des hommes les plus riches de la planète, a poussé un cri d'alarme. Il a alors déclaré qu'il percevait l'Intelligence Artificielle comme un plus grand danger que les armes nucléaires.

Elon Musk a même désigné l'IA comme "la plus grande menace pour l'humanité".

Dès 2014, Elon Musk a tenu à dénoncer les dangers de l'IA. Photo prise à la Royal Society de Londres en juillet 2018. © Debbie Rowe, Photographer

Le scientifique Stephen Hawking y est allé de son propre couplet lors d'une conférence de presse donnée en décembre 2014 :

« *Je pense que le développement d'une intelligence artificielle complète pourrait signifier la fin de l'espèce humaine. Une fois que les humains auront développé une intelligence artificielle, elle va prendre son envol et se reconstruire elle-même à un rythme toujours plus rapide. Les humains, limités par la lente évolution biologique, ne pourront suivre et seront remplacés.* »

Bill Gates, fondateur de Microsoft, abonde dans le même sens. En janvier 2015, sur le réseau social Reddit, il fait part de ses propres réserves :

« *Je suis dans le camp de ceux qui s'inquiètent du développement d'une super intelligence. D'abord, les machines réaliseront pour nous de nombreuses tâches sans être très intelligentes. Cela devrait s'avérer positif si nous les gérons bien. Mais, quelques décennies plus tard, leur intelligence sera suffisamment développée pour devenir un sujet d'inquiétude. Je rejoins donc Elon Musk et quelques autres là-dessus et ne comprend pas pourquoi certains ne semblent pas s'en inquiéter* ».

Pour sa part, Elon Musk partage ses préoccupations avec un jeune entrepreneur de la Silicon Valley, Sam Altman.

L'allure générale de Samuel H. Altman n'est pas sans rappeler celle de l'acteur Jesse Eisenberg qui a interprété Mark Zuckerberg dans le film *The social Network*. Ce garçon tout juste trentenaire en 2015 a appris à programmer à l'âge de huit ans sur un ordinateur Mac d'Apple. Par la suite, il est entré à l'université de Stanford (Californie) pour étudier l'informatique, mais n'a pas achevé ses études. Aidé de quelques amis, Altman s'est consacré au développement et ils ont conçu Loopt, une application permettant de partager son emplacement avec d'autres utilisateurs de smartphones. Altman a par la suite contribué au développement de plusieurs sociétés du secteur high-tech : il a cofondé Airbnb et a contribué via le fonds Y Combinator au financement de Reddit, Twitch, Dropbox...

Elon Musk et Sam Altman ont eu de nombreuses réflexions sur l'IA. De fait, tous deux se déclarent préoccupés par les potentiels de cette technologie. Ainsi, Sam Altman, confie au magazine *The New Yorker* :

« *Soit nous asservissons l'intelligence artificielle, soit elle nous asservit* ».

C'est le fruit de leurs échanges qui mène à la décision de créer une nouvelle structure, OpenAI.

Une représentation de Sam Altman, cofondateur d'OpenAI. L'image a été générée par l'application d'Intelligence Artificielle Stable Diffusion.
© Création de l'auteur à partir de dreamlike.art

O. La création d'OpenAI

Le 11 décembre 2015, Elon Musk, Sam Altman et quatre autres chercheurs inaugurent le projet OpenAI, voué à pousser très loin les recherches en Intelligence Artificielle.

Voici les six fondateurs :

- Elon Musk
- Sam Altman
- Greg Brockman – anciennement directeur technique de Stripe, qui propose une application de paiement en ligne. Ce dernier va prendre la présidence d'OpenAI.
- Wojciech Zaremba – un mathématicien et informaticien polonais qui s'est fait remarquer pour ses travaux avancés en deep learning.
- Ilya Sutskever – cofondateur de DNNResearch, une société oeuvrant sur les "réseaux de neurones" et rachetée par Google en 2013. Sutskever a oeuvré durant trois ans chez Google dans la branche Intelligence Artificielle.
- John Schulman – ce chercheur a créé de nombreux algorithmes majeurs de "machine learning". C'est aussi un grand fan du jeu vidéo Sonic – qui selon lui est un très bon terrain de test du machine learning.

La mission que se donne OpenAI est la suivante :

"Développer des outils d'IA sûrs et ouverts ayant pour mission de donner du pouvoir aux gens (plutôt que les éradiquer)."

Selon OpenAI, l'IA doit être conçue en vue de profiter à toute l'humanité.

Dès sa fondation, en décembre 2015, la startup est dotée d'un financement de 1 milliard de dollars.

1. Juin 2016 : OpenAI Gym

La première création maison, OpenAI Gym, est un ensemble d'outils visant à favoriser le développement d'algorithmes d'apprentissage par renforcement.

À leur égard, le chercheur Yann Le Cun, directeur du laboratoire d'Intelligence Artificielle de Facebook, s'autorise cette réflexion :

« *Cette méthode d'apprentissage ressemble au dressage d'un animal de cirque ou d'un animal de compagnie : on attend que l'animal fasse la bonne action et on lui donne une récompense.* »

P. 11 juin 2018 : l'annonce de GPT

En juin 2018, quatre chercheurs d'OpenAI publient un papier majeur :

Improving language understanding with unsupervised learning - Améliorer la compréhension du langage avec un apprentissage non supervisé.

Il démarre ainsi :

« Notre système fonctionne en deux étapes. Nous commençons par entraîner un "transformer" (un modèle de deep learning) sur un très large volume de donnée, de manière non supervisée – la modélisation du langage sert à l'entraînement. Nous affinons ensuite ce modèle sur des ensembles plus réduits et supervisés, afin de l'aider à résoudre des tâches spécifiques. »

L'article présente alors ainsi ce qu'est GPT.

« GPT est l'abréviation de *Generative pre-trained transformer* (transformeur génératif pré-entraîné). Il s'agit d'un modèle d'apprentissage inspiré par le fonctionnement de l'intellect humain et entraîné sur des vastes volumes de textes générés par des humains. GPT est notamment capable de générer des questions et de répondre à des questions. »

Premier du lot, GPT-1 a été entraîné sur le "BookCorpus", une collection de 11 038 livres non publiés, soit 74 millions de phrases et 1 milliard de mots, de 16 catégories : histoire, aventure, romance, etc.

1. Février 2019 : GPT-2 est prêt

Dévoilé en février 2019, le moteur d'analyse GPT-2 de OpenAI repose sur l'analyse de 124 millions de paramètres. Son objectif est de comprendre le texte produit par des humains et de pouvoir en générer de manière naturelle. À l'époque, OpenAI décide de ne pas rendre GPT-2 public, de peur que cet outil puisse être utilisé pour générer des *scams* (e-mails frauduleux) ou des *fake news*.

GPT-2 est mis à jour en août 2019, époque à laquelle ce système a été entraîné sur 774 millions de paramètres.

Puis, en novembre 2019, apparaît une autre mise à jour de GPT-2 qui cette fois, a été entraînée sur 8 millions de pages web et gère 1,5 milliards de paramètres.

2. Microsoft investit dans OpenAI

Microsoft rejoint le lot des gros investisseurs de OpenAI en 2019. Éditeur de logiciels tels que Windows, Word ou Excel, Microsoft a été fondée en 1975 par Bill Gates, génie de l'informatique et longtemps homme le plus riche du monde. Longtemps numéro 1 incontesté de son domaine, Microsoft a perdu du terrain durant les années 2000. Elle perçoit dans les recherches menées par OpenAI la possibilité de pouvoir rattraper Google qui a fait le pari de l'Intelligence Artificielle vers 2010 et a déjà accompli des progrès majeurs. Microsoft investit un premier milliard de dollars dans OpenAI et va plus tard fortement monter la mise.

Bill Gates, fondateur de Microsoft, en compagnie de Steve Jobs, fondateur d'Apple, à la conférence All Things Digital de 2010. © All Things Digital

Q. Le tournant GPT-3

En mai 2020, OpenAI dévoile GPT-3 qui repose sur le plus vaste réseau de neurones jamais développé : 175 milliards de paramètres. Il est à noter que d'autres modèles sont disponibles à cette époque : Megatron-11b, la famille LaMDA de Google, Jurassic-1. Toutefois, les chercheurs qui testent GPT-3 découvrent qu'il s'agit du plus grand modèle d'Intelligence Artificielle jusqu'alors mis à leur disposition.

1. Janvier 2021 - Le choc DALL.E

Dès janvier 2021, OpenAI est en mesure de présenter une application concrète de ses recherches accessibles à tous : DALL.E. (un nom créé à partir du peintre surréaliste Salvador Dali et du robot de dessin animé Wall-E de Pixar).

DALL.E inaugure une nouvelle génération d'application qui exploite l'Intelligence Artificielle comme jamais auparavant. Le principe : on tape un texte et une image est générée.

L'imaginaire est au rendez-vous. On peut s'aventurer dans les univers de science-fiction, du jeu vidéo, du street art, mélanger allègrement les styles, les époques, inventer des situations baroques et surréalistes : générer un visuel de koala pilotant une moto, Mozart essayant un casque audio... À chaque fois, l'IA de DALL. E se plie à nos désirs.

En avril 2022, DALL.E 2 est présenté au public et, cette fois, les résultats sont jugés bluffants : les réalisations sont à la fois originales et d'un niveau artistique patent. Les images sont de belle qualité et, qui plus est, il ne faut qu'une dizaine de secondes pour les produire.

L'application DALL.E 2 d'OpenAI a créé cette image à partir de cette instruction : « UN ÉNORME PONT RELIANT DEUX FALAISES AVEC DES DINOSAURES DANS LE GOUFFRE, PEINTURE À L'HUILE ». © OpenAI

R. OpenAI comptait sortir GPT-4

Au fil des années, OpenAI a connu une belle croissance interne et compte près de 375 employés mais aussi de nombreux prestataires affectés au test de ses outils notamment en Amérique latine et dans l'Europe de l'Est.

Le modèle de langage GPT-3 a été enrichi à plusieurs niveaux et a démontré sa capacité à comprendre des instructions en langage naturel. Un modèle intermédiaire a été publié en janvier 2022, InstructGPT, mais de façon encore discrète. OpenAI lui a enseigné les codes d'une conversation entre humains. L'interface conviviale le rend accessible à n'importe qui.

À défaut d'être parfaite, la version 3.5 de GPT aide à générer un contenu plus clair et plus engageant. GPT-3.5 a absorbé un volume de documents titanesque : 500 milliards de documents incluant l'intégralité du Web jusqu'en 2021, mais aussi des centaines de milliers de livres, d'articles scientifiques.

Plus les mois passent et plus il apparaît que GPT est mûr pour une apparition en fanfare, à destination du grand public. Il reste que, à l'automne 2022, au sein de OpenAI, l'affaire est entendue : la startup entend lancer un "chatbot" (interface de conversation) basé non pas sur la version GPT-3.5 mais sur une nouvelle version en gestation de cet outil : GPT-4.

GPT-4 est proche d'être finalisé et son efficacité est très largement supérieure à celle de GPT-3.5. Le dévoilement de cet outil au grand public est prévu pour le début de l'année à venir.

De fait, les performances de GPT-3.5 paraissent minuscules en comparaison avec GPT 4, qui pour sa part, intègre 100 000 milliards de paramètres.

Comme l'a rapporté le *New York Times* dans son édition du 3 février 2023, tout a changé en novembre 2022. Les dirigeants d'OpenAI ont pris conscience d'un point : plusieurs chatbots sont en développement, notamment chez Google (Bard), Microsoft (LUIS), Amazon (Comprehend) ou chez les Chinois, Baidu (Ernie Bot) et Alibaba (T5). Certains de ces concurrents intègrent des capacités que GPT-3 ne gère pas encore, comme l'analyse de sentiments. Or, l'Histoire de la technologie a montré à plusieurs reprises qu'il pouvait y avoir une prime au premier entrant.

Peu après la mi-novembre 2022, les employés de OpenAI reçoivent une tâche précise et sans ambiguïté : "Il nous faut sortir un chatbot au plus vite."

Eh oui... Il importe de frapper les esprits au plus vite. À tout prendre, dévoiler une version de ChatGPT fondée sur GPT-3.5, également appelée text-davinci-003, permettra de recueillir des *feedbacks* bien utiles.

Treize jours plus tard, ChatGPT est prêt...

S. La surprise ChatGPT

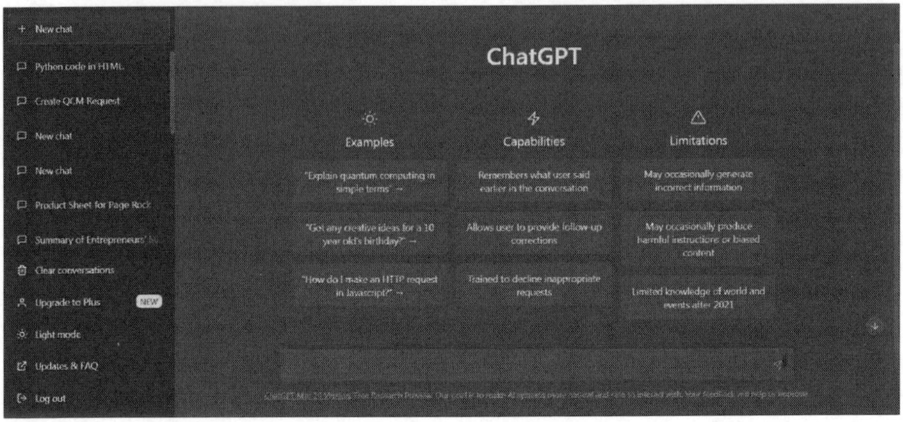

L'application ChatGPT a révélé au monde les potentiels de l'Intelligence Artificielle. © OpenAI

ChatGPT, interface de conversation intelligente, est dévoilé au monde le 30 novembre 2022.

Comme chacun peut le découvrir, ChatGPT est prêt à recevoir nos questions et son IA apporte des réponses censées et le plus souvent judicieuses.

Le public apprend au passage que ChatGPT a été entraîné à analyser les importances relatives des termes d'une phrase afin d'en extraire le concept essentiel. L'entraînement de ChatGPT a coûté 2 millions d'euros et son coût d'exploitation avoisinerait les 100 000 € par jour.

Le succès de ChatGPT est immédiat : 1 million d'inscriptions sont recensées en cinq jours.

Avant tout, ChatGPT consacre un fait – nous sommes bel et bien entrés dans l'ère de l'Intelligence Artificielle et celle-ci a fait ses preuves : désormais, elle est fiable et qu'il nous faudra compter avec.

Le reste de cette Histoire s'écrit au jour le jour...

Chapitre 3

Comment utiliser ChatGPT au maximum de ses capacités ?

A. Introduction

Comment s'inscrire à ChatGPT ? C'est que nous allons voir ici. Avant tout, nous allons voir que la façon d'écrire un "prompt" peut faire toute la différence dans votre usage de cet outil d'Intelligence Artificielle.

B. S'inscrire à ChatGPT

✎ Pour vous inscrire à ChatGPT, tapez l'adresse suivante sur votre navigateur web : https://chat.openai.com/chat

Il est possible qu'en premier lieu, il vous soit demandé de confirmer que vous êtes humain, en cliquant sur une case.

✎ Un écran apparaît ensuite avec deux options : **Login** (Connexion) et **Sign up** (S'inscrire). Choisissez la deuxième option.

Inscription à ChatGPT

Parfois, il est possible que voyiez apparaître un écran vous disant "ChatGPT is at capacity right now" ou encore "Signup is currently unavailable, please try again later". L'application vous signifie alors que, pour l'instant, elle n'est pas en mesure de vous accueillir car les serveurs d'OpenAI sont saturés de demandes. Dans ce cas, il vous faudra soit revenir plus tard ou utiliser un VPN, c'est-à-dire une application qui masque votre IP puis faire croire à ChatGPT que vous vous connectez depuis les USA – cela débloque parfois la situation.

À présent, vous voyez apparaître une fenêtre vous demandant d'indiquer une adresse e-mail ou d'utiliser votre compte Google ou Microsoft.

- Si vous avez donné une adresse e-mail, il vous faudra créer un mot de passe spécifique à ChatGPT.

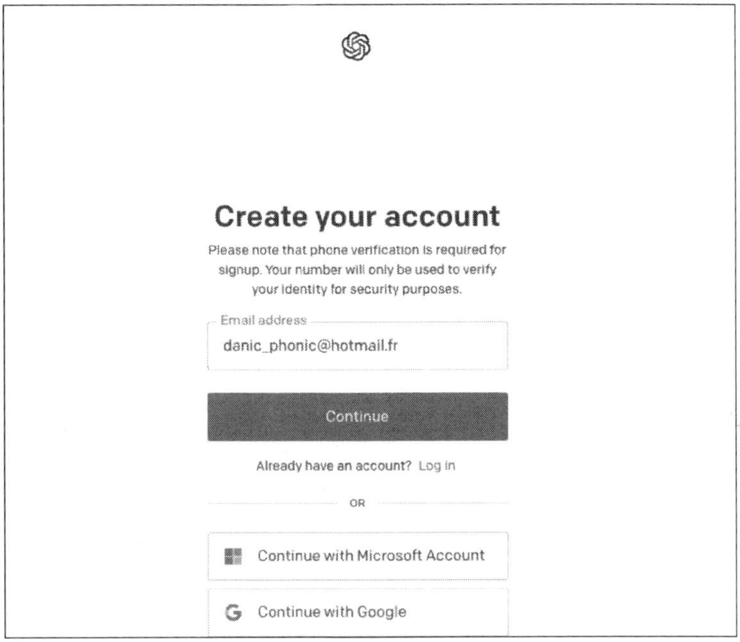

Création d'un compte sous ChatGPT

- Une fois que vous avez renseigné les informations demandées, ChatGPT vous invite à consulter votre application de messagerie. Ouvrez le message adressé par ChatGPT et cliquez sur le lien indiqué dans le message.
- ChatGPT vous demande à présent d'indiquer un nom et un prénom. Il vous demande ensuite un numéro de téléphone sur lequel envoyer un SMS. Tapez le code reçu sur votre téléphone.

Si tout se passe comme prévu, vous voyez apparaître un écran d'accueil de ChatGPT, assorti de mentions expliquant qu'il s'agit d'une application qui est encore au stade expérimental.

- Faites défiler les écrans d'accueil jusqu'à celui spécifiant que vos feedbacks sont bienvenus.

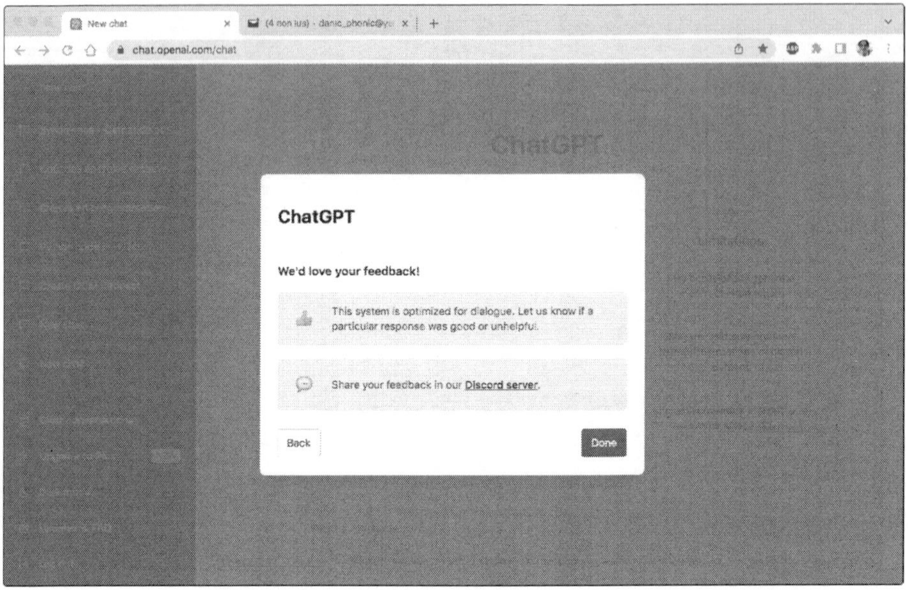

Le dernier écran d'accueil de ChatGPT

Une fois que vous en avez fini avec les écrans d'accueil, l'interface de ChatGPT vient s'afficher. Il ne vous reste plus qu'à poser votre première question dans le cadre de dialogue qui se trouve au bas de l'écran.

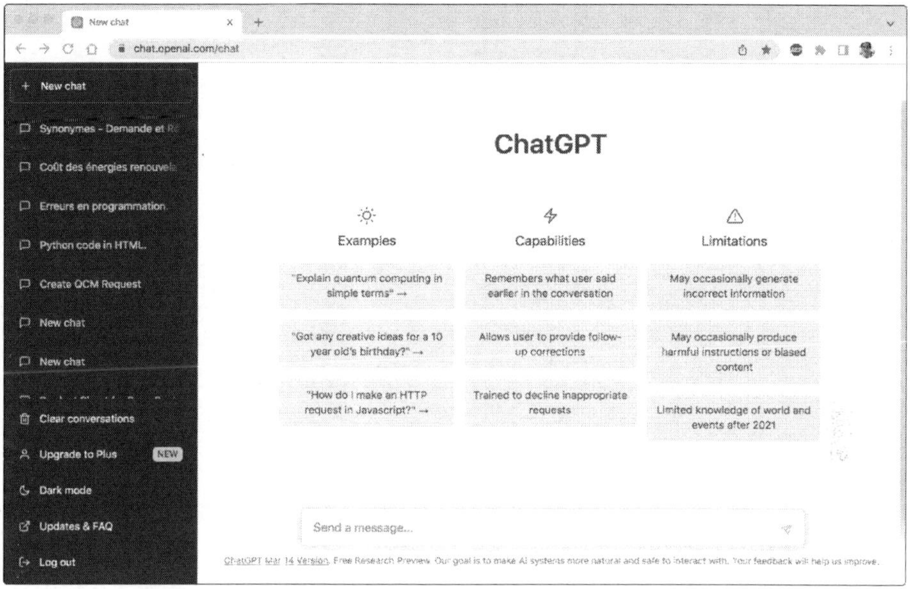

ChatGPT est prêt à recevoir vos questions.

C. Répondre à nos questions

Fondamentalement, la mission de ChatGPT est de répondre à des questions.

Il peut répondre à des interrogations très diverses :

- informations de nature encyclopédique,
- recettes de cuisine,
- filmographies,
- expliquer les différences entre deux sujets,
- etc.

Certains pourraient demander : quelle est la différence avec un moteur de recherche tel que Google ? Elle réside dans la capacité qu'a ChatGPT d'opérer une synthèse de multiples informations, là où Google va proposer, suite à une requête, une série de pages web traitant du sujet demandé. ChatGPT propose le plus souvent une explication simple, aisée à comprendre.

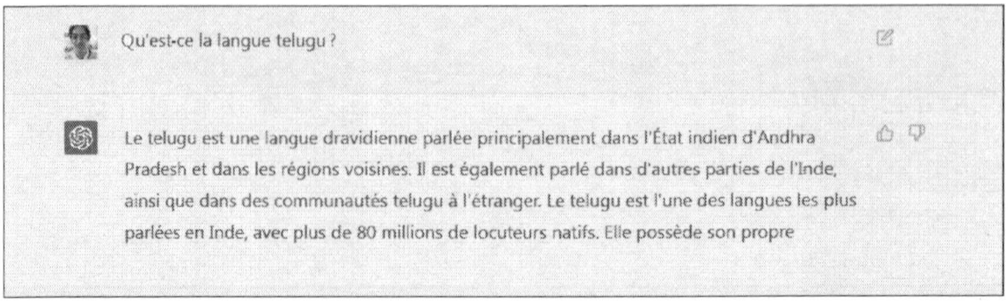

Lorsque vous avez une interrogation, si vous consultez Google, il n'est pas rare que la page proposée en réponse soit complexe à déchiffrer. Lorsque nous posons la question à ChatGPT, il nous donne habituellement une réponse simple.

Il est à noter que, chaque fois qu'on lui demande de régénérer une question, ChatGPT "improvise" une nouvelle réponse.

De plus, en *chatbot* qui se respecte, ChatGPT se souvient des questions posées précédemment.

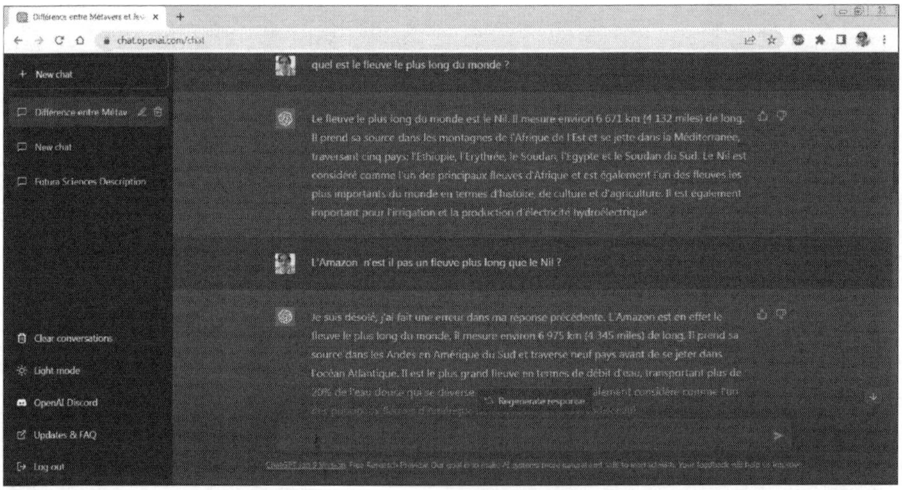

ChatGPT ne répond pas toujours de façon juste.
Toutefois, vous pouvez lui faire remarquer son erreur et il se corrige alors.

Comme vous le remarquerez, de temps à autre, ChatGPT peut se tromper. Toutefois, il est à même de reconnaître ses erreurs et de se corriger.

Ainsi, quand nous lui avons demandé :

"Quel est le fleuve le plus long du monde ?"

Il nous a dit qu'il s'agissait du Nil.

Nous l'avons repris :

"L'Amazon n'est-il pas un fleuve plus long que le Nil ?"

Il a alors rétorqué :

> "Je suis désolé. J'ai fait une erreur dans ma réponse précédente. L'Amazone est en effet le fleuve le plus long du monde [...]"

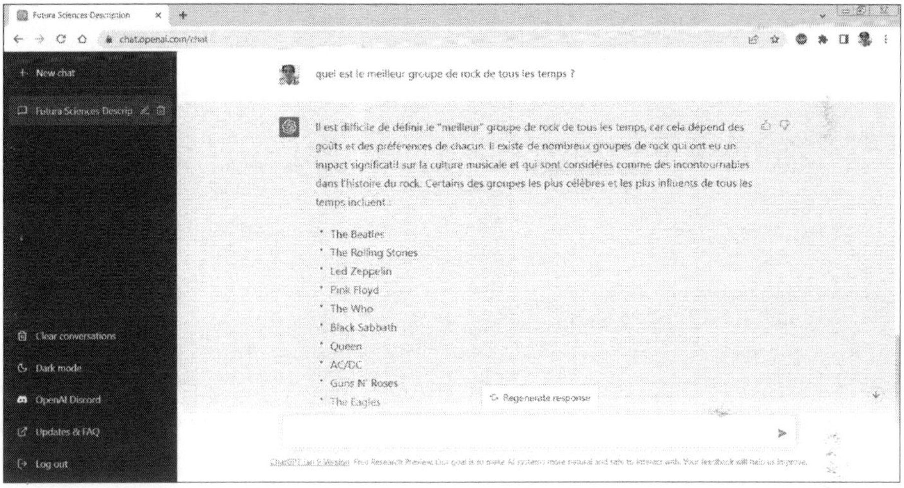

Nous pouvons poser toutes sortes de questions à ChatGPT, qu'elles soient de nature encyclopédique ou autre. Ici, nous lui avons demandé : "quel est le meilleur groupe de rock de tous les temps ?" La liste qu'il a proposée est tout à fait cohérente.

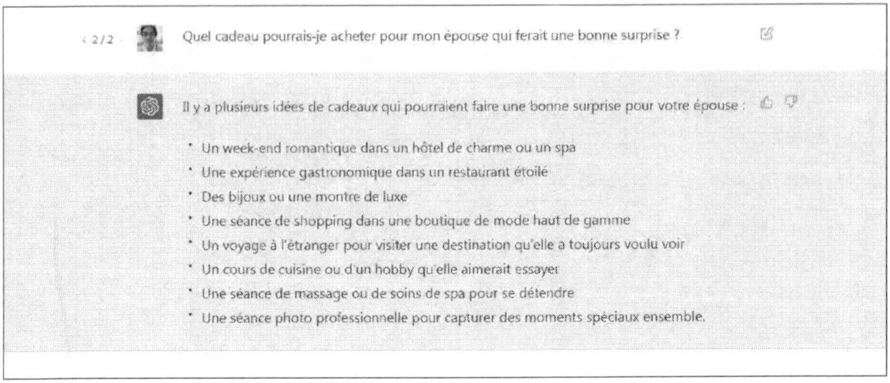

ChatGPT peut suggérer des idées de cadeaux pour une personne donnée.

Ce qui frappe par ailleurs, c'est que ChatGPT évite tous les sujets polémiques et s'écarte de tout contenu qui pourrait paraître raciste ou sexiste. Pas question ainsi de lui demander de raconter des blagues sur les blondes.

Vous constaterez aussi à l'usage que si ChatGPT est un serviteur zélé, il est dénué de toute forme d'initiative, et dépourvu de toute originalité, de toute opinion tranchée. Il se contente de répondre à vos requêtes du mieux qu'il peut et va, par nature, éviter de sortir d'un cadre préétabli, d'un mode "bon élève" standard. Toutefois, nous verrons plus loin dans ce chapitre ainsi que dans le chapitre 100 exemples de mise en pratique avec ChatGPT comment l'amener peu à peu à générer des contenus un peu plus aventureux.

D. Comment fonctionne ChatGPT ?

Vous vous posez sans doute la question : mais comment fonctionne ChatGPT au juste ? En réalité, lorsque l'on découvre quel est le mécanisme qui anime cette Intelligence Artificielle, cette interface de conversation perd un peu de son glamour.

ChatGPT est ce que l'on appelle un « chatbot », soit un outil interactif de conversation, un agent conversationnel.

Plus précisément, il s'agit d'un outil d'Intelligence Artificielle qui semble en mesure de comprendre le langage humain et de dialoguer avec nous – ces échanges ayant lieu sous forme de texte.

GPT est l'abréviation de Generative Pre-Trained Transformer – transformeur génératif préentraîné. Pour mieux comprendre de quoi il en retourne, le mieux est d'examiner chacun de ces mots :

Génératif désigne le fait qu'un modèle d'IA peut générer du contenu (texte ou images).
Préentraîné implique que ce modèle a été nourri de vastes ensembles de données en vue d'apporter ses réponses.
Transformeur fait référence à une architecture de « deep learning » (vouée à la résolution de problèmes complexes, en émulant l'activité du mental humain), baptisée Transformer et proposée par Google en avril 2017. Elle a permis une forte amélioration de la modélisation du langage.

Comme bien d'autres systèmes d'Intelligence Artificielle, ChatGPT repose sur ce que l'on appelle les LLM ou *Large Language Model*, soit de Larges Modèles de Langage. Or, la tâche essentielle d'un tel modèle est la suivante : prédire le prochain mot d'un texte.

Eh oui... À partir des mots qui ont déjà été écrits, il s'acharne à prédire quel devrait être le mot suivant.

En soi, nous n'avons rien de très nouveau. Si nous tapons le mot « Comment », il est probable que vous puissiez deviner quel sera le mot suivant : « le », « la », « les », etc. ChatGPT fait de même mais à une échelle énormément plus vaste.

Soit dit en passant, vous avez dû remarquer que, depuis bien longtemps déjà, lorsque vous tapez un début de phrase sur Google, ce moteur de recherche propose de compléter votre requête. En la matière, Google se base principalement sur les requêtes fréquemment posées par d'autres internautes.

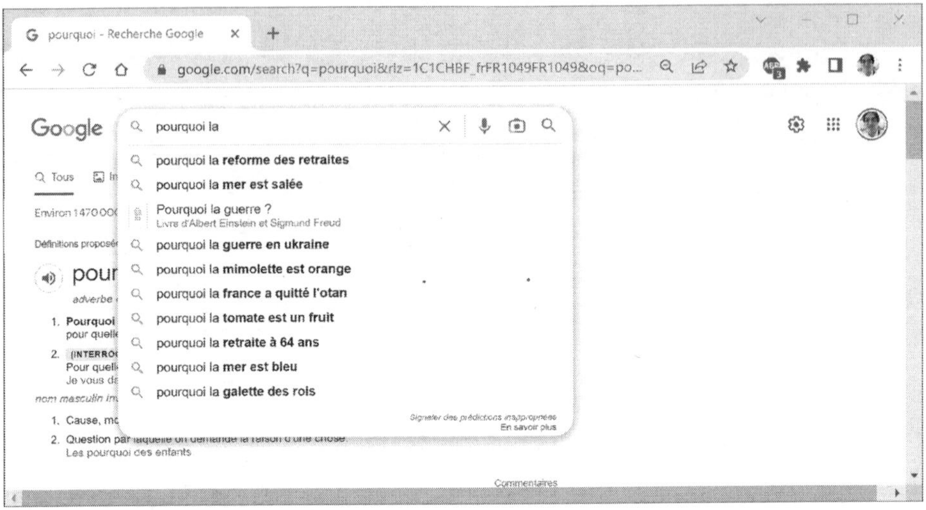

Sur Google, lorsque l'on tape un début de phrase, comme ici « pourquoi la », ce moteur de recherche propose de compléter la phrase.

ChatGPT, pour sa part, a été entraîné sur un titanesque volume de données, qu'il s'agisse de textes récupérés sur Internet ou d'ouvrages de toutes sortes. Pour que ses prédictions soient très affinées, il a été nourri d'un nombre faramineux de paramètres – 175 milliards à la fin de l'année 2022.

Répétons-le : malgré son apparente efficacité à nous comprendre et à répondre intelligemment à nos requêtes, ChatGPT repose avant tout sur ce modèle : « prédire, avec la meilleure probabilité possible, ce que pourrait être le prochain mot d'un texte. »

Ainsi donc, et cela peut surprendre, ChatGPT ne répond pas vraiment à nos questions. Il génère des phrases les plus crédibles et les plus logiques possibles en réaction à nos requêtes, à partir d'algorithmes ultra complexes. Et il s'autoaméliore en permanence, notamment en prenant en compte le feedback des usagers.

Il reste que ChatGPT ne comprend pas vraiment ce qu'il dit. Il ne détient aucune connaissance en soi et n'a aucune perception. Il se contente d'imiter son géniteur humain, d'aligner des mots de la façon la plus cohérente qui soit, en se basant sur son immense réserve de connaissances, mais en appliquant des règles de statistique. Il reste que, pour nous les humains, ce qui est produit ainsi est totalement sensé et pertinent.

Comme les textes générés par ChatGPT ressemblent aux textes qu'il a lui-même absorbés et qui ont été écrits par des humains, nous obtenons des réponses cohérentes, qu'un humain pourrait écrire. Tout simplement, parce que ChatGPT est une sorte de miroir de ce que, collectivement, nous avons écrit.

Certains font remarquer que le terme Intelligence Artificielle est sans doute fallacieux : ce chatbot n'est aucunement intelligent. Il ne pratique aucun raisonnement. C'est nous-mêmes qui projetons sur ChatGPT une impression d'humanité, des sentiments, dont il est fondamentalement dépourvu. Voilà qui amène certains spécialistes du domaine à prôner qu'il importe de démystifier les outils tels que ChatGPT. Une experte du CNRS a été jusqu'à employer une expression péjorative à son égard pour mieux relativiser le prétendu exploit : "il a été gavé d'informations comme on gave les oies".

E. Le secret d'un usage optimisé de ChatGPT

Au cours de mes essais, ChatGPT m'a aidé dans des dizaines de situations réelles ou imaginaires incluant des conseils pour bien négocier le prix d'une voiture d'occasion, des recommandations pour l'achat d'un logiciel de retouche d'image, etc. En revanche, il s'est montré faiblard sur certaines requêtes. Ce que j'ai découvert peu à peu, c'est que, pour qu'il donne le meilleur de lui-même, il importe de le guider.

1. L'art de l'écriture d'un prompt

Le succès d'une session réussie avec ChatGPT va dépendre, dans une large mesure, de la qualité de vos "prompts" (requêtes).

Dans le chapitre suivant, nous allons aborder divers usages que l'on peut pratiquer avec ChatGPT et, comme vous le verrez assez rapidement, il existe certaines approches qui vont améliorer fortement son usage.

Quelques règles :

- Il faut que les requêtes définissent clairement ce que l'on attend de lui. Elles peuvent être concises mais se doivent d'être les plus claires possibles.
- Inversement, si une requête n'est pas assez précise, les réponses seront souvent sans intérêt.
- Il ne faut pas hésiter à formuler des requêtes un peu longues si cela peut aider à bien cadrer sa mission. Prenez aussi le temps de bien relire votre requête avant de l'envoyer, et de la corriger si besoin est.
- Il faut encourager ChatGPT à développer certains aspects de ses réponses.
- Si l'on est insatisfait d'un résultat, il faut le lui dire et il va alors tâcher d'améliorer ses réponses.

Ainsi donc, une requête telle que la suivante produira un résultat vague et avec peu d'intérêt :

`Raconte-moi l'histoire d'Internet.`

Il serait préférable de la formuler ainsi :

`Pourrais-tu produire une brève histoire d'Internet en faisant ressortir 7 dates clés, en citant les personnes qui ont été les plus influentes pour le faire émerger et évoluer, et quels ont été les obstacles initiaux à son adoption par le grand public ?`

Si vous voulez en avoir le cœur net, tapez ces deux requêtes et voyez quelle est la différence dans la qualité de la réponse de ChatGPT.

2. Confier des missions à ChatGPT

On peut, lors d'une session, définir une mission qui sera valable pendant les dix minutes suivantes ou davantage. Rappelons en effet que ChatGPT se souvient des échanges qu'il a eus précédemment avec vous. Donc, pour simplifier votre travail, vous pouvez dicter en premier lieu de ce que vous allez lui demander durant cette session.

Par exemple, nous convenons avec lui que, pour chaque mot tapé, nous souhaitons obtenir trois antonymes. Nous ajoutons dans notre requête que si nous tapons "Plus", c'est que nous en voulons davantage.

Une fois qu'il a donné son accord, il ne reste plus qu'à taper des mots et il va nous fournir des antonymes.

Voici comment se déroule un tel dialogue où nous définissons en premier lieu la mission de ChatGPT.

`Je vais te confier une tâche. Pour chacun des mots que je vais écrire plus bas, je veux que tu me proposes 3 antonymes. OK ?`

```
Bien sûr, je suis prêt à vous aider. Allez-y, écrivez les mots et
je vous proposerai 3 antonymes pour chacun d'entre eux.
```

`Juste un point. Si à un moment je tape Plus, tu me donnes alors 3 autres antonymes du même mot. D'accord ?`

```
Compris, si vous tapez "plus", je vous donnerai trois autres antonymes
du même mot.
```

`Amour`

```
Voici 3 antonymes pour le mot "amour" :
Haine
Indifférence
Hostilité
```

Justice

> Voici 3 antonymes pour le mot "justice" :
> Injustice
> Partialité
> Iniquité

Plus

> Voici 3 antonymes pour le mot "plus" :
> Moins
> Négatif
> Inférieur

Tu n'as pas bien compris la mission semble-t-il. Si je tape Plus, il faut me donner 3 autres antonymes du mot précédemment tapé, par exemple ici, ce serait 3 autres antonymes du mot Justice.

> Je suis désolé pour la confusion. Voici donc 3 autres antonymes pour le mot "justice" :
> Iniquité
> Malhonnêteté
> Partialité

Méfiance

> Voici 3 antonymes pour le mot "méfiance" :
> Confiance
> Foi
> Crédulité

Plus

> Voici 3 autres antonymes pour le mot "méfiance" :
> Confiance
> Assurance
> Crédulité

Plus

> Voici 3 autres antonymes pour le mot "méfiance" :
> Confiance
> Assurance
> Foi

Là tu m'as redonné les mêmes. Peux-tu trouver trois autres antonymes (des mots que tu n'as pas proposés auparavant) ?

> Je suis désolé pour cette erreur. Voici 3 autres antonymes pour le mot "méfiance" :
> Foi
> Crédit
> Crédibilité

Assurance

> Voici 3 antonymes pour le mot "assurance" :
> Incertitude
> Hésitation
> Doute

Plus

> Voici 3 autres antonymes pour le mot "assurance" :
> Inquiétude
> Préoccupation
> Inquiétude

Là, tu m'as proposé deux fois le mot Inquiétude. Tu n'as pas d'autres idées ?

> Je m'excuse encore une fois pour cette erreur. Voici 3 autres antonymes pour le mot "assurance" :
> Incertitude
> Inquiétude
> Inconstance

Comme vous pouvez le voir, il s'agit d'entraîner peu à peu ChatGPT à effectuer la mission exacte que vous voulez lui confier. On ne peut pas dire qu'il soit parfait dans cette tâche, mais si vous lui indiquez au fur et à mesure ce qui ne va pas, il se corrige et répond de mieux en mieux à vos requêtes.

Sachez-le : il n'effectuera pas forcément la tâche demandée de façon parfaite, mais il se montre disposé à bien faire. À vous de le guider pour qu'il accomplisse au mieux la tâche demandée.

3. Demander à ChatGPT d'adopter une personnalité précise

La plupart du temps, lorsque nous demandons à ChatGPT de rédiger un essai, il se montre peu brillant – nous y reviendrons dans le chapitre suivant. Une façon de tenter de contourner la chose peut être de lui demander d'adopter une personnalité précise. N'attendez pas des miracles en termes de contenu, mais au moins, le contenu sera moins banal qu'habituellement. Voici un exemple d'un tel prompt et quelques extraits des réponses obtenues.

Rédige un court billet de blog qui explique pourquoi la France présente un déficit de son commerce extérieur. Je veux que tu adoptes le ton d'un économiste ayant 20 ans d'expérience sur le sujet, quelqu'un qui essaye de faire bouger les choses depuis fort longtemps mais qui a l'impression de parler dans le désert. Donc, tu es un peu désabusé. Illustre ton propos par un ou deux cas drôles. Si tu donnes des exemples, sois le plus spécifique possible, par exemple en citant des noms de marques.

> Malgré toutes les réformes et les initiatives mises en place, nous avons du mal à améliorer la compétitivité de nos entreprises sur les marchés internationaux.
> [...]

> Prenons l'exemple de l'industrie de la mode française. Les marques de luxe françaises comme Louis Vuitton et Chanel sont célèbres dans le monde entier pour leur style et leur qualité, mais elles ont du mal à rivaliser avec des marques étrangères telles que Gucci et Prada sur les marchés internationaux. Les marques étrangères peuvent produire
>
> des produits similaires à des prix inférieurs en raison de leurs coûts de main-d'œuvre moins élevés et de leur accès à des matières premières moins chères. En conséquence, les marques françaises ont du mal à maintenir leur part de marché à l'étranger.
> [...]

> Il est temps d'agir avant que le déficit commercial ne s'aggrave davantage et ne devienne un frein à la croissance économique de la France.

Bon, ce n'est pas extraordinaire... Il y aurait énormément à reprendre au niveau du style et il faudrait s'acharner à rendre cette prose un peu plus vivante et personnelle. Il reste que le résultat est bien meilleur que celui que nous aurions obtenu avec un prompt non contextualisé.

Nous verrons aussi dans le chapitre 100 exemples de mise en pratique avec ChapGPT qu'il peut être bon de demander à ChatGPT, en préambule à une session, d'assumer un rôle particulier : intervieweur, acteur... Il y a là un exercice souvent fructueux.

4. Guider ChatGPT tout le long du dialogue

Parfois, ChatGPT part sur une piste qui n'est pas la bonne à vos yeux. Dans ce cas de figure, une façon de faire est de dialoguer avec lui.

Au fil des échanges, ChatGPT va pouvoir exécuter de mieux en mieux la requête qui lui est soumise.

Voici une nouvelle tâche. Je vais citer des événements de l'Histoire. Pour chacun d'eux, pourrais-tu me donner le nom d'un personnage qui a été influent mais qui a agi dans l'ombre ? Par ailleurs, si je tape +, tu me proposeras un autre personnage du même type. Est-ce que ma demande est claire ?

> Oui, votre demande est claire. Je suis prêt à vous aider avec cela. Allez-y avec les événements historiques et je vous donnerai le nom d'un personnage influent qui a agi dans l'ombre. Si vous tapez "+", je vous donnerai un autre personnage similaire.

Mai 68

> Pour Mai 68, un personnage influent mais qui a agi dans l'ombre était Alain Geismar, l'un des leaders du mouvement étudiant. Si vous voulez un autre nom, je peux proposer Jacques Sauvageot, un autre leader étudiant.

Ils n'ont pas vraiment agi dans l'ombre. Ils étaient deux des trois principaux instigateurs du mouvement...

> Vous avez raison, Alain Geismar et Jacques Sauvageot étaient en effet des leaders importants du mouvement étudiant de Mai 68 en France et ne peuvent donc pas être considérés comme ayant agi dans l'ombre.
>
> Si vous voulez un personnage qui a agi dans l'ombre de Mai 68, je pourrais vous proposer Michel Foucault, qui était un philosophe français et un théoricien de la post-modernité et du pouvoir. Bien qu'il n'ait pas été directement impliqué dans les manifestations de Mai 68, ses idées ont influencé le mouvement et ont continué à exercer une influence sur la pensée politique française et mondiale. Si vous le souhaitez, je peux vous proposer un autre nom.

Oui, je voudrais un personnage qui a agi dans l'ombre de façon effective, que ce soit pour stimuler les manifestants ou l'attitude du général de Gaulle et de ses ministres.

> Dans ce cas, je pourrais vous proposer Henri Leclerc, qui était l'avocat de plusieurs militants de gauche arrêtés pendant les manifestations de Mai 68 et qui a contribué à attirer l'attention sur les problèmes de répression policière et de justice sociale. Bien que Leclerc ne soit pas aussi connu que certains des leaders du mouvement, son travail de défense des droits des manifestants a été crucial pour donner de la visibilité aux revendications et aux actions des étudiants et des travailleurs en grève.
>
> Si vous souhaitez un autre nom, je peux également proposer Jean-Pierre Vernant, un historien et un philosophe qui a étudié la Grèce antique et a appliqué ses connaissances pour comprendre les mouvements sociaux et politiques de son époque. Ses réflexions sur les relations entre la démocratie et la mythologie ont inspiré certains des leaders étudiants de Mai 68, notamment Daniel Cohn-Bendit, et ont contribué à façonner l'imaginaire politique du mouvement.

Good. Voici un autre événement. La chute du Mur de Berlin en 1989.

> Pour la chute du Mur de Berlin en 1989, un personnage influent mais qui a agi dans l'ombre était Egon Krenz. Krenz était un homme politique est-allemand qui a servi comme secrétaire général du Parti socialiste unifié d'Allemagne pendant les derniers mois de l'existence de la RDA. Il a joué un rôle crucial dans l'ouverture de la frontière entre l'Allemagne de l'Est et de l'Ouest en novembre 1989, qui a finalement conduit à la chute du Mur. Bien que Krenz ait été un acteur de premier plan dans les événements de cette période, son rôle a souvent été minimisé ou oublié par rapport aux autres acteurs politiques plus visibles.
>
> Si vous souhaitez un autre nom, je peux également proposer Günter Schabowski, un homme politique est-allemand qui a donné une conférence de presse en direct à la télévision le soir du 9 novembre 1989 et qui a annoncé, de manière imprévue, la levée des restrictions de voyage pour les citoyens est-allemands vers l'Ouest. Cette annonce a conduit à une ruée massive vers le Mur de Berlin et à la création de l'une des images les plus emblématiques de la chute du régime communiste.

Vous pouvez ainsi corriger ChatGPT au fur et à mesure mais parfois il est préférable de repartir à zéro et d'ajouter divers détails.

5. Indiquer à ChatGPT des exemples de ce que vous attendez de lui

Une autre façon d'obtenir une assistance zélée de ChatGPT consiste à lui indiquer des exemples précis de ce que l'on souhaite qu'il accomplisse.

`Je voudrais que tu me dises quelle a été la chanson marquante pour une année donnée au niveau mondial. Voici comment j'aimerais que nous procédions. Je tape une année et tu réponds avec l'année en question suivie de la chanson correspondante.`

`Voici un exemple : je tape "1965" et tu réponds`
`1965 - Satisfaction - Les Rolling Stones`
`Je tape "1968" et tu réponds`
`1968 - Hey Jude - les Beatles`
`Prêt à jouer le jeu ?`

> `Prêt à jouer le jeu ! Allez, lancez-moi une année !`

`1986`

> `1986 - West End Girls - Pet Shop Boys`

`1984`

> `1984 - Like a Virgin - Madonna`

`1998`

> `1998 - My Heart Will Go On - Céline Dion`

`2020`

> `2020 - Blinding Lights - The Weeknd`

6. Une relation à long terme

Ainsi donc, considérez ChatGPT comme un outil que vous devez entraîner afin qu'il puisse satisfaire au mieux vos besoins. Et cela suppose assez souvent de définir le plus précisément possible ce que vous recherchez au juste. Nous en verrons maints exemples plus loin dans ce livre.

Il est bon de savoir que ChatGPT pratique le "machine learning". Concrètement, cela veut dire que, au fil de votre relation, il va apprendre à vous connaître et adapter sa relation avec vous en conséquence.

Eh oui... ChatGPT n'est pas figé : il apprend au fur et à mesure, en fonction des divers échanges qu'il a avec des internautes, de par le monde, et tâche d'améliorer ses réponses.

Retenons le point essentiel : écrire un prompt est un art à part entière. Lorsqu'une requête est particulièrement bien rédigée, les résultats seront à la hauteur de vos attentes.

Chapitre 4
100 exemples de mise en pratique avec ChatGPT

A. Introduction

Nous allons aborder ici dix usages majeurs de ChatGPT et près de 100 exemples d'utilisation dans les domaines suivants :

1.L'aide à la création de contenu

2. La gestion de sa carrière professionnelle

3. L'éducation et enrichissement des connaissances

4. Le marketing

5. La création de noms (marques, personnages)

6. La cuisine

7. La tourisme et les voyages

8. L'imaginaire (poésie, chansons, scénarios, humour, etc.)

9. L'amélioration d'un site web/programmation

10. Les usages inattendus de ChatGPT

B. Aide à la création de contenu

Après avoir testé ChatGPT en long et en large, nous sommes arrivés à une conclusion sans appel : se servir de ChatGPT pour générer du contenu exploitable pour un site web, un blog ou autre publication à caractère professionnel ne nous apparaît ni raisonnable ni éthique, et pas sans risque.

- En premier lieu, il n'est pas rare que ChatGPT, dans sa forme actuelle, émaille son discours de diverses erreurs.
- Le ton de ses exposés est froid, impersonnel, dépourvu du style que peut avoir un journaliste ou un conférencier.

- Par ailleurs, divers outils, dont un proposé par OpenAI sont apparus afin de repérer les contenus générés par de telles IA – cf. chapitre La face sombre de ChatGPT. De ce fait, un usage un peu trop flagrant de ChatGPT pourrait amener à discréditer un auteur ou blogueur.
- Utiliser du contenu généré par ChatGPT peut nuire au classement d'un site sur Google. Le géant de la recherche a mis au point un algorithme visant à pénaliser les contenus de qualité médiocre et cela inclut les textes automatisés par Intelligence Artificielle.

Conclusion : il faut envisager ChatGPT comme une aide, un assistant, une source d'inspiration et se garder de la tentation d'en exploiter les textes tels quels. Nous y reviendrons dans le chapitre La face sombre de ChatGPT.

Il reste que ChatGPT peut aider à créer des contenus et cet usage est souvent étonnant.

1. ChatGPT est un piètre rédacteur

Vous avez un devoir à rédiger pour une école ou bien encore vous êtes responsable d'un blog et celui-ci n'a pas été mis à jour depuis plusieurs jours ou semaines ? La tentation peut être forte de faire appel à ChatGPT. Nous l'avons vu, reprendre tel quel ce qu'il propose pourrait desservir votre cause. Voyons ce qu'il en est avec une requête – nous avons abrégé la réponse de ChatGPT :

Pourrais-tu m'écrire un post de blog expliquant pourquoi le coût du passage aux énergies renouvelables a pu représenter un frein à leur adoption en France avec des chiffres précis ?

```
Bien sûr, voici un post de blog sur ce sujet :
Le passage aux énergies renouvelables est une préoccupation mondiale
pour faire face aux défis environnementaux et climatiques. La France
n'a pas été en reste dans cette transition, mais son adoption a été
freinée par des coûts élevés.
[...]
En France, le coût du passage aux énergies renouvelables a été
particulièrement élevé pour plusieurs raisons. Tout d'abord, l'énergie

nucléaire a longtemps été la principale source d'énergie du pays,
représentant environ 70 % de la production d'électricité en 2019.
Cela  signifie que le pays avait déjà investi massivement dans
l'infrastructure nucléaire et que le passage aux énergies
renouvelables nécessitait des investissements supplémentaires
considérables. De plus, le coût de l'électricité produite par
l'énergie solaire et éolienne en France est relativement élevé
par rapport à d'autres pays européens. Selon les chiffres de
l'Agence internationale de l'énergie, le coût moyen de l'énergie
solaire en France était de 137,7 euros/MWh en 2020,
contre 56,1 euros/MWh en Allemagne et 36,7 euros/MWh en Espagne.
```

```
Le coût moyen de l'énergie éolienne en France était également plus
élevé que dans d'autres pays européens.
[...]
Toutefois, malgré ces obstacles, la France a progressivement augmenté
sa part d'énergie renouvelable ces dernières années. Selon le
ministère de la Transition écologique, la part des énergies
renouvelables dans la consommation d'énergie finale du pays a atteint
19,1 % en 2020, contre 14,9 % en 2015. De plus, le gouvernement
français a fixé un objectif ambitieux de produire 40 % de
l'électricité du pays à partir d'énergies renouvelables d'ici 2030.
```

Que remarque-t-on ? Que tout cela est bien ennuyeux. Le style est scolaire, d'une grande platitude, sans personnalité et sans le moindre effort de style. Notons que dans cette requête, nous lui avons demandé d'être précis car, faute de l'indiquer, nous nous retrouvions avec des déclarations vagues et sans intérêt pour un lecteur. Cela étant dit, il donne des chiffres datés, sachant que sa base de connaissances est limitée à l'année 2021 : ceux qu'il avance pour le coût du solaire en France, en Espagne et en Allemagne ne sont plus intéressants pour le lecteur d'un blog, les tarifs ayant uniformément baissé entre-temps.

Si quelqu'un voulait publier ces données, il lui faudrait réécrire l'article de fond en comble, vérifier les chiffres, personnaliser le billet, couper les répétitions, raccourcir certaines phrases, insérer des intertitres dynamiques. Mais là n'est pas tout. ChatGPT énonce certes un argumentaire qui tient la route, notamment lorsqu'il évoque la compétition qu'a représenté le choix du nucléaire et de son faible coût, mais cela, direz-vous sans doute, vous le saviez déjà ! Donc, cette entrée de blog ne vous apprend pas grand-chose.

Cela étant dit, chaque fois que nous régénérons la réponse, ChatGPT « pond » un nouvel article. Nous lui avons également demandé s'il pouvait améliorer le style de son article, le rendre plus personnel et chaleureux. Le résultat n'a pas été probant.

Il existe une autre possibilité : celle de demander à ChatGPT de réécrire l'un de ses propres articles tout en lui donnant des instructions précises.

Pourrais-tu réécrire cet article en imitant le style d'un journaliste polémiste et utilisant la 1re personne. Tâche de maintenir un bon équilibre entre l'élégance, la créativité et la simplicité. Fais des phrases courtes et évite les répétitions.

```
Je vais relever le défi ! Voici ma proposition :

Passage aux énergies renouvelables en France : la grande arnaque !
Je n'en peux plus de cette hypocrisie environnementale !
Les politiciens nous rebattent les oreilles avec leur prétendue
transition énergétique, mais en réalité, c'est une grande mascarade.
J'ai mené ma propre enquête sur le coût du passage aux énergies
renouvelables en France, et ce que j'ai découvert va vous faire bondir.
D'abord, ne nous leurrons pas, les énergies renouvelables, c'est cher.
Très cher. Bien sûr, les écolos bien-pensants vous diront que ça vaut
le coup pour sauver la planète, mais à quel prix ? L'installation et
la maintenance des infrastructures nécessaires pour l'énergie
renouvelable peuvent coûter un bras, voire deux. [...] Et c'est sans
compter les coûts cachés, comme les subventions aux énergies
renouvelables qui sont financées par les contribuables.
Mais ce qui est vraiment scandaleux, c'est que la France a été
littéralement prise en otage par le nucléaire.
[...]
Et ce n'est pas tout. En France, le coût de l'électricité produite
par l'énergie solaire et éolienne est exorbitant par rapport à
d'autres pays européens. Selon les chiffres de l'Agence
internationale de l'énergie, le coût moyen de l'énergie solaire en
France était de 137,7 euros/MWh en 2020, contre 56,1 euros/MWh en
Allemagne et 36,7 euros/MWh en Espagne. Quant à l'énergie éolienne,
ne parlons même pas du coût !
[...]
Alors oui, il est vrai que la France a progressivement augmenté sa part
d'énergie renouvelable ces dernières années. Mais franchement, est-ce
vraiment suffisant ? Les politiciens continuent de nous raconter des
salades sur l'environnement, tout en sacrifiant notre pouvoir d'achat.
```

Avouons-le, c'est un peu mieux, mais tellement caricatural que le texte frise parfois le ridicule. Là encore, il faudrait fortement reprendre ce texte, à nouveau corriger les erreurs, éviter les imprécisions. Bref, tout auteur qui se respecte éviterait comme la peste ce type de billet.

Après tout, si vous tenez un blog, c'est que vous avez, authentiquement, des choses à dire et donc, vous ne devriez avoir aucun besoin de ce type de prestation.

2. Trouver des sujets d'articles, d'exposés, de conférence

Oublions donc la perspective d'employer ChatGPT comme rédacteur. Elle n'est ni sûre, ni éthique, ni valorisante et puis, nous l'avons dit, les outils qui aident à détecter cette pratique sont de plus en plus efficaces.

Alors, quel usage peut-on opérer de ChatGPT en matière d'écriture ? Il faut le considérer comme un assistant, un stagiaire auquel vous confieriez des tâches de documentaliste, une source d'inspiration.

Ainsi, une fonction fort appréciable de ChatGPT est d'aider à l'inspiration pour des articles ou exposés, ou bien de suggérer des thèmes qu'il pourrait être bon de développer.

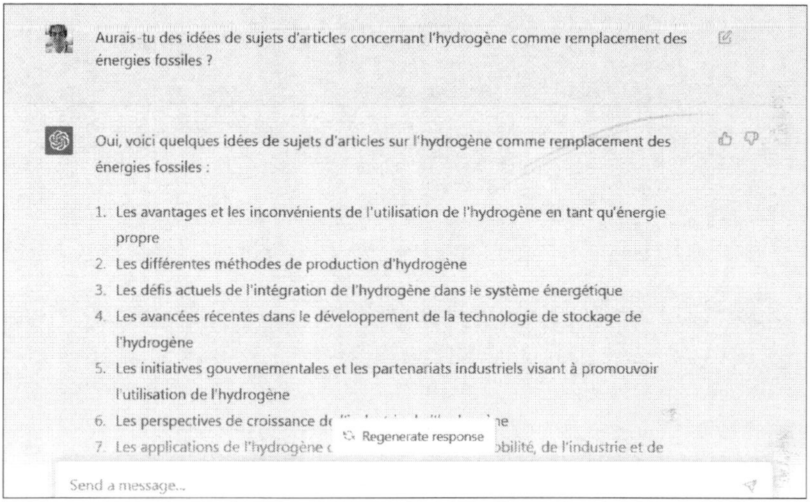

Ici, nous avons demandé à ChatGPT de nous donner des idées d'articles que nous pourrions écrire ou proposer à un magazine.

Il est pareillement possible de lui faire lister les avantages et inconvénients d'une technologie, de nous indiquer quelles sont les préoccupations du public face à un événement ou une avancée scientifique. Nous pouvons même lui demander quels types d'articles ou exposés seraient à même d'intéresser une audience particulière.

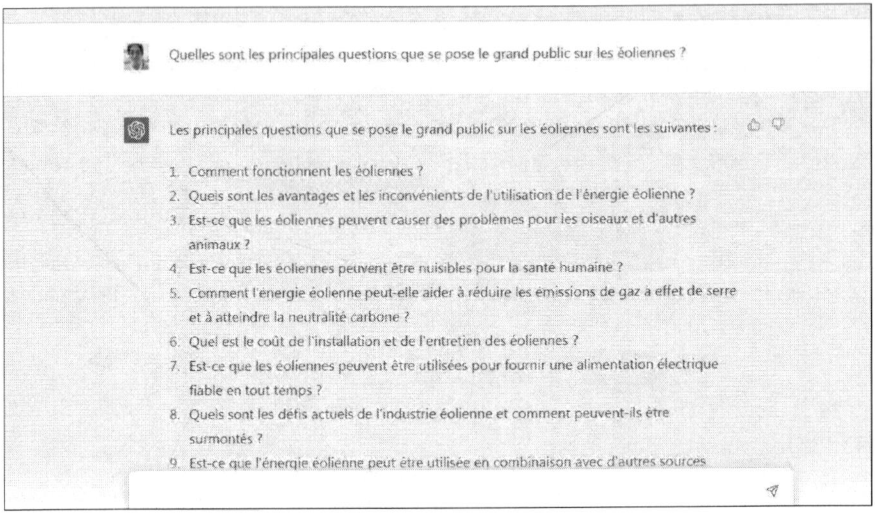

Quelles sont les principales questions que se pose le grand public sur les éoliennes ?

Les principales questions que se pose le grand public sur les éoliennes sont les suivantes :

1. Comment fonctionnent les éoliennes ?
2. Quels sont les avantages et les inconvénients de l'utilisation de l'énergie éolienne ?
3. Est-ce que les éoliennes peuvent causer des problèmes pour les oiseaux et d'autres animaux ?
4. Est-ce que les éoliennes peuvent être nuisibles pour la santé humaine ?
5. Comment l'énergie éolienne peut-elle aider à réduire les émissions de gaz à effet de serre et à atteindre la neutralité carbone ?
6. Quel est le coût de l'installation et de l'entretien des éoliennes ?
7. Est-ce que les éoliennes peuvent être utilisées pour fournir une alimentation électrique fiable en tout temps ?
8. Quels sont les défis actuels de l'industrie éolienne et comment peuvent-ils être surmontés ?
9. Est-ce que l'énergie éolienne peut être utilisée en combinaison avec d'autres sources

Si l'on cherche des idées relatives à une conférence, on peut interroger ChatGPT sur les questions qui préoccupent le grand public concernant un thème particulier.

3. Rédiger des questions d'interview

ChatGPT est également doué pour suggérer des questions que vous pouvez poser dans le cadre d'une interview que vous auriez à effectuer dans un bref délai.

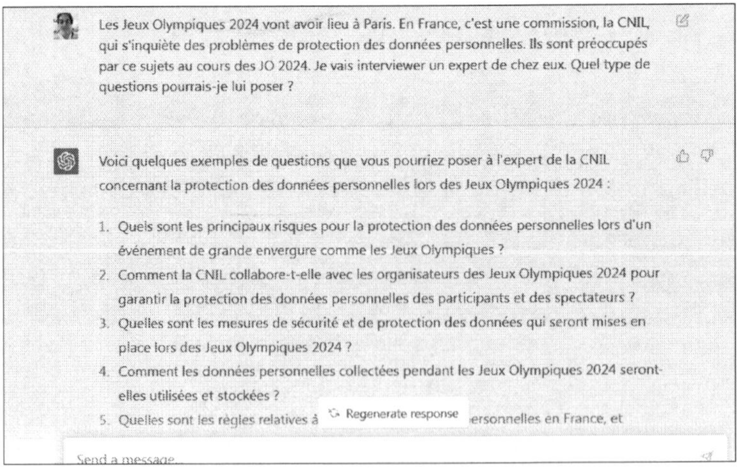

Les Jeux Olympiques 2024 vont avoir lieu à Paris. En France, c'est une commission, la CNIL, qui s'inquiète des problèmes de protection des données personnelles. Ils sont préoccupés par ce sujets au cours des JO 2024. Je vais interviewer un expert de chez eux. Quel type de questions pourrais-je lui poser ?

Voici quelques exemples de questions que vous pourriez poser à l'expert de la CNIL concernant la protection des données personnelles lors des Jeux Olympiques 2024 :

1. Quels sont les principaux risques pour la protection des données personnelles lors d'un événement de grande envergure comme les Jeux Olympiques ?
2. Comment la CNIL collabore-t-elle avec les organisateurs des Jeux Olympiques 2024 pour garantir la protection des données personnelles des participants et des spectateurs ?
3. Quelles sont les mesures de sécurité et de protection des données qui seront mises en place lors des Jeux Olympiques 2024 ?
4. Comment les données personnelles collectées pendant les Jeux Olympiques 2024 seront-elles utilisées et stockées ?
5. Quelles sont les règles relatives à [Regenerate response] ersonnelles en France, et

Send a message...

ChatGPT est fort zélé pour ce qui est de suggérer des questions que l'on puisse poser à l'occasion d'une interview.

4. Générer rapidement du contenu en cas d'urgence

Vous devez donner une conférence au pied levé sur un thème donné et vous manquez d'inspiration ? Ou bien « pondre » en urgence un texte sur le thème en question ? ChatGPT peut vous donner des pistes de réflexion intéressantes.

Ainsi, à la question :

`Parle-moi des conséquences de culpabiliser un collaborateur qui a fait une erreur.`

Il a répondu ceci.

> « Culpabiliser un collaborateur peut avoir des conséquences négatives sur son moral et sa motivation au travail. Cela peut également causer de la tension et de la méfiance au sein de l'équipe, ce qui peut nuire à la qualité du travail en équipe et à la productivité globale. En outre, la culpabilité peut entraîner un manque de confiance en soi chez le collaborateur, ce qui peut avoir un impact négatif sur sa performance future. En général, c'est une approche qui ne favorise pas une culture positive et au sein de l'entreprise. Il est donc préférable d'aborder les erreurs de manière constructive, en les considérant comme des opportunités d'apprentissage et d'amélioration. »

Que dire ? C'est tout de même pas mal, n'est-ce pas ? Un tel texte réécrit comme il se doit et sans doute raccourci afin de ne pas livrer les conclusions trop en amont pourrait être posté à 19 h 00 en guise d'argumentaire pour une conférence en ligne organisée le lendemain matin. Et à partir d'un tel canevas, un conférencier à l'aise avec ce sujet serait à même de développer ces divers points.

5. Proposer un plan pour un exposé

Dans un même ordre d'idée, on peut demander à ChatGPT de suggérer des plans d'article ou un exposé. Il peut ainsi vous aider à mieux décomposer les parties d'un sujet que vous êtes appelé à traiter.

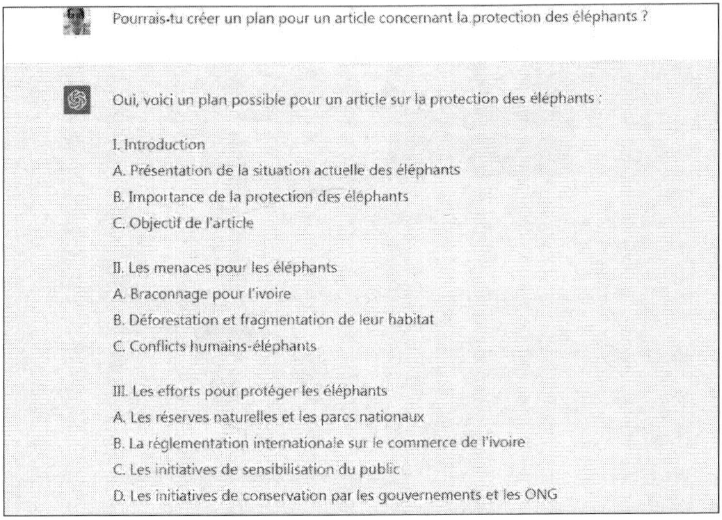

Pourrais-tu créer un plan pour un article concernant la protection des éléphants ?

Oui, voici un plan possible pour un article sur la protection des éléphants :

I. Introduction
A. Présentation de la situation actuelle des éléphants
B. Importance de la protection des éléphants
C. Objectif de l'article

II. Les menaces pour les éléphants
A. Braconnage pour l'ivoire
B. Déforestation et fragmentation de leur habitat
C. Conflicts humains-éléphants

III. Les efforts pour protéger les éléphants
A. Les réserves naturelles et les parcs nationaux
B. La réglementation internationale sur le commerce de l'ivoire
C. Les initiatives de sensibilisation du public
D. Les initiatives de conservation par les gouvernements et les ONG

Nous avons demandé ici à ChatGPT de créer un plan pour un article concernant la protection des éléphants.

6. Donner des pistes de réflexion

ChatGPT peut apporter énormément de pistes qui vous serviront à élaborer un discours ou un essai. À titre d'exemple, nous pouvons le questionner sur les principales préoccupations du public face à un sujet de société.

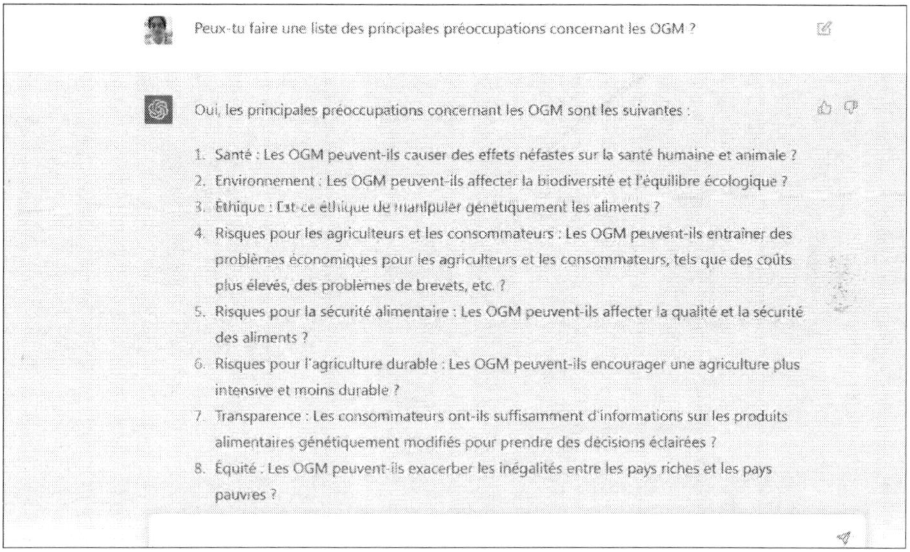

Avant d'intervenir dans un événement consacré à un thème donné, il peut être utile de questionner ChatGPT sur les principales préoccupations qui existent à son sujet.

7. Synonymes, analogies, figures de style...

Il est généralement demandé aux auteurs d'éviter les répétitions et, pour cela, ils peuvent faire appel à des synonymes, des analogies ou autres figures de style. Dans ce domaine, ChatGPT peut s'avérer bien utile. Voici un exemple de session.

`Je veux que tu me donnes des synonymes pour les mots que je vais taper plus bas. C'est d'accord ?`

> `Bien sûr ! Je suis prêt à vous aider. Quels sont les mots pour lesquels vous souhaitez des synonymes ?`

Chine

> Voici une liste de synonymes pour le mot « Chine » :
>
> République populaire de Chine
> Empire du Milieu
> Asie orientale
> Céleste Empire
> Zhongguó (nom chinois de la Chine)
> Pays du Milieu
> Grande muraille
> Mandarinat
> Dragon de l'Est
> Tibet

Super. À présent, au lieu de me donner des synonymes, je voudrais des analogies. OK ?

> Très bien, voici quelques analogies pour le mot « Chine » :
>
> La Chine est à l'Asie ce que les États-Unis sont à l'Amérique.
> La Chine est à l'Asie ce que la France est à l'Europe.
> La culture chinoise est à l'Asie ce que la culture grecque est à l'Europe.
> La Grande Muraille est à la Chine ce que la tour Eiffel est à la France.
> Le mandarinat est à la Chine ce que le royalisme était à la France.
> Le dragon est à la Chine ce que l'aigle est aux États-Unis.
> Le Nouvel An chinois est à la Chine ce que Noël est aux États-Unis.
> La médecine traditionnelle chinoise est à la Chine ce que l'homéopathie est à l'Occident.
> Les empereurs de la dynastie Qing sont à la Chine ce que les rois de France sont à la France.
> Le riz est à la Chine ce que le pain est à la France.

Et pourrais-tu me trouver des expressions littéraires qui évoquent la Chine ?

> « La Chine est un pays où chaque pas en avant fait reculer l'horizon. » (proverbe chinois)
> « Le ciel est haut, l'empereur est loin. » (proverbe chinois)
> « La Chine est une énigme, enveloppée dans un mystère, à l'intérieur d'un puzzle. » (Winston Churchill)
> « La Chine est un livre clos, écrit en idéogrammes, qu'on ouvre sans cesse, sans pouvoir jamais en déchiffrer tous les caractères. » (François Cheng)
> « La Chine, un pays aux mille couleurs, où la poésie est dans l'air. » (Gao Xingjian)
> « La Chine est un jardin dont la beauté éveille en nous une émotion

esthétique qui dépasse toutes les autres. » (Victor Segalen)
« La Chine, c'est une mémoire si immense, une mémoire tellement incrustée dans les pierres, dans les textes, dans les légendes, qu'on se sent tout petit à côté. » (Erik Orsenna)
« La Chine est un univers de paradoxe, où les portes se ferment et les fenêtres s'ouvrent. » (Henri Michaux)
« La Chine est comme un papillon dans la cour d'école. À force de le poursuivre, on le déchire. » (Chen Kaige)
« La Chine est une civilisation de l'excès, de la contradiction, du syncrétisme, qui a donné naissance à une culture d'une richesse et d'une complexité inouïes. » (Alain Peyrefitte)

Pourrais-tu me donner à présent une liste d'adjectifs qui représentent la Chine ?

Ancienne
Vaste
Peuplée
Énigmatique
Mystérieuse
Traditionnelle
Contemporaine
Innovante
Raffinée
Colorée
Impériale
Élégante
Étonnante
Contradictoire
Multiforme

Et des personnalités non chinoises mais qui évoquent la Chine ?

Voici une liste de personnalités non chinoises qui ont évoqué la Chine à travers leur travail ou leurs réalisations :

Marco Polo : explorateur italien du XIIIe siècle, auteur du célèbre livre « Le Devisement du monde », qui raconte son voyage en Chine.
Victor Segalen : écrivain français et sinologue du début du XXe siècle, auteur de « Stèles », un recueil de poèmes inspiré de l'art et de la culture chinoise.
Paul Claudel : poète, dramaturge et diplomate français, qui a vécu en Chine dans les années 1890 et a écrit plusieurs œuvres inspirées de la culture chinoise, notamment « L'Échange » et « Le Soulier de satin ».
François Cheng : écrivain, poète et calligraphe français d'origine chinoise, qui a écrit de nombreux ouvrages sur la culture chinoise, dont « Le Dit de Tianyi » et « Cinq méditations sur la beauté ».
Alain Peyrefitte : homme politique et écrivain français, qui a publié plusieurs ouvrages sur la Chine, notamment « Quand la Chine

s'éveillera... le monde tremblera ».

Ne trouvez-vous pas qu'il y a là quelques pistes intéressantes ? Notez que le dialogue pourrait continuer ainsi à l'envi. ChatGPT peut ainsi apporter une aide indéniable dans le cadre d'un travail d'écriture.

8. Correcteur orthographique

Vous avez sans doute dû remarquer que ChatGPT ne commet pas de fautes d'orthographe ni de grammaire ni d'erreurs de ponctuation. Donc, n'hésitez pas à lui demander de corriger un texte avant de le mettre en ligne ou de l'envoyer de manière officielle.

9. Écrire des courriers officiels

S'il est un usage où ChatGPT peut s'avérer utile, c'est dans celui de courriers administratifs, tâche généralement pénible et que l'on a tendance à éviter. Dans ce domaine, vous pouvez vous en donner à cœur joie, car l'objectif n'est pas de produire quelque chose de littéraire ou de savant, mais simplement d'arriver à ses fins le plus efficacement possible. Donc, aucun scrupule ne devrait animer celui qui copierait tel quel ce que produit ici ChatGPT. Voici un exemple de la chose.

Pourrais-tu écrire un courrier de réclamation pour un produit que j'ai commandé et qui n'a pas été livré ?

Bien sûr, je peux vous aider à écrire un courrier de réclamation pour un produit non livré. Voici un exemple de lettre que vous pouvez personnaliser selon votre situation :

[Prénom et nom]
[Adresse]
[Ville, code postal]
[Numéro de téléphone]
[Adresse e-mail]

[Nom de l'entreprise]
[Adresse de l'entreprise]
[Ville, code postal]

Objet : Réclamation pour un produit non livré

Madame, Monsieur,

Je me permets de vous contacter concernant ma commande n° [numéro de commande], passée sur votre site internet le [date de la commande]. À ce jour, je n'ai pas reçu le produit que j'ai commandé.

Je suis très déçu(e) de ne pas avoir encore reçu ma commande alors que j'ai effectué le paiement et que la date de livraison prévue

```
a déjà été dépassée. J'ai essayé de contacter votre service
clientèle à plusieurs reprises, mais je n'ai pas réussi à avoir
une réponse satisfaisante.

Je vous demande donc de bien vouloir me faire parvenir le produit
que j'ai commandé dans les plus brefs délais ou de me rembourser
intégralement le montant de ma commande.

Je vous remercie de votre compréhension et j'attends une réponse
de votre part dans les meilleurs délais.

Cordialement,

[Prénom et nom]
```

ChatGPT a pondu une lettre pertinente – il suffirait de modifier quelques informations et la lettre pourrait être envoyée telle quelle. Notons qu'il a même fait preuve d'un peu de zèle et évoquant des appels qui auraient été fait au service clientèle sans obtenir satisfaction !

L'affaire est entendue : dès lors que vous avez à rédiger un courrier administratif, ayez le réflexe ChatGPT.

10. Générer des résumés

Vous n'avez pas toujours le temps de lire ce qui est écrit sur un sujet mais souhaiteriez tout de même en connaître l'essentiel, par exemple, pour une actualité brûlante. Vous pouvez copier un ou plusieurs articles dans ChatGPT ou encore lui indiquer un lien et lui demander de résumer l'essentiel. À titre d'exemple, je lui ai demandé de résumer la première section du chapitre Une histoire de l'Intelligence Artificielle et de ChatGPT de ce livre.

Ce qu'il a produit était honorable :

```
L'article retrace l'histoire de l'intelligence artificielle,
depuis les travaux d'Alan Turing dans les années 1930 et 1940,
jusqu'à la tenue du premier atelier dédié à l'IA en 1956 au
Dartmouth College. Les idées énoncées lors de cet atelier ont
suscité un intérêt certain dans la communauté scientifique,
conduisant à des développements tels que le Perceptron de
Frank Rosenblatt en 1957 et la fondation du MIT Artificial
Intelligence Project en 1959 par John McCarthy et Marvin Minsky.
L'article mentionne également les travaux de Norbert Wiener sur
la cybernétique et son impact sur l'IA. Enfin, l'article souligne
que la route vers l'IA est longue et que les espoirs sont loin de
la réalité actuelle.
```

Pourquoi ne lui ai-je donné que le début de ce chapitre ? Parce que, la plupart du temps, dans sa version gratuite accessible à tous, ChatGPT a refusé de traiter un texte trop long. Nous lui avons demandé quelle était sa limite mais il a tourné autour du pot. Il semblerait après diverses tentatives que la limite de ce qu'il peut traiter serait aux alentours de 1 500 mots.

Quid des pages web ? ChatGPT sait consulter le contenu de certaines d'entre elles pour en produire un résumé mais, bizarrement, pas toutes. Assez souvent, il nous a fallu recopier le texte que nous souhaitions synthétiser. Parfois aussi, il a suffi de lui donner le lien d'une page pour qu'il s'exécute. En voici, un exemple sur une page traitant de l'histoire de la chanson *Like a Virgin* de Madonna :

Pourrais-tu me dire de quoi parle cette page : https://ichbiah.com/extraits/madonna/like-a-virgin.htm

> L'extrait en question parle de la chanson « Like a Virgin » de Madonna, qui est l'une des chansons les plus célèbres de sa carrière. Le texte décrit le contexte dans lequel la chanson a été créée, ainsi que les paroles et la signification de la chanson.
> La chanson « Like a Virgin » a été écrite par Billy Steinberg et Tom Kelly, et a été produite par Nile Rodgers. Elle est sortie en 1984 et a rapidement été un grand succès. Le texte de la chanson parle d'une femme qui se sent « comme une vierge » en tombant amoureuse d'un nouvel homme. La chanson a été controversée pour son titre et son contenu sexuel implicite, mais a également été saluée comme un hymne à l'émancipation féminine.
> L'extrait de la page Ichbiah.com analyse la signification de la chanson et son impact sur la carrière de Madonna. Il souligne notamment comment la chanson a aidé à lancer la carrière de la chanteuse en la présentant comme une icône de la pop culture et en la distinguant des autres artistes de l'époque.

Reconnaissons-le, les résumés donnés par ChatGPT dans sa forme gratuite actuelle (basée sur GPT-3.5) ont tendance à être vagues et manquer de précision. Parfois aussi, sur certaines questions, l'IA donne l'impression de puiser dans ses propres bases de données plutôt que de résumer l'article de façon effective.

Par ailleurs, certains résumés ont été trop succincts : nous l'avons mis à l'œuvre concernant une page web consacrée aux principales chansons du groupe Téléphone et il s'est contenté d'écrire un laïus sur *Un autre monde*. Bref, un traitement que l'on pourrait qualifier de « paresseux ». Il ressort aussi de ces divers essais que la structure du texte originel (hiérarchisation des thèmes) joue un rôle important dans son analyse.

Nous avons par ailleurs demandé à ChatGPT de réaliser des fiches produits à partir d'une page ou d'un texte et il s'en est plutôt bien sorti mais sans panache.

Faisons la part des choses. ChatGPT est un outil encore jeune et voué à s'améliorer. D'ores et déjà, la version 4 proposée le 14 mars 2023 sous forme payante – voir chapitre Mieux tirer parti de ChatGPT – a notablement accru ses performances. Par ailleurs, plus GPT va accumuler de données et plus ses réponses seront optimisées. Nous pouvons donc nous attendre à une précision et à une cohérence améliorées au fil du temps.

C. Gestion de sa carrière professionnelle

Que vous cherchiez à améliorer votre présente situation professionnelle, que vous soyez en quête d'un emploi ou bien désireux de créer une start-up, ChatGPT peut grandement vous aider dans votre activité ou vos diverses démarches...

1. Comment un internaute a créé une startup aidé par ChatGPT ?

Peut-on s'enrichir en suivant les conseils de ChatGPT ? Tout à fait, si l'on en croit le témoignage d'un *designer* américain, Jackson Greathouse Fall. Ce dernier a confié à ChatGPT la tâche suivante : il doit agir comme un entrepreneur. Il dispose de 100 dollars et a pour objectif de faire grossir ce montant le plus rapidement possible.

Jackson a ajouté qu'il ferait tout ce que l'IA allait lui demander. Il a également précisé dans ses instructions qu'aucune action illégale n'était envisageable dans la réalisation de cet objectif.

ChatGPT (dans sa version 4 – voir chapitre Mieux tirer parti de ChatGPT) a alors suggéré de réaliser un site marchand en relation avec l'écologie, sur une niche lucrative avec fort peu de concurrence.

La première étape donnée par ChatGPT a été d'acheter un nom de domaine « peu cher mais accrocheur ». Le nom suggéré a été greengadgetguru.com – qui était disponible pour 36 dollars. Il est à noter que ChatGPT avait en premier lieu proposé un nom de domaine qui s'est avéré trop coûteux (848 dollars).

Pour le logo de cette entreprise, le startuper a fait appel à DALL.E, une autre application d'OpenAI convertissant du texte en image. Jackson précise toutefois qu'il a utilisé le logiciel Illustrator d'Adobe pour perfectionner le visuel que lui avait proposé DALL.E.

Le site web créé à titre expérimental par Jackson Greathouse Fall sur le conseil de ChatGPT afin de tester s'il serait possible de créer une activité lucrative. Le logo a été inventé par DALL.E, une application « text-to-image » d'OpenAI mais adapté par le startuper.

Une fois le site créé, il était nécessaire de lui ajouter du contenu. Jackson a demandé à ChatGPT de rédiger un premier article : « 10 gadgets écologiques indispensables pour une cuisine responsable ». Il était essentiel qu'il s'agisse d'objets réels, existant dans le commerce et non pas d'articles imaginaires. ChatGPT a réalisé cet article et proposé dix articles correspondants à la requête avec des liens d'achats : sachets recyclables, poubelle à compost, appareil de cuisson alimenté par l'énergie solaire, filtres à café réutilisables... Là encore, DALL.E a été sollicité pour générer une image adéquate pour cet article.

Quelle pouvait être l'étape suivante ? ChatGPT a donné pour instruction d'investir dans de la publicité. Jackson a alors alloué 40 dollars à des annonces publiées sur Facebook et Instagram avec pour cibles des fans d'écologie. Il a par ailleurs publié plusieurs tweets pour promouvoir greengadgetguru.com. Jackson n'a pas chômé et évoque un travail de promotion « archarné ».

Au bout de plusieurs jours de présence du site en ligne, les messages ont commencé à affluer et le 16 mars 2023, Jackson a pu tweeter qu'il avait déjà généré 1 378 dollars de recette. Une partie de ce montant est venue d'un investisseur qui a proposé 100 dollars pour acquérir 2 % de l'entreprise. Ainsi, l'entreprise a été valorisée à 25 000 dollars.

Le designer Jackson n'a pas poursuivi l'expérience, expliquant qu'il voulait avant tout prouver qu'il était possible d'utiliser ChatGPT pour faire fructifier un investissement aussi réduit que 100 dollars.

2. Elle utilise ChatGPT pour gagner environ 4 000 euros par mois

Pour sa part, Eleana Moore a mis à profit ChatGPT pour générer un revenu mensuel confortable.

Dixit l'intéressée :

« *J'ai réalisé qu'il existait une forte demande pour du contenu de qualité et donc, j'ai décidé de me concentrer sur la création de contenu* ».

Elle s'est donc servi de ChatGPT pour écrire des articles et des descriptions de produits. À la suite de quoi, elle a réalisé un portfolio afin de promouvoir ses réalisations à divers clients. Elle a utilisé pour ce faire des plates-formes telles que Upwork, Freelancer et Fiverr, et a également contacté un grand nombre de sociétés locales et proposé ses services comme rédacteur freelance. À partir de là, elle dit s'être acharnée à produire du contenu de haute qualité, répondant aux attentes de ses clients, et mieux encore, dit-elle, dépassant leurs attentes. Elle a ainsi pu atteindre un revenu d'environ 4 000 dollars par mois.

Moore insiste cependant sur la valeur ajoutée qu'elle a apportée :

« Il est important de mentionner que ChatGPT n'est qu'un outil et qu'il n'est pas suffisant pour générer un revenu. Il est nécessaire que vous ayez des compétences, des connaissances et de l'expérience. Le contenu que vous allez produire va dépendre de ce que vous lui donnez en entrée. Par ailleurs, des considérations éthiques doivent être prises en compte lorsque vous utilisez ChatGPT à des fins commerciales. »

Mettons toutefois un bémol à ce qu'Eleana Moora a accompli : cette blogueuse a pu mettre à profit les capacités de ChatGPT à produire du contenu durant le premier mois qui a suivi l'apparition de cet outil. Il est peu probable qu'elle puisse opérer une telle exploitation de ChatGPT sur le long terme et, si elle entend développer son activité, il sera plus que nécessaire qu'elle personnalise fortement le contenu obtenu, le reformule à sa manière.

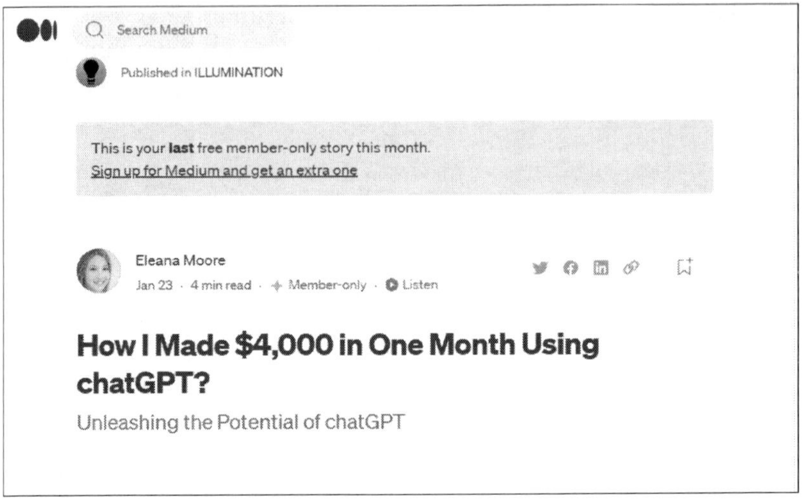

Sur Medium, Eleana Moore a raconté comment elle s'est servie de ChatGPT pour produire des textes de qualité. © Medium

3. Quel type d'activité pourrait-on démarrer avec ChatGPT ?

Il reste que ChatGPT a certaines capacités précises. Alors, comment peut-on le mettre à profit pour développer une nouvelle activité ? Voici diverses idées.

<u>Description de produits</u>

Vous devriez pouvoir entraîner ChatGPT à réaliser des descriptions de produits attrayantes, suivant un modèle que vous aurez défini.

<u>Marketing</u>

Nous le verrons plus loin : ChatGPT peut fortement vous aider dans la réalisation d'une campagne marketing autour d'une marque ou d'un produit.

<u>Community manager</u>

De nombreuses entreprises souhaitent déléguer la tâche consistant à gérer leur réseau social, une fonction appelée « community manager ». Or, ChatGPT est fort doué pour ce qui est de la création de « posts » ou aider à produire des réactions à des commentaires.

<u>Marketing par e-mail</u>

ChatGPT peut fortement vous aider à définir des campagnes de marketing adaptées à un public donné.

Programme de fitness

Vous pourriez vous appuyer sur ChatGPT pour proposer des programmes de fitness adaptés à la condition physique d'un individu donné.

Développement d'application

Comme nous pourrons le voir dans la section Site web et programmation de ce chapitre, ChatGPT peut fortement vous aider dans la réalisation d'applications.

Réaliser un chatbot répondant aux demandes client

Si vous connaissez la programmation, vous pouvez alors mettre à profit l'API (interface de programmation) de ChatGPT pour réaliser des chatbots personnalisés à même de répondre à des questions des clients 24 heures / 24.

Réaliser une application d'optimisation des embauches

Il devrait être possible de réaliser une application qui interroge un candidat sur quelques dizaines de facteurs et qui indique en réponse quel serait le poste le plus approprié pour lui dans l'entreprise.

Recommandation de produits

Dans un même ordre d'idée, il est possible de programmer ChatGPT afin qu'il puisse recommander des produits à un client en fonction des articles qu'il consulte ou achète.

Jouer le rôle d'interviewer

Nous le verrons plus bas dans cette section, ChatGPT peut être entraîné à conduire des interviews, générer par lui-même des questions et analyser les réponses.

Écrire des documents juridiques ou administratifs

ChatGPT est doué pour ce qui est d'écrire des documents tels que des contrats, des lettres d'accord et autres documents.

Guide virtuel

Vous pourriez vous faire aider par ChatGPT pour rédiger des guides de visites d'une ville ou d'un village et proposer ce service à la mairie locale.

Apprentissage

ChatGPT est en mesure de vous assister dans le développement de programmes d'apprentissages divers : étude d'une langue, apprentissage de la programmation, etc.

Nous n'avons là que quelques idées et la pratique de cet outil devrait naturellement en faire émerger d'autres.

4. ChatGPT peut vous assister dans les diverses étapes de la création d'une entreprise

Là n'est pas tout. ChatGPT est en mesure de vous assister à divers niveaux dans la création de votre start-up. Vous pouvez par exemple demander de l'aide pour la rédaction d'un business plan ou la réalisation d'une étude de marché. Voici quelques exemples d'une telle interaction.

Je souhaiterais démarrer une activité de vente de machines à café. Il s'agit d'un café de très haute qualité avec un système respectueux de l'environnement. Selon toi, que dois-je faire pour démarrer une telle activité ?

```
Félicitations pour votre projet de création d'une entreprise
de vente de machines à café respectueuses de l'environnement !
Voici quelques étapes à suivre pour démarrer votre activité :

Étude de marché : Avant de commencer, il est important de bien
comprendre le marché dans lequel vous souhaitez entrer. Vous
devrez faire une étude de marché approfondie pour identifier
les besoins de vos clients potentiels, les produits et services
de la concurrence, ainsi que les tendances du marché.

Élaboration d'un business plan : Un business plan est essentiel
pour évaluer la viabilité de votre projet. Il vous permettra de
déterminer les coûts initiaux, les coûts d'exploitation,
les projections de revenus, les sources de financement et les
stratégies de marketing pour votre entreprise.

Trouver des fournisseurs de machines à café : Recherchez des
fournisseurs de machines à café qui répondent à vos critères de
qualité et de durabilité, ainsi qu'à vos normes environnementales.

Déterminer votre modèle d'affaires : Il existe différentes
options pour la vente de machines à café, comme la vente en ligne,
la vente directe aux consommateurs ou la vente aux entreprises.
Choisissez le modèle d'affaires qui convient le mieux à votre
entreprise.

Mettre en place une stratégie de marketing : Une stratégie de
marketing efficace est cruciale pour attirer des clients
potentiels. Vous pouvez utiliser des canaux de marketing tels que
les réseaux sociaux, la publicité en ligne, les salons
professionnels, les événements communautaires, etc.

Trouver des partenaires pour le café : En plus des machines à
café, vous pouvez envisager de vendre du café et des accessoires
associés. Recherchez des partenaires qui partagent vos valeurs
```

en matière de qualité et d'environnement.

Respecter les normes environnementales et les réglementations : Assurez-vous de respecter les normes environnementales et les réglementations locales pour votre entreprise. Cela peut inclure la gestion des déchets, l'utilisation de matériaux durables et l'obtention des autorisations nécessaires.

En suivant ces étapes, vous pourrez lancer votre entreprise de vente de machines à café de haute qualité et respectueuse de l'environnement. Bonne chance !

Que dois-je faire au juste pour conduire l'étude de marché ?

Pour conduire une étude de marché efficace, voici quelques étapes clés à suivre :

Définir votre objectif : Avant de commencer votre étude de marché, déterminez l'objectif de votre recherche. Qu'espérez-vous apprendre ? Quels problèmes cherchez-vous à résoudre ? Quels sont vos objectifs commerciaux ? Cette étape vous aidera à orienter votre recherche.

Identifier votre marché cible : Déterminez qui sont vos clients potentiels et quels sont leurs besoins et leurs comportements d'achat. Vous pouvez utiliser des données démographiques telles que l'âge, le sexe, le niveau de revenu, la localisation géographique, etc.

Collecter des données : Utilisez différentes sources pour collecter des données sur votre marché, comme les rapports de recherche, les enquêtes, les analyses de données existantes, les interviews, les groupes de discussion, les observations sur le terrain, etc.

Analyser les données : Une fois que vous avez collecté les données, analysez-les pour en extraire des informations pertinentes. Identifiez les tendances, les comportements d'achat, les besoins et les préférences de vos clients potentiels.

Évaluer la concurrence : Analysez également les concurrents de votre marché pour comprendre leur positionnement, leur offre de produits et services, leur stratégie de marketing, leur tarification, etc. Cela vous aidera à mieux comprendre votre marché et à vous positionner de manière compétitive.

Utiliser les résultats de l'étude : Les résultats de l'étude de marché devraient vous aider à prendre des décisions commerciales éclairées. Utilisez ces informations pour déterminer votre positionnement sur le marché, votre offre de produits et services, votre stratégie de marketing, votre tarification, etc.

En menant une étude de marché approfondie, vous serez mieux préparé pour lancer votre entreprise de vente de machines à café de haute qualité et respectueuse de l'environnement.

Pourrais-tu m'aider dans la rédaction du business plan de cette activité de machines à café ?

Bien sûr, je peux vous aider à élaborer un business plan pour votre entreprise de vente de machines à café respectueuses de l'environnement. Voici les éléments clés que vous devriez inclure dans votre plan :

Résumé exécutif : Cette section devrait inclure une description brève de votre entreprise, de vos produits et services, de votre marché cible, de votre stratégie de marketing, de votre équipe de direction et de vos projections financières.

Analyse de marché : Dans cette section, vous devriez décrire votre marché cible, y compris les tendances du marché, la taille et la croissance du marché, les caractéristiques des clients potentiels et les comportements d'achat.

Produits et services : Décrivez en détail vos produits et services, y compris leurs caractéristiques, leurs avantages, leur prix et leur positionnement sur le marché.

Stratégie de marketing : Décrivez votre stratégie de marketing, y compris les canaux de marketing que vous utiliserez, les tactiques spécifiques que vous utiliserez pour atteindre vos clients cibles, les coûts associés à ces tactiques et les résultats attendus.

Plan opérationnel : Cette section devrait inclure une description de la façon dont votre entreprise fonctionnera, y compris les processus d'achat, de stockage, de livraison et de service à la clientèle.

Équipe de direction : Décrivez les membres de votre équipe de direction, leurs antécédents et leurs compétences, ainsi que les rôles et les responsabilités de chacun.

Projections financières : Incluez des projections financières détaillées pour votre entreprise, y compris des projections de revenus, de coûts, de bénéfices et de flux de trésorerie. Ces

```
projections devraient inclure des analyses de sensibilité pour
tenir compte des risques et des incertitudes.

Plan de financement : Décrivez les sources de financement que
vous utiliserez pour démarrer et développer votre entreprise,
y compris les investissements en capital, les prêts bancaires
et les subventions.

Annexes : Joignez les documents complémentaires à votre business
plan comme les CV de vos membres de direction, les contrats de
location, les devis de vos fournisseurs, les licences et
autorisations, les rapports financiers, etc.

N'hésitez pas à utiliser des modèles de business plan disponibles
en ligne pour vous aider à structurer votre plan et assurez-vous
de le faire relire par un tiers pour garantir la qualité de
votre présentation.
```

En poursuivant un tel dialogue, vous pouvez amener ChatGPT à vous assister dans chacune des étapes de la création d'une entreprise. Une internaute qui a réellement utilisé ce service afin d'aider à l'établissement d'une activité de laverie automatique a raconté que ChatGPT l'a même aidé à identifier :

- le coût de mise en place d'une telle activité, explicité dans les moindres détails,
- des endroits où il pourrait être judicieux d'installer cette activité.

Alors, si vous avez l'âme d'un créateur d'entreprise, profitez sans réserve de l'aide que peut apporter ChatGPT !

5. ChatGPT en usage dans de grandes entreprises

Jeff Maggioncalda, PDG de la société Coursera, a confié qu'il avait posé la question suivante à ChatGPT :

Je dois me rendre à Davos afin de faire un discours aux premiers ministres de plusieurs pays. Selon toi, quels thèmes devrais-je aborder ?

Maggioncalda a par ailleurs confié qu'il utilisait couramment ChatGPT comme assistant pour ses réflexions et qu'il considérait cet outil comme un membre de son équipe.

« Je lui donne un texte et lui demande de le résumer, de placer des listes à puces, ou de le traduire en diverses langues ». Maggioncalda s'en sert également afin de trouver des idées et raconte que ChatGPT peut apporter des points de vue différents, à tout moment.

Dans un même ordre d'idées, ChatGPT a été testé dans le service de cloud d'Amazon (AWS) et s'est montré avisé dans l'écriture de guides de dépannage/aides au diagnostic (en anglais : *troubleshooting guides*).

6. Est-ce que ChatGPT pourrait menacer nos emplois ?

Toujours selon Maggioncalda, ChatGPT ne devrait pas aboutir à des pertes d'emplois mais libérer le temps de ses employés vers des tâches plus profitables.

Cette opinion est partagée par le professeur Oded Netzer de la Columbia Business School qui estime que :

« ChatGPT est un outil et en tant que tel, il ne va remplacer de fonctions existantes mais plutôt améliorer les jobs existant et automatiser certaines tâches ».

De fait, une enquête menée par l'institut Fishbowl auprès de 4 500 employés et rendue publique le 19 janvier 2023 a révélé que près de 30 % d'entre eux avaient déjà eu recours à ChatGPT ou à d'autres outils d'Intelligence Artificielle pour les aider dans certaines tâches. Le taux d'usage le plus élevé se situait dans le marketing, la technologie et le conseil.

Nous verrons toutefois dans le chapitre La face sombre de ChatGPT que ChatGPT est tout de même jugé par certains comme une menace sur l'emploi.

7. Aider à la rédaction d'e-mails

Si votre fonction vous amène à rédiger régulièrement des messages à des clients ou partenaires, et à devoir parfois aborder des sujets difficiles, ChatGPT peut vous aider dans la rédaction d'e-mails en suggérant diverses approches.

Je dois annoncer à l'un de nos clients que nous allons avoir un retard d'un mois dans la livraison d'une machine qu'il nous a demandé d'élaborer. C'est quelqu'un d'assez colérique et nous devons éviter à tout prix qu'il annule le contrat. Aurais-tu une idée de formulation d'un e-mail pour lui annoncer cette nouvelle de la façon la plus diplomatique qui soit ?

> Bonjour,
>
> Nous tenons à vous informer que nous avons rencontré un léger retard dans la livraison de la machine que vous avez commandée. Nous travaillons dur pour résoudre tous les problèmes qui ont surgi et nous nous excusons sincèrement pour ce contretemps imprévu. Nous tenons également à vous assurer que nous sommes en train de tout mettre en œuvre pour rattraper ce retard.
>
> Nous comprenons l'importance de cette commande pour vous et nous voulons vous assurer que nous faisons tout ce qui est en notre pouvoir pour minimiser l'impact de ce retard sur votre entreprise.

> Si vous avez des préoccupations ou des questions, n'hésitez pas à nous contacter. Nous sommes disponibles pour discuter de la situation à tout moment.
>
> Nous vous remercions pour votre compréhension et votre patience dans cette situation. Nous sommes impatients de vous fournir la machine que vous avez commandée dès que possible.
>
> Cordialement,
>
> [Votre nom]

Hélas, j'ai peur de sa réaction. Dans l'e-mail proposé, on entre trop tôt dans le vif du sujet. Il me semble qu'il faudrait y aller progressivement avant de lui annoncer le retard prévu.

> Je comprends tout à fait votre préoccupation. Voici une suggestion de formulation d'e-mail qui pourrait vous aider à aborder la question avec votre client de manière plus progressive :
>
> Bonjour,
>
> Nous espérons que tout va bien pour vous. Nous tenions à prendre quelques instants pour vous donner une mise à jour sur votre commande de machine. Tout d'abord, nous tenons à vous remercier de votre confiance et de votre patience tout au long de ce processus.
>
> Nous sommes en train de finaliser les derniers détails de votre commande et nous sommes impatients de vous fournir la machine que vous avez commandée. Cependant, nous avons rencontré quelques retards imprévus dans la production, qui ont eu un impact sur notre calendrier de livraison. Nous travaillons dur pour résoudre ces problèmes et nous sommes confiants que nous pourrons vous fournir la machine dès que possible.
>
> Nous comprenons l'importance de cette commande pour vous et nous sommes désolés de vous informer que nous aurons un léger retard dans la livraison de la machine. Nous tenons à vous assurer que nous faisons tout notre possible pour minimiser cet impact sur votre entreprise et que nous sommes en train de tout mettre en œuvre pour rattraper ce retard.
>
> Nous sommes disponibles pour discuter de la situation avec vous à tout moment et nous vous remercions pour votre compréhension et votre patience dans cette situation.
>
> Cordialement,
>
> [Votre nom]

8. Mettre à profit la capacité de ChatGPT à produire des résumés

Nous l'avons vu : ChatGPT est plutôt bon dans la rédaction de résumés. Et, pour votre part, vous n'avez pas forcément le temps de lire divers documents, notamment des comptes rendus de réunions qui s'étalent sur des pages et des pages. Alors, bien évidemment, la capacité de ChatGPT à produire des résumés pourra être bien utile.

9. Community management

Il n'est pas toujours facile de gérer votre page Facebook ou de réagir à un article polémique concernant votre entreprise. Dans ces domaines, requérir l'assistance de ChatGPT pourrait souvent sortir d'affaire.

Notre entreprise a fait l'objet d'un post polémique sur Facebook. Une personne se plaint de ce que le service après-vente aurait été nul et inefficace. Pourrais-tu proposer des exemples de réponses que nous pourrions poster, qui donnent une bonne image de l'entreprise, montrent que nous prenons à cœur le message de cette personne ? On peut aussi expliquer qu'il est hyper rare d'avoir ce type de réaction.

Bien sûr, voici quelques exemples de réponses que vous pourriez poster en réponse à ce post polémique sur Facebook :

> « Bonjour, nous sommes vraiment désolés que vous ayez eu une mauvaise expérience avec notre service après-vente. Nous prenons votre message très au sérieux et nous sommes déterminés à faire tout notre possible pour rectifier la situation. Nous vous invitons à nous contacter directement afin que nous puissions en discuter ensemble. »
>
> « Bonjour, nous sommes navrés que vous ayez été déçu par notre service après-vente. Nous comprenons à quel point cela peut être frustrant. Nous souhaitons vous assurer que ce n'est pas la norme chez nous, et que nous avons mis en place des mesures pour nous assurer que cela ne se reproduise pas. Nous espérons que vous nous donnerez l'occasion de vous montrer que nous prenons à cœur votre satisfaction. »
>
> « Bonjour, nous sommes désolés d'apprendre que vous avez rencontré des difficultés avec notre service après-vente. Nous sommes déterminés à faire de notre mieux pour rectifier la situation et nous espérons que vous nous donnerez l'opportunité de vous prouver notre engagement en matière de satisfaction client. Nous sommes là pour vous aider ! »

Notons par ailleurs que ChatGPT peut être de bon conseil lorsque vous faites face à des situations indésirables.

Sur notre page Facebook, nous avons un « troll » qui ne cesse de dénigrer l'entreprise. Nous aimerions montrer qu'il ne connaît rien à son sujet et lui ôter l'envie d'écrire à nouveau ses posts.

> Je comprends que cela peut être frustrant de faire face à un troll sur votre page Facebook. Cependant, il est important de garder à l'esprit que répondre à un troll peut parfois attiser les flammes et mener à une escalade des tensions.
>
> Voici quelques conseils pour gérer cette situation :
>
> Ne répondez pas de manière agressive ou vindicative. Cela ne fera qu'alimenter le troll et donnera une mauvaise image de votre entreprise.
>
> Essayez de garder un ton calme et professionnel dans votre réponse. Vous pouvez répondre en disant que vous comprenez que cette personne a des préoccupations, mais que vous ne pouvez pas accepter les commentaires insultants ou diffamatoires.
>
> Vous pouvez également envisager de désactiver la possibilité de commenter sur certains de vos posts, afin de limiter la capacité du troll à nuire à votre page.
>
> Si le troll continue à poster des commentaires insultants ou diffamatoires, vous pouvez signaler ces commentaires à Facebook pour qu'ils soient supprimés.
>
> Enfin, n'oubliez pas que vous pouvez également bloquer la personne si nécessaire.
>
> Dans l'ensemble, il est important de garder à l'esprit que répondre de manière agressive ou vindicative ne fera que donner une mauvaise image de votre entreprise. Gardez un ton calme et professionnel et essayez de trouver des solutions pour gérer la situation de manière constructive.

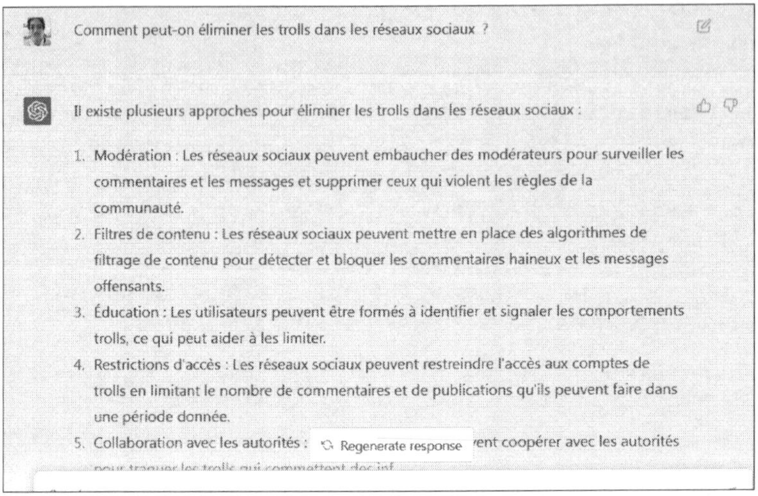

Les conseils de ChatGPT pour gérer les trolls.

10. Planifier sa journée de travail

Parfois, vous pouvez vous sentir submergé par le nombre de tâches qui vous attendent au bureau et avoir bien du mal à ne pas vous disperser dans tous les sens. Pourquoi ne pas demander à ChatGPT d'organiser le planning de votre journée ?

```
Lundi, j'ai une dizaine de tâches à accomplir :
Recevoir 3 candidats pour un poste de responsable des stocks
Meeting avec mes employés afin de discuter des tâches de la semaine
Répondre à mes emails
Avancer sur le design d'un nouveau casque audio
Veiller à l'envoi de devis à des boutiques de Lyon
Négocier le prix de composants avec un fournisseur de Taïwan
Recevoir Gérard afin de comprendre pourquoi il accumule les retards et
l'amener à trouver des solutions
Consacrer une bonne demi-heure à perfectionner mon anglais des affaires
Lire la presse professionnelle de notre secteur

Pourrais-tu me donner un plan d'action pour la journée de lundi, un plan
qui aille de 9:00 du matin jusqu'à 18:00 en incluant une heure pour le
repas de midi ?
```

```
Bien sûr, voici un plan d'action pour la journée de lundi :

9h00 - 10h00 : Recevoir les 3 candidats pour le poste de
responsable des stocks.

10h00 - 11h00 : Meeting avec les employés pour discuter des
tâches de la semaine et s'assurer que tout le monde est sur
la même longueur d'onde.

11h00 - 11h30 : Répondre aux emails urgents qui sont arrivés
pendant la matinée.

11h30 - 12h30 : Travailler sur le design du nouveau casque audio.

12h30 - 13h30 : Pause déjeuner.

13h30 - 14h30 : Veiller à l'envoi des devis à des boutiques de
Lyon et faire un suivi sur les devis déjà envoyés.

14h30 - 15h30 : Négocier le prix des composants avec le
fournisseur de Taïwan.

15h30 - 16h30 : Recevoir Gérard afin de comprendre pourquoi il
accumule les retards et l'amener à trouver des solutions.

16h30 - 17h00 : Consacrer une demi-heure pour perfectionner
votre anglais des affaires en utilisant des applications telles
que Babbel, Duolingo ou Memrise.

17h00 - 18h00 : Lire la presse professionnelle de notre secteur
pour rester à jour sur les dernières tendances et innovations.

N'oubliez pas de laisser suffisamment de temps pour les imprévus
qui peuvent survenir tout au long de la journée. Aussi, essayez
de ne pas être trop rigide avec votre emploi du temps et soyez
flexible si une situation inattendue nécessite une attention immédiate.
```

11. Demander à ChatGPT de jouer le rôle d'interviewer pour un poste à pourvoir

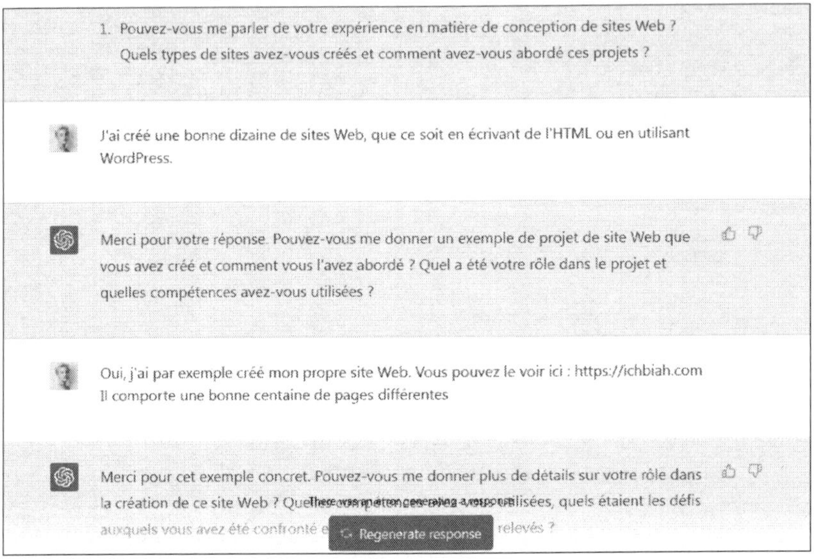

Il est possible d'inverser les rôles avec ChatGPT et demander que ce soit lui qui vous pose des questions, par exemple dans le cadre d'une interview d'embauche.

Imaginons que vous soyez à la recherche d'un poste et que vous ayez rendez-vous dans un jour ou deux dans une entreprise intéressée par votre candidature. Un exercice amusant consiste à renverser les rôles et à demander à ChatGPT de vous poser des questions.

Imaginons : je suis en recherche d'un emploi en tant que concepteur de site web. Tu es un recruteur. Pourrais-tu me poser des questions qui te permettraient d'évaluer mes compétences, ma sociabilité et me dire au final si tu aurais envie de m'embaucher ?

> Bien sûr, je serais ravi de vous poser des questions pour évaluer vos compétences en tant que concepteur de site web ainsi que votre personnalité et votre adaptabilité en milieu professionnel.
>
> Pouvez-vous me parler de votre expérience en matière de conception de sites web ? Quels types de sites avez-vous créés et comment avez-vous abordé ces projets ?

J'ai créé une bonne dizaine de sites web, que ce soit en écrivant de l'HTML ou en utilisant WordPress.

> Merci pour votre réponse. Pouvez-vous me donner un exemple de projet de site web que vous avez créé et comment vous l'avez abordé ? Quel a été votre rôle dans le projet et quelles compétences avez-vous utilisées ?

Oui, j'ai par exemple créé mon propre site web. Vous pouvez le voir ici : https://ichbiah.com Il comporte une bonne centaine de pages différentes.

> Merci pour cet exemple concret. Pouvez-vous me donner plus de détails sur votre rôle dans la création de ce site web ? Quelles compétences avez-vous utilisées, quels étaient les défis auxquels vous avez été confronté et comment les avez-vous relevés ?

Je l'ai conçu de A à Z. Il a été écrit en HTML et CSS à des fins d'efficacité. Je voulais qu'il ait les meilleurs temps de réponse possible. Je n'ai pas utilisé de technologies avancées afin de privilégier la rapidité. Et de fait la plupart des pages sont extrêmement bien classées sur Google qui est très sensible à ce facteur.

> C'est impressionnant d'avoir conçu votre propre site web en utilisant uniquement HTML et CSS. Vous avez donc privilégié la rapidité et l'efficacité dans la conception du site. Avez-vous utilisé d'autres techniques de référencement pour améliorer le classement de votre site sur Google ou d'autres moteurs de recherche ? Par exemple, avez-vous travaillé sur les balises méta ou les mots-clés pour améliorer la visibilité de votre site ?

Absolument. En fait, je maîtrise très bien le référencement. Un grand nombre de mes pages arrivent en 1re page des résultats de Google. Par exemple, si vous tapez « Like a Virgin », ma page sur cette chanson arrive dans les premiers résultats.

> C'est impressionnant de voir que vous avez réussi à optimiser le référencement de votre site et à améliorer sa visibilité sur les moteurs de recherche. Avez-vous des exemples concrets d'autres projets de site web pour lesquels vous avez utilisé des techniques de référencement pour améliorer leur visibilité en ligne ? Comment avez-vous réussi à mesurer l'efficacité de ces techniques et à améliorer le trafic vers ces sites web ?

Je teste chaque page en tapant des requêtes sur le mode « navigation privée » de Google. Par ailleurs, j'utilise énormément la Google Search Console et autres outils de Google comme PageSpeedInsights et m'efforce d'optimiser les pages en fonction des critères qui sont chers aux yeux de Google et de corriger les erreurs qu'il m'indique.

> C'est une excellente approche pour optimiser le référencement et améliorer la visibilité de vos sites web. Utiliser les outils de Google tels que la Google Search Console et PageSpeedInsights vous permet de comprendre les critères de classement de Google et d'optimiser vos pages en conséquence. Avez-vous également travaillé sur l'analyse des données de trafic de vos sites web, par exemple en utilisant Google Analytics ? Si oui, comment avez-vous utilisé ces données pour améliorer les performances et l'efficacité de vos sites web ?

J'utilise avant tout Analytics pour les vidéos YouTube.

> Je vois, merci pour votre réponse. Passons à une autre question. Pouvez-vous me parler de votre expérience en matière de conception de sites web pour les appareils mobiles ? Avez-vous travaillé sur des projets de sites web qui ont été optimisés pour les appareils mobiles, tels que les smartphones et les tablettes ? Si oui, comment avez-vous abordé la conception et l'optimisation de ces sites web pour les appareils mobiles ?

Complètement. Dès 2015, j'ai pris en compte ce facteur d'adaptation de chacune de mes pages aux smartphones et tablettes. J'optimise chacune de mes pages en ce sens.

> C'est excellent de voir que vous avez pris en compte l'importance de l'optimisation pour les appareils mobiles dès 2015. Les sites web doivent aujourd'hui être conçus en pensant en premier lieu aux utilisateurs mobiles. Avez-vous utilisé des frameworks ou des outils spécifiques pour la conception de sites web pour les appareils mobiles, tels que Bootstrap ou React Native ? Si oui, pouvez-vous me parler de votre expérience avec ces outils et de la manière dont vous les avez utilisés pour optimiser la conception et les performances des sites web pour les appareils mobiles ?

J'utilise soit des « template » (modèles) WordPress adaptés aux mobiles, soit du code CSS qui « recalcule » mes pages en fonction de la taille de l'écran.

> Je vois, c'est très bien de savoir que vous êtes capable de créer des sites web optimisés pour les appareils mobiles en utilisant des modèles WordPress ou en écrivant du code CSS personnalisé.
> En ce qui concerne l'optimisation de la conception pour les appareils mobiles, avez-vous pris en compte des éléments tels que la vitesse de chargement des pages sur les réseaux mobiles,

> l'utilisation de médias adaptatifs tels que les images et les vidéos, et la mise en place d'une navigation facile et intuitive pour les utilisateurs mobiles ?

Oui, je vous l'ai dit, c'est mon souci majeur en matière de sites web.

> C'est très bien de savoir que l'optimisation pour les appareils mobiles est une priorité pour vous dans la conception de sites web. Pouvez-vous me parler d'un exemple spécifique de la manière dont vous avez optimisé un site web pour les appareils mobiles, en tenant compte des éléments que j'ai mentionnés précédemment (vitesse de chargement, utilisation de médias adaptatifs, navigation intuitive) ? Quels ont été les résultats de ces optimisations pour le site en question ?

Eh bien par exemple pour Wordpress, j'ai testé de nombreux thèmes et finalement choisi l'un d'entre eux, optimisé pour les Signes Essentiels de Google : Neve. Et les tests sur PageSpeedInsights ont confirmé qu'il s'agissait d'un bon choix.

> Je vois, c'est bien d'avoir choisi un thème WordPress optimisé pour les Signes Essentiels de Google et d'avoir effectué des tests de performance sur PageSpeedInsights pour confirmer que ce choix était bénéfique pour le site. Pouvez-vous me parler d'un autre exemple de la manière dont vous avez optimisé un site web pour les appareils mobiles, en tenant compte des éléments que j'ai mentionnés précédemment (vitesse de chargement, utilisation de médias adaptatifs, navigation intuitive) ?

12. Faire ressortir les points forts d'un CV

Les responsables d'embauche doivent souvent étudier des dizaines et dizaines de CV. Il peut donc être utile de faire précéder le vôtre d'un texte court faisant ressortir vos points forts en quelques phrases. Le prompt pourrait être le suivant :

Voici mon CV. Pourrais-tu générer un résumé qui élabore ce qui me rend unique, ce qui pourrait me distinguer des autres candidats ?

À titre d'exemple, nous avons utilisé un CV de réceptionniste trouvé sur le Web à cette adresse : https://www.creeruncv.com/exemple-de-cv/receptionniste/. Voici ce que ChatGPT a produit en retour :

> Alain CONCIERGE est un réceptionniste expérimenté avec 5 ans d'expérience dans l'hôtellerie 4 étoiles. Il possède une aisance téléphonique ainsi qu'une maîtrise de l'anglais, de l'espagnol et de l'italien à un niveau C1. En outre, Alain est un professionnel organisé et ponctuel, rigoureux et capable de travailler sous pression.
> Sa ceinture noire de judo et son niveau 5 régional montrent qu'il est également un leader compétent.

Parmi ses réalisations professionnelles, Alain a géré la facturation et les tâches administratives des services, travaillé en horaires décalés (matinée, après-midi, nuit), réalisé des petites préparations culinaires et trouvé des alternatives à des problèmes éventuels. Il a également été responsable de la remise des clés et d'un kit d'accueil à destination des clients, manager une équipe de 4 personnes titulaires et accueillir des stagiaires, répondre aux demandes spécifiques de la clientèle et rechercher des partenaires touristiques pour agrémenter le séjour des touristes.

Alain est actuellement à la recherche d'un emploi de réceptionniste et offre ses services pour accueillir vos clients de jour comme de nuit. Avec une prise de réservation soignée et un sourire garanti, Alain est un atout précieux pour votre équipe de réceptionniste.

Pourrais-tu créer une liste à points qui met en avant l'expérience de Alain Concierge en tant que réceptionniste, afin de créer un impact positif.

Voici une liste à points mettant en avant l'expérience de Alain Concierge
en tant que réceptionniste :
- Plus de 5 ans d'expérience en tant que réceptionniste dans des hôtels de prestige à Paris
- A géré avec succès la remise des clés et des kits d'accueil pour les clients, ainsi que la recherche de partenaires touristiques pour agrémenter le séjour des touristes
- A assuré l'encaissement des clients, pris les réservations et résolu des problèmes de réservation en proposant des alternatives
- A supervisé et coordonné le nettoyage des chambres avec les femmes de
chambre, et équipé les chambres des équipements spécifiques pour les clients
- A travaillé de nuit et en horaires décalés, témoignant de sa flexibilité et de son adaptabilité aux exigences de l'industrie hôtelière
- A une aisance téléphonique et a répondu aux demandes spécifiques des clients, telles que la couture et le shopping
[...]

13. Se faire aider par ChatGPT dans le cadre d'une embauche est-il recommandable ?

Attention toutefois... Requérir inconsidérément l'aide de ChatGPT dans le cadre d'un test d'embauche pourrait se retourner contre celui qui abuse d'un tel outil.

Christina QI, qui dirige l'entreprise Databento, a raconté que, pour recruter de nouveaux employés, elle leur demande d'écrire un tweet et un communiqué de presse à propos d'un four à micro-ondes. Jusqu'à présent, la plupart des candidats échouaient à ce test. Et puis, elle a reçu cinq essais qui étaient tous très bons, mais curieusement très similaires. Elle a donc soumis son test à ChatGPT et a obtenu une réponse très proche de celles des candidats en question !

Donc autant user de modération. ChatGPT doit être envisagé comme une aide dans vos démarches, et non pas comme un substitut.

Ainsi, un internaute a raconté comment il a mis à profit ChatGPT en vue de l'aider à surmonter le « syndrome de la page blanche » dans la rédaction de sa lettre de motivation. ChatGPT lui a apporté des conseils qui se sont avérés fructueux.

Comme nous le verrons dans le chapitre La face sombre de ChatGPT, des outils apparaissent en vue de repérer les usages abusifs de ChatGPT.

D. Éducation et enrichissement des connaissances

Oublions les cas regrettables des étudiants qui ont mis à profit ChatGPT pour créer des essais remis à des professeurs qui, généralement, n'ont pas été dupes. En réalité, ChatGPT peut s'avérer une aide majeure pour vous aider à acquérir des connaissances et tester votre niveau...

C'est peu dire que remarquer que ChatGPT a semé un vent de panique dans l'éducation. Que penser d'un outil capable de rédiger des dissertations philosophiques, un essai sur la radioactivité, de résoudre des problèmes de mathématiques ou de produire du code informatique à la demande ? Une application qu'un étudiant passé maître dans l'art du camouflage peut même mettre à profit pour rédiger sa copie durant un examen écrit ?

Comment ne pas être déstabilisé par l'arrivée d'un outil qui ouvre la porte à toutes les tricheries potentielles ?

ChatGPT est doué pour répondre à toutes sortes de question et sa version 4, apparue en mars 2023, a renforcé les craintes du corps enseignant, OpenAI n'ayant pas hésité à faire savoir qu'elle s'était montrée brillante sur un examen de droit majeur des USA.

Pour un professeur soucieux d'éduquer les têtes blondes, les inquiétudes sont multiples :

- Le chatbot génère parfois des réponses incorrectes.
- Son usage est à même d'inciter certains élèves à la tentation de la facilité.
- Lorsqu'un élève habituellement peu doué remet une copie de qualité, le doute est désormais présent : s'est-il fait assister par ChatGPT ?

Le plagiat n'est pas un phénomène nouveau. Bien avant ChatGPT, Wikipédia s'est vu employé comme outil de rédaction. Et plus d'un étudiant s'est accoutumé à poser à Google les questions de devoirs à rédiger. ChatGPT a essentiellement changé les choses sur un facteur précis : la vitesse à laquelle on peut obtenir un essai qui, en apparence, tient la route.

Certains professeurs ont eux-mêmes tenté d'exploiter l'outil. L'un d'eux a confié qu'il avait demandé à ChatGPT d'évaluer des copies d'élève et a rapporté qu'il avait donné des jugements avisés !

1. Faut-il bannir ChatGPT dans les écoles ?

Face à une telle menace, la réaction immédiate de bien des écoles (Science Po, les lycées de New York, les collèges d'Australie...) a été de bannir purement et simplement l'usage de ChatGPT dans leurs établissements. Oui, mais comment empêcher qu'un écolier n'utilise cet outil une fois à son domicile ? Les étudiants d'aujourd'hui ont couramment des ordinateurs, des tablettes ou un smartphone. Il est impossible de surveiller ce qu'ils peuvent faire une fois qu'ils ont quitté l'enceinte d'un établissement scolaire.

Soit dit en passant, nous avons posé la question à ChatGPT afin qu'il nous dise s'il était possible de contourner le blocage de l'accès à ce chatbot dans un établissement. L'application a fortement recommandé de ne pas violer les politiques de sécurité et de conformité de l'établissement en question. Cela étant dit, il a tout de même donné les solutions techniques, tel l'usage d'un VPN qui masque son adresse IP.

2. Des professeurs intègrent ChatGPT à leur enseignement

Certains membres du corps enseignant ont pris le parti d'intégrer ChatGPT à leur approche pédagogique.

« Je ne tiens pas à entrer dans une relation conflictuelle avec mes élèves », confie une professeur de collège. « Si nous bannissons l'usage de ChatGPT, ils trouveront bien une façon de contourner cette interdiction ».

D'autres font remarquer que l'on ne peut pas aller à contre-courant de l'Histoire. Les outils tels que ChatGPT sont désormais avec nous et ils ne vont aller qu'en s'améliorant. Autant les intégrer et veiller à enseigner aux élèves comment les maîtriser et savoir reconnaître leurs forces et faiblesses.

Quelle pourrait être alors la bonne approche ? Celle consistant à considérer ChatGPT comme un outil à même d'aider les élèves dans leur démarche d'apprentissage. Un peu comme lorsque les calculatrices électroniques ont été acceptées dans les écoles depuis le début des années 1980.

Il s'agirait donc d'utiliser ChatGPT comme une aide à l'enseignement, un outil à même d'intéresser davantage les élèves à certaines matières et de les rendre plus créatifs. Voici quelques exemples d'usages envisagés :

- Aider au développement d'un enseignement de rattrapage pour ceux qui ont des difficultés sur une matière.
- Entraîner les étudiants à exploiter l'IA dans le cadre de leurs carrières futures.
- Trouver des idées d'activités attrayantes pour enseigner un sujet à une classe.
- Adapter certains textes à étudier au niveau de certains étudiants peu lettrés.
- Créer des exercices adaptés au niveau des divers élèves.
- Entraîner les étudiants à se montrer critiques des textes générés par Intelligence Artificielle.
- Etc.

Une professeur raconte ainsi qu'elle a proposé à ses étudiants d'utiliser ChatGPT pour définir le plan d'une dissertation. « Une fois le plan généré, ils devaient écrire l'essai à la main. » Elle estime que cette approche a donné lieu à des essais plus fournis, riches en contenu. Un autre enseignant a trouvé un jeu : parvenir à coincer ChatGPT, à le prendre sur le fait lorsqu'il répond de façon incorrecte.

3. Les préoccupations d'OpenAI

Chez OpenAI, créateur de ChatGPT, l'usage de ChatGPT dans le domaine de l'éducation est une vraie préoccupation et elle a donné lieu à une page spécifique du site consacrée à ce thème :

https://platform.openai.com/docs/chatgpt-education

En préambule, OpenAI exprime clairement que cette préoccupation est forte en interne :

« Nous en sommes encore aux premiers jours de la compréhension de la manière dont cette technologie sera utilisée et des types d'applications que les gens pourraient explorer en l'utilisant. Bien que nous soyons enthousiasmés par de nombreuses applications de l'IA générative dans les contextes éducatifs, nous pensons qu'il est important que, comme toute technologie, elle soit introduite dans la salle de classe sous la supervision des éducateurs. Nous comprenons également que de nombreux éducateurs ont des questions sur ce dont la technologie est capable et quelles sont ses limites. »

Bien plus loin, OpenAI met en garde les professeurs qui seraient tentés de mettre à profit ChatGPT comme outil d'évaluation :

« Bien que des enseignants aient rapporté des succès en utilisant le modèle pour aider à créer des devoirs ou pour fournir des commentaires sur les essais des élèves, ChatGPT ne doit pas être considéré comme un outil d'évaluation en soi. »

OpenAI prend également acte de ce que des étudiants se sont servi de ChatGPT pour leurs devoirs et insiste pour réfréner une telle activité :

« Bien que des outils comme ChatGPT puissent souvent générer des réponses qui semblent raisonnables, on ne peut pas compter sur eux pour être précis de manière constante ou dans tous les domaines. Parfois, le modèle offrira un argument qui n'a pas de sens ou qui est erroné. D'autres fois, il peut inventer des noms de sources, des citations directes, des références et d'autres détails. De plus, dans certains sujets, le modèle peut déformer la vérité – par exemple, en affirmant qu'il y a une réponse unique alors qu'il n'y en a pas ou en représentant de manière erronée la force relative de deux arguments opposés. Pour ces raisons, il est crucial que les élèves sachent comment évaluer la fiabilité de l'information en utilisant des sources externes et fiables.

Un exemple de la raison pour laquelle ChatGPT peut ne pas toujours fournir des réponses précises est que ses données d'entraînement s'arrêtent en 2021. Cela signifie qu'il n'est pas au courant des événements actuels, des tendances ou de tout ce qui s'est passé après cette période. Il ne pourra pas répondre de manière appropriée aux questions ou aux sujets qui nécessitent une connaissance ou des informations à jour. »

Tout cela est bien beau mais, dans la pratique, quelles sont les solutions proposées par OpenAI pour éviter les abus ? Comme nous le verrons au chapitre La face sombre de ChatGPT, la société a développé un outil qui s'efforce d'évaluer un texte et tente de déterminer s'il a été créé par une IA. Toutefois, OpenAI reconnaît que cet outil n'est pas d'une fiabilité complète.

L'autre point de préoccupation réside dans le fait que ChatGPT puisse, dans le cadre de certaines réponses, manifester des biais vis-à-vis de certains groupes, surtout en fonction de critères non anglo-saxons.

"ChatGPT peut produire du contenu qui perpétue des biais et des stéréotypes nuisibles, parfois de manière subtile. Cela inclut la génération de portraits biaisés ou stéréotypés de groupes de personnes, ce qui peut être préjudiciable, en particulier dans un contexte où ces biais sont enseignés, appris ou renforcés d'une manière ou d'une autre. Le modèle est généralement orienté vers du contenu qui reflète des perspectives et des personnes occidentales. Un exemple de cela est que les modèles fonctionnent le mieux en anglais, et certaines mesures que nous avons prises pour éviter le contenu nuisible n'ont été évaluées qu'en anglais."

« Alors que nous avons pris des mesures pour limiter la génération de contenu indésirable, ChatGPT peut produire des résultats qui ne conviennent pas à tous les publics et les éducateurs doivent en être conscients lors de son utilisation avec des enfants ou dans des contextes de classe. »

En conclusion de ce long article, OpenAI explique travailler avec des enseignants afin d'apprendre ce qui se passe dans leurs classes et discuter des évolutions de ChatGPT.

4. Demander à ChatGPT de clarifier un point obscur

S'il est bien entendu que l'usage de ChatGPT comme outil de tricherie n'est pas notre tasse de thé, sachez que cette application peut vous aider à bien des égards pour améliorer votre apprentissage.

Vous ne parvenez pas à comprendre une théorie particulière ? Profitez du fait que ChatGPT soit un très bon pédagogue. Si nécessaire, demandez-lui d'expliquer ce que vous n'arrivez pas à absorber comme s'il parlait à un enfant.

Voici quelques exemples de questions que vous pourriez lui poser.

```
Peux-tu m'expliquer le plus simplement possible ce qu'est la théorie
de la relativité générale ?

Pourrais-tu expliquer ce qu'est la relativité générale à un enfant de
5 ans ?

Peux-tu m'expliquer très simplement comment fonctionne le calcul
intégral en mathématiques ?

Certains me disent que si l'on conduit lentement, on consomme moins de
carburant. Cela ne me paraît pas logique, car si l'on conduit à haute
vitesse, on parcourt plus de kilomètres en moins de temps. Et donc, la
consommation devrait être identique ou similaire dans les deux cas...

Pourquoi le communisme est-il apparemment incompatible avec la
démocratie ? Pour quelle raison ce régime est habituellement imposé au
peuple et prend même souvent la forme d'une dictature ?

Comment parvient-on à déterminer qu'un certain événement cosmique s'est
passé 600 000 ans en arrière ?

Pourrais-tu m'expliquer très simplement comment se forme un trou noir ?
```

À toutes ces questions, ChatGPT a répondu avec des explications simples, tout en utilisant un langage clair. Donc, on ne peut que recommander de lui faire appel lorsque vous « bloquez » sur un point particulier.

5. Répondre à des quiz sur une matière

Une excellente façon de tester ses connaissances peut consister à demander à ChatGPT de vous soumettre à un quiz et de noter vos réponses. Jugeons-en plutôt.

Je dois réviser un examen qui va porter sur l'histoire de l'automobile. Pourrais-tu créer un quiz de 8 questions avec 3 réponses possibles. Je répondrais ensuite à ces questions de cette façon :
Q1 - 3
Q2 - 1
etc.
Tu me donneras alors ma note et aussi les réponses correctes. OK ?

```
Bien sûr ! Voici le quiz sur l'histoire de l'automobile :

Qui a inventé la première automobile moderne ?
a) Henry Ford
b) Karl Benz
c) Louis Chevrolet

Quelle entreprise automobile a produit le modèle T, la première
voiture accessible au grand public ?
a) Ford
b) General Motors
c) Chrysler

En quelle année la première voiture à essence a-t-elle été
construite ?
a) 1769
b) 1885
c) 1901

Qui a inventé le moteur à combustion interne ?
a) Gottlieb Daimler
b) Nikolaus Otto
c) Karl Benz

Quelle voiture a été surnommée « la Coccinelle » ?
a) Volkswagen Beetle
b) Ford Mustang
c) Chevrolet Corvette

Quelle voiture était la plus vendue au monde en 2020 ?
a) Toyota Corolla
b) Honda Civic
c) Ford F-150

Quelle est la voiture la plus rapide au monde ?
```

```
a) Bugatti Chiron Super Sport 300+
b) Koenigsegg Agera RS
c) Hennessey Venom F5

Quelle entreprise automobile a produit la première voiture électrique
grand public ?
a) Tesla
b) Nissan
c) Chevrolet

Répondez à ces questions avec les numéros correspondant aux réponses.
Je vous donnerai votre note et les réponses correctes à la fin du quiz.

Bonne chance !
```

Q1 - b
Q2 - a
Q3 - a
Q4 - a
Q5 - a
Q6 - b
Q7 - a
Q8 - a

```
Voici vos résultats pour le quiz de l'histoire de l'automobile :

b - Karl Benz a inventé la première automobile moderne.
a - Ford a produit le modèle T, la première voiture accessible au
grand public.
a - La première voiture à essence a été construite en 1769.
a - Gottlieb Daimler a inventé le moteur à combustion interne.
a - La Volkswagen Beetle a été surnommée « la Coccinelle ».
b - La Toyota Corolla était la voiture la plus vendue au monde en 2020.
a - La Bugatti Chiron Super Sport 300+ est la voiture la plus rapide
au monde.
a - Tesla a produit la première voiture électrique grand public.
Vous avez répondu correctement à 6 questions sur 8, ce qui est une bonne
performance !
```

6. Créer une liste de questions à partir d'un texte que vous devez mémoriser

Dans un même ordre d'idées, vous pouvez demander à ChatGPT de vous questionner sur un texte dont vous devez mémoriser le contenu. Et, là encore, de vous corriger. Comme vous pouvez régénérer les questions à volonté, vous avez là une très bonne méthode : ChatGPT comme coach de vos études ! Et avec une telle approche, apprendre devient un jeu.

Je dois mémoriser les faits sur le corps humain qui sont indiqués dans cette page : https://ichbiah.com/extraits/documents/le-corps-humain.htm.
Pourrais-tu me poser 5 questions sur cette page ?
Je répondrai en indiquant
Q1 -[ma réponse]
Q2 -[ma réponse]
etc.
Tu m'indiqueras alors si j'ai fait des erreurs et tu me donneras alors la réponse correcte. OK ?

> Bien sûr, voici cinq questions sur la page que vous avez indiquée :
>
> Quel est le plus petit os du corps humain ?
> Combien de muscles y a-t-il dans le corps humain ?
> Quel est le plus grand organe du corps humain ?
> Combien de litres de sang un cœur humain pompe-t-il par jour ?
> Combien d'os y a-t-il dans le squelette humain adulte ?

Q1 - appendice
Q2 - 80
Q3 - le foie
Q4 - 7 200 litres
Q5 - 180

> Vous avez fait quelques erreurs, voici les réponses correctes :
>
> Quel est le plus petit os du corps humain ?
> Réponse correcte : L'étrier est le plus petit os du corps humain, il se trouve dans l'oreille moyenne.
>
> Combien de muscles y a-t-il dans le corps humain ?
> Réponse correcte : Il y a environ 650 muscles dans le corps humain.
>
> Quel est le plus grand organe du corps humain ?
> Réponse correcte : Le foie est le plus grand organe interne du corps humain.
>
> Combien de litres de sang un cœur humain pompe-t-il par jour ?

> Réponse correcte : Le cœur humain pompe environ 7 000 litres de sang par jour.
>
> Combien d'os y a-t-il dans le squelette humain adulte ?
> Réponse correcte : L'adulte a 206 os dans son squelette.
>
> Vous avez correctement répondu aux questions 2 et 3. Donc, votre note est de 2/5.

7. Demander à ChatGPT de vous faire passer un examen

À l'aube d'un examen, il est courant de ressentir une certaine tension. Vous pouvez demander à ChatGPT de vous donner des questions qui seraient susceptibles d'être posées et de demander à ce qu'il corrige votre copie.

8. Donner des conseils de lecture ou de vidéos

Que vous cherchiez à améliorer votre niveau d'italien, votre compréhension des mathématiques ou celle des galaxies, ChatGPT est d'un bon conseil pour ce qui est de perfectionner ses connaissances.

Et connais-tu des ouvrages qui sont à même de rendre la compréhension des mathématiques « fun » et aisée ?

> Oui, voici quelques ouvrages qui peuvent rendre l'apprentissage des mathématiques plus intéressant et amusant :
>
> « Le théorème du perroquet » de Denis Guedj - un roman mathématique qui présente les concepts mathématiques de manière accessible et ludique.
>
> « Jouer avec les maths » de Denis Guedj - un livre qui propose des jeux et des énigmes mathématiques pour améliorer les compétences en mathématiques tout en s'amusant.
>
> « Les mathématiques expliquées à mes filles » de Stéphane Mallat - un livre qui vise à rendre les mathématiques accessibles aux enfants et aux adultes non spécialistes en utilisant des exemples simples et concrets.
>
> « L'univers des nombres » de John D. Barrow - un livre qui explore les concepts mathématiques fascinants qui sous-tendent l'univers, tels que les nombres premiers et les fractales.
>
> « Le monde est mathématique » de Edward Frenkel - un livre qui raconte l'histoire des mathématiques et montre comment elles sont omniprésentes dans notre monde, de la musique à la finance en passant par l'informatique.

Et quelles chaînes YouTube en langue française recommanderais-tu, là encore pour rendre la compréhension des mathématiques « fun » et aisée ?

> Voici quelques chaînes YouTube en français qui peuvent rendre l'apprentissage des mathématiques plus ludique et accessible :
>
> Mathématiques de l'Université Paris-Sud : cette chaîne propose des cours et des exercices de mathématiques niveau licence et master.
>
> Micmaths : cette chaîne est tenue par un professeur de mathématiques qui propose des vidéos sur des sujets variés, allant de la théorie des jeux à la géométrie en passant par les énigmes mathématiques.
>
> La statistique expliquée à mon chat : cette chaîne explique les notions statistiques de manière simple et accessible, à travers des dialogues entre un chat et son maître.
>
> Dr Nozman : bien que cette chaîne ne soit pas exclusivement consacrée aux mathématiques, elle propose des vidéos sur des expériences scientifiques et mathématiques amusantes et instructives.
>
> La Tête au Carré : cette chaîne de France Inter propose des vidéos sur divers sujets scientifiques, y compris les mathématiques, avec un ton accessible et pédagogique.

E. Marketing

Si vous démarrez une activité, vous pouvez avoir à cœur d'éviter des dépenses a priori peu utiles et vouloir remettre à une date ultérieure l'embauche d'un directeur du marketing. Et ChatGPT pourra vous aider à démarrer les étapes nécessaires à la promotion. Toutefois, n'en attendez pas des miracles. Ici comme ailleurs mais peut-être encore davantage que pour d'autres thèmes, il a été nécessaire d'écrire des requêtes initiales fort précises, mais aussi de guider ChatGPT afin qu'il opère avec acuité. À défaut, le risque existe qu'il se concentre à tort sur une partie précise de la requête, ce qui peut l'amener à effectuer des erreurs comme dans le choix du public à cibler.

Dans le cadre de cette section, j'ai demandé à plusieurs entrepreneurs et créateurs de startup de me soumettre des cas réels de produits ou services qu'ils étaient en train de lancer. Les réponses obtenues ici sont donc issues de ces cas réels.

1. Création d'une campagne marketing

Si vous devez lancer un nouveau produit, ChatGPT peut aider à concevoir une campagne marketing ad hoc. Il est nécessaire en premier lieu de définir dans le détail sa mission, et donc le « prompt » se doit d'être fort détaillé.

Je voudrais créer une campagne marketing française pour un produit européen. Il s'agit d'une poudre que l'on dilue dans un liquide et qui replace du collagène dans le corps.
Il y a énormément de produits de ce type en France, et donc c'est dans l'air du temps.
Habituellement le collagène est à base de porc ou de bœuf. Là, c'est à base de poisson. Il faudrait des slogans, un plan de campagne marketing, définir le ciblage, les actions à effectuer, des mots-clés pour un site de e-commerce à même d'attirer les gens.
Je voudrais que mon produit puisse se distinguer des autres et donc avoir une approche différente de ce qui a été fait jusqu'à présent.

Honnêtement, la plupart des réponses qu'a apportées ChatGPT a cette requête ont été assez banales.

En revanche, ChatGPT a fait preuve d'originalité pour ce qui est du ciblage en suggérant deux types de public que l'entrepreneur concerné n'avait aucunement envisagé :

> Les femmes de plus de 35 ans qui cherchent à améliorer la qualité de leur peau et de leurs cheveux.
> Les personnes qui souffrent de douleurs articulaires et qui cherchent des solutions alternatives.

Nous avons voulu que ChatGPT continue sur cette lancée et il a suggéré des cibles plus attendues mais tout de même fort cohérentes, dont les suivantes :

- Les personnes âgées, cherchant à améliorer la santé de leur peau, de leurs cheveux et de leurs ongles.
- Les athlètes, car le collagène marin peut servir à renforcer les articulations et les tendons.
- Les personnes souffrant de problèmes articulaires.
- Les femmes enceintes.
- Les personnes qui suivent un régime alimentaire spécifique, car le collagène marin est une alternative aux sources de collagène à base de viande, et peut intéresser les personnes qui suivent un régime végétarien, végétalien ou casher.

ChatGPT s'est montré faible au niveau des slogans, des mots-clés pour un site de e-commerce, et aussi des points à même de distinguer ce produit. Il a donc fallu lui demander de faire preuve d'un peu plus d'originalité :

Aurais-tu des idées de mots-clés plus originaux pour ce qui est de faire venir le public vers le site de e-commerce ? Des mots-clés qui peuvent permettre de placer le site en page 1 de Google.

À cette demande, ChatGPT a produit quelques suggestions de meilleur aloi, notamment celle-ci :

> « Le collagène marin pour une peau éclatante »

Initialement, ChatGPT avait proposé un plan marketing sans panache et il a fallu dialoguer avec lui afin qu'il puisse produire de meilleures idées pour ce qui est de faire connaître ce produit en France. Il a notamment proposé :

> Marketing d'influence : Collaborer avec des blogueurs et des influenceurs qui ont une forte audience dans votre niche pour promouvoir votre produit. Ils peuvent écrire des articles, faire des vidéos et des posts sur les réseaux sociaux pour parler de votre produit à leur public.
>
> Publicité ciblée : Utiliser la publicité ciblée sur les réseaux sociaux tels que Facebook, Instagram et Twitter pour toucher votre public cible. Vous pouvez également utiliser la publicité sur les moteurs de recherche [...]
>
> Événements : Organiser des événements pour présenter votre produit à votre public cible. Vous pouvez organiser des dégustations, des démonstrations et des ateliers pour montrer comment utiliser votre produit et les avantages qu'il apporte.
>
> Marketing de contenu : Créer du contenu de qualité sur votre site de e-commerce et sur les réseaux sociaux pour éduquer votre public cible sur les avantages du collagène marin, comment utiliser votre produit et comment il se distingue des autres produits similaires. [...]
>
> Partenariats : Collaborer avec d'autres entreprises dans votre niche pour promouvoir votre produit. Par exemple, vous pouvez proposer des offres groupées avec des marques complémentaires.
>
> [...]

ChatGPT a également répondu à des questions plus spécifiques et a donné des pistes et aussi des avis judicieux.

Penses-tu qu'il soit opportun de cibler les coachs sportifs ?

> Oui. Les coachs sportifs sont souvent des influenceurs auprès de leurs clients, et ils peuvent recommander des produits pour aider à améliorer la santé et la performance de leurs clients.

Sais-tu comment on peut obtenir des listes de coachs sportifs ?

> Recherche en ligne : Vous pouvez effectuer une recherche en ligne en utilisant des mots-clés tels que « liste de coachs sportifs », « annuaire de coachs sportifs », « liste de professionnels du sport », etc. [...]
> Réseaux sociaux : Vous pouvez utiliser des plates-formes telles que LinkedIn pour trouver des professionnels du sport et créer des listes. Vous pouvez également utiliser des groupes de fitness et des pages Facebook [...].
>
> Associations professionnelles : Vous pouvez contacter les associations telles que la Fédération française d'éducation physique et de gymnastique volontaire (FFEPGV) et la Fédération française de fitness, musculation et gym douce (FFHMFG) pour obtenir des listes de coachs sportifs qualifiés.
>
> [...]

2. ChatGPT en tant que responsable de la publicité

Faire connaître un nouveau produit ou service n'est pas aisé, car il faut habituellement s'imposer dans un marché où des acteurs divers occupent déjà le terrain. Certains entrepreneurs choisissent de pratiquer de longues enquêtes afin de cerner quelle est l'attente du public. Pour ce qui est de définir une campagne publicitaire, nous avons soumis quelques cas de figure à ChatGPT et il a joué le rôle de chef pub.

Voici un premier cas de figure.

> Je voudrais que tu agisses comme un responsable de la publicité.
> Tu dois créer une campagne pour promouvoir un nouveau service.
> Le public est Monsieur et Madame Tout-le-monde, mais tu peux définir des publics cibles.
> Ta tâche est de créer des messages et des slogans clés, de sélectionner les canaux médiatiques les plus appropriés à la promotion.
> Tu voudras bien aussi me dire s'il faut développer des activités supplémentaires nécessaires pour atteindre les objectifs.
> Voici ma demande : Il faut créer une campagne publicitaire pour une application en ligne visant à redonner aux gens du tonus, du bien-être corporel.

Nous avons sans doute été trop général car la première réponse de ChatGPT a donné des idées peu exploitables. Il a donc fallu lui demander d'affiner ses réponses et, peu à peu, il a produit des propositions plus intéressantes, comme pour le public cible :

- Les professionnels qui travaillent de longues heures et n'ont pas le temps de se rendre dans une salle de sport.
- Les jeunes parents qui ne peuvent pas quitter la maison pour faire de l'exercice régulièrement.
- Les personnes qui cherchent à améliorer leur santé globale sans dépenser beaucoup d'argent sur les équipements de fitness coûteux.
- Les étudiants universitaires qui ont des horaires chargés et qui ont besoin d'une solution pratique pour leur santé.

Ces publics paraissant cohérents, nous avons donc pu lui demander de trouver des slogans adaptés à chacun d'eux. Il alors émit plusieurs propositions de qualité :

```
Pour les professionnels : « Restez en forme, même en travaillant dur »
Pour les jeunes parents : « Entretenez votre corps, sans quitter la
maison »
Pour les personnes cherchant une solution économique :
« Le bien-être à portée de main »
Pour les étudiants universitaires : « Faites travailler votre corps et
votre esprit »
```

Nous lui avons demandé de retravailler les slogans des deux dernières catégories et il a alors eu ces formules plus captivantes :

```
Pour les personnes cherchant une solution économique :
« Soignez votre corps sans vous ruiner »
« Un corps sain sans se ruiner »

Pour les étudiants universitaires :
« Soyez en forme pour réussir vos études »
« Entretenez votre corps, vous vous sentirez mieux dans vos études »
```

Nous avons là un certain nombre d'idées qu'il faudrait certes retravailler et peaufiner, mais qui sont tout de même exploitables.

Voici un autre exemple de campagne pour lequel nous lui avons fait jouer le rôle de responsable de la publicité.

Pourrais-tu me concevoir une campagne publicitaire concernant un nouveau service qui aide à la rénovation énergétique des bâtiments ? Une partie des travaux est payée par les « obligés » (des entreprises qui polluent). Notre société gère toute la logistique des travaux. Suite à cela, une société externe certificie que les travaux ont été effectués conformément aux exigences écologiques.
Le public cible est les syndics et les responsables de co-propriétés mais aussi les responsables de bâtiments publics et les directeurs techniques des mairies mais aussi les entreprises de plus de 1 000 mètres carrés.
Ta tâche est de créer des messages et des slogans clés.

Là encore, les slogans que nous a d'abord proposés ChatGPT étaient assez « bateau » et les messages peu impactant. Nous lui avons donc demandé de trouver des slogans plus percutants. Parmi ses propositions figurait ce slogan qui a paru opportun :

> « La rénovation énergétique, c'est plus qu'une obligation, c'est une opportunité »

Nous avons fait savoir à ChatGPT que ce slogan avait été retenu et, à partir de là, de proposer des messages appropriés. Au début, l'IA a mis en avant les économies de budget, avec des formules telles que celle-ci :

> « Réduisez votre empreinte énergétique, pas votre budget »

Ce n'est pas la peine d'insister sur les économies de budget. Il faut insister sur le fait que ces rénovations vont devenir des obligations, et qu'il leur faut anticiper, être à la pointe de la rénovation, et que nous nous occupons de toute la tâche, avec une certification à l'arrivée et une classification officielle stable.

À la suite de cette question, ChatGPT a proposé un message de qualité :

> « Rénovez maintenant pour anticiper les normes de demain »

Une troisième campagne publicitaire a été testée pour un article d'esthétique.

Pourrais-tu me proposer une campagne pour un fil avec des cristaux qu'une femme peut mettre dans ses cheveux pour s'embellir. C'est principalement utilisé lors de mariages par la mariée.
Il nous faudrait des slogans, des messages et des idées de promotion.

Comme à l'accoutumée, il a fallu pousser ChatGPT dans ses retranchements afin qu'il améliore peu à peu ses réponses. Il a finalement eu plusieurs idées attrayantes :

```
Slogans :
« Brillez comme une étoile le jour de votre mariage avec nos
cristaux. »
« Soyez la plus belle mariée grâce à nos cristaux pour cheveux. »
Messages promotionnels :
Les cristaux pour cheveux sont le choix parfait pour ajouter une touche
d'élégance à votre look de mariage.
```

3. Accroches pour un emballage

Un autre entrepreneur a souhaité obtenir des accroches à placer sur la boîte d'un produit anti-glycation (un processus censé accélérer le vieillissement). ChatGPT a produit plusieurs accroches de qualité – mais qu'il serait nécessaire de retravailler :

```
    « La glycation n'est plus un problème avec notre produit de
pointe pour lutter contre les signes du vieillissement. »
    « Le secret d'une peau plus jeune et plus éclatante ? Notre
produit anti-glycation innovant. »
    « La glycation peut nuire à votre peau, mais notre produit
anti-glycation peut vous aider à préserver son éclat naturel. »
    « La glycation est une source majeure de dommages cutanés,
mais notre produit avancé peut vous aider à inverser les signes
visibles du vieillissement. »
```

Nous lui avons aussi demandé de définir une accroche plus brève, en trois mots, en incluant le fait qu'il s'agit d'une formule naturelle. Trois de ses propositions ont suscité un intérêt.

```
    Naturellement Jeune
    Secret Naturel Jeunesse
    Fraîcheur Anti-Âge
```

4. Twitter et autres réseaux sociaux

Voici une autre mission confiée à ChatGPT : générer des tweets à même d'intéresser des gens à un nouveau service.

```
Pourrais-tu générer des tweets pour promouvoir un logiciel destiné
aux gens qui ont de l'apnée du sommeil ? L'objectif c'est qu'ils
puissent faire une nuit complète. Le logiciel les aide à réguler
progressivement leur sommeil. 300 000 personnes sont concernées en
France. Il faudrait des idées de tweet qui les interpelle.
```

Une fois de plus, il a fallu reprendre ChatGPT à plusieurs reprises avant qu'il ne propose un tweet potentiellement exploitable. Nous lui avons dit de faire « court, direct et percutant ». Il a alors produit un message de qualité :

```
« L'apnée du sommeil peut être un cauchemar. Notre logiciel peut
vous aider à retrouver une nuit de sommeil réparatrice. #apnée
#sommeil #bienêtre »
```

Nous lui avons toutefois demandé de « pondre » quelques alternatives et il a notamment proposé celle-ci :

```
« La nuit, tout devient plus dur avec l'apnée du sommeil. Découvrez
notre logiciel pour retrouver un sommeil réparateur. #apnée #sommeil
#bienêtre »
```

5. Légendes de photos Instagram

Un autre média fort populaire est Instagram. Nous avons donc mis ChatGPT à contribution pour un message sur le service destiné à combattre l'apnée. Plusieurs de ses réponses ont été satisfaisantes :

```
« L'apnée du sommeil peut avoir des conséquences désastreuses sur
votre santé et votre qualité de vie. Ne laissez pas ce trouble
vous priver d'un sommeil réparateur. Essayez notre logiciel dès
maintenant. #apnée #sommeil #bienêtre »
« La fatigue vous pèse, vous manquez d'énergie et passez des nuits
blanches ? Notre logiciel d'apnée du sommeil peut vous aider à
retrouver un sommeil paisible. #apnée #sommeil #bienêtre »
« Vous en avez assez de vous réveiller fatigué(e) et de passer des
nuits agitées ? Notre logiciel d'apnée du sommeil peut vous aider à
retrouver des nuits de sommeil réparateur. #apnée #sommeil #bienêtre »
« L'apnée du sommeil peut affecter votre qualité de vie, mais notre
logiciel peut vous aider à retrouver des nuits de sommeil paisible.
Découvrez comment. #apnée #sommeil #bienêtre »
```

Nous avons soumis ChatGPT à un autre test sur Instagram, cette fois sur le fil de cristal abordé plus haut et ses réponses ont pareillement paru utilisables.

Aurais-tu des idées de légendes de photos Instagram pour un fil de cristal pour les cheveux, pour une femme qui se marie ?

> « Vous cherchez un moyen simple d'ajouter de l'éclat à votre look de mariage ? Essayez nos cristaux pour cheveux pour une touche de glamour subtile et élégante:) #Mariage #BridalStyle #CristauxPourCheveux »
>
> « Vous cherchez une façon de personnaliser votre coiffure de mariage ? Nos cristaux pour cheveux sont la solution idéale pour ajouter une touche unique à votre look :)#Mariage #Beauté #CristauxPourCheveux »

Reconnaissons-le : il faudrait ajuster de tels messages, mais il y a du potentiel.

6. Générateur de métaphores

Une autre façon de mettre en valeur un produit peut être de recourir à des métaphores. Et ChatGPT peut vous donner quelques idées en la matière.

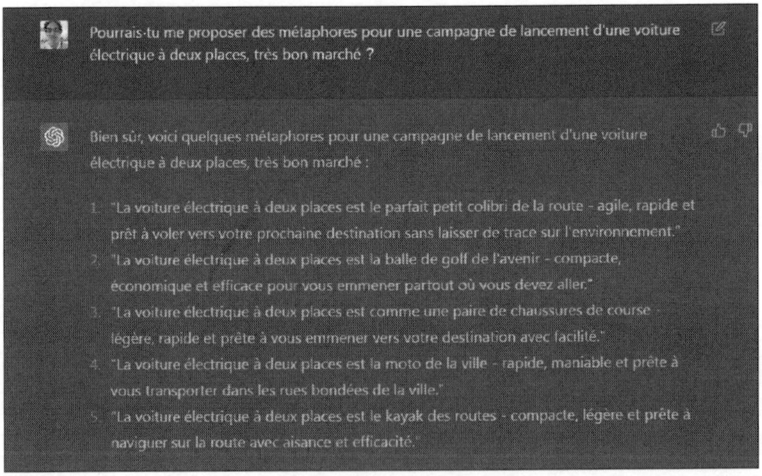

ChatGPT peut vous aider à trouver des métaphores relatives à un produit donné.

7. Création d'un sentiment d'urgence

Dès lors que nous avons introduit un facteur supplémentaire dans nos demandes, ChatGPT s'est montré plus performant. Ainsi, nous avons ici exploité le sentiment d'urgence.

À présent, pourrais-tu créer un message pour le service destiné à combattre l'apnée, qui génère un sentiment d'urgence ?

Plusieurs de ses réponses ont semblé efficaces :

> « Chaque nuit sans sommeil est une nuit de trop. Ne laissez pas l'apnée du sommeil vous voler votre bien-être. Essayez notre logiciel dès maintenant pour retrouver des nuits paisibles. #apnée #sommeil #urgence »

> « L'apnée du sommeil peut causer des dommages irréversibles à votre santé. Ne prenez pas de risques, essayez notre logiciel dès maintenant pour retrouver des nuits paisibles. #apnée #sommeil #urgence »

> « Ne laissez pas l'apnée du sommeil détruire votre santé et votre bien-être. Essayez notre logiciel dès maintenant pour retrouver des nuits paisibles et récupératrices. #apnée #sommeil #urgence »

> « Chaque jour sans sommeil réparateur est un jour de moins pour profiter de la vie. Ne laissez pas l'apnée du sommeil vous priver de votre bonheur. Essayez notre logiciel dès maintenant. #apnée #sommeil #urgence »

Ici comme ailleurs, il faut considérer ChatGPT comme un assistant qui vous serait dévoué corps et âme et que vous pouvez pousser dans ses retranchements, jusqu'à obtenir le résultat qui vous convient.

8. Script de vidéo promotionnelle

De nos jours, une action de marketing ne peut s'envisager sans quelques vidéos, idéalement postées sur un service tel que YouTube. Sachez-le : ChatGPT peut écrire des scripts promotionnels plutôt standards mais efficaces. Voici un exemple de script qu'il a proposé pour une vidéo YouTube concernant le service visant à résoudre l'apnée du sommeil.

```
[Ouverture sur une personne fatiguée qui a du mal à se concentrer
au travail ou qui s'endort au volant]

Narrateur : « Vous êtes fatigué, épuisé et vous avez du mal à vous
concentrer ? Vous vous endormez n'importe où, n'importe quand ?
Vous pourriez souffrir d'apnée du sommeil, un trouble respiratoire
qui vous empêche de dormir correctement. »

[Image d'une personne avec un appareil]

Narrateur : « Le traitement traditionnel de l'apnée du sommeil peut
être difficile à supporter, avec des masques, des tuyaux et des
machines bruyantes. Mais il y a une autre solution. »

[Image d'une personne utilisant votre logiciel d'apnée du sommeil]

Narrateur : « Notre logiciel d'apnée du sommeil est une solution
simple et efficace qui vous aidera à retrouver des nuits paisibles
et régénératrices. Il utilise une méthode progressive pour vous
aider à réguler votre sommeil et à vous débarrasser de l'apnée
du sommeil. »

[Image de témoignages de personnes ayant utilisé votre logiciel
d'apnée du sommeil]

Narrateur : « Nos utilisateurs sont ravis des résultats qu'ils ont
obtenus avec notre logiciel. Ils dorment mieux, ont plus d'énergie
et sont plus concentrés tout au long de la journée. »

[Image de votre équipe travaillant sur le logiciel]

Narrateur : « Nous sommes une équipe de professionnels passionnés
par le sommeil et la santé. Nous avons travaillé dur pour créer un
logiciel simple, efficace et facile à utiliser qui peut vous aider
à retrouver votre sommeil réparateur. »

[Image du téléchargement de l'application sur un smartphone]

Narrateur : « Notre logiciel est facile à utiliser et disponible
```

```
dès maintenant sur votre smartphone. Il suffit de le télécharger et
de commencer à réguler votre sommeil dès ce soir. »

[Image d'une personne qui dort paisiblement]

Narrateur : « Ne laissez pas l'apnée du sommeil vous priver de votre
sommeil réparateur. Essayez notre logiciel dès maintenant et retrouvez
des nuits paisibles et régénératrices. Ne sacrifiez pas votre santé et
votre bien-être pour un sommeil de mauvaise qualité. »

[Fin de la vidéo avec un appel à l'action pour télécharger
l'application et un logo de votre entreprise]
```

Que dire ? Un tel script ne récoltera jamais de prix pour son originalité, mais... il fait le travail !

F. Création de noms (marques, personnages, etc.)

Inventer des dénominations est une discipline pour laquelle ChatGPT est réellement doué. À plusieurs reprises, il nous a réellement surpris. Nous avons là un exercice dans lequel il peut fortement vous assister.

La création de noms est une activité complexe qui relève à la fois de l'art et de l'inspiration, d'une science du mariage des sons et de ce qu'une expression peut évoquer à un auditoire, et aussi dans le cadre d'une marque d'une compréhension profonde des aspects marketing lié à l'appellation choisie. Certains noms de marques semblent presque couler de source : « Coca Cola », « Gucci », « Prada », « Instagram », « Twingo »... Parfois, la qualité d'un nom relève d'une certaine dose de chance comme lorsque l'appellation n'est autre que le nom de famille du créateur. Parfois aussi, un nom a été imposé sans saisir l'avis des intéressés et cela a été pour le mieux. Ainsi, le groupe formé autour de Brian Wilson s'appelait les Pendletones. Avant de sortir leur premier single, la maison de disque a pris la décision, sans prévenir les intéressés, de les affubler d'un nom simple et universel : « The Beach Boys » (les garçons de plage). Sans dévaloriser leur talent, gageons que la simplicité de cette appellation a pu contribuer à leur attrait mondial. Dans un même ordre d'idées, des noms comme « Pink Floyd », « Téléphone » ou « Nirvana » ont probablement participé à créer la légende de ces groupes. Pour ce qui est de « Téléphone », pour lequel j'ai écrit la biographie, les intéressés m'ont raconté que la trouvaille de ce nom avait pris plusieurs jours, dont une longue séance de brainstorming où ils ont égrené les appellations les plus diverses tout en se jetant à la figure des noms d'oiseau.

Donc, autant le dire, trouver des noms n'est pas une mince affaire. D'ailleurs, la société française Nomen (qui est spécialisée dans ce domaine) réalise un chiffre d'affaires annuel de 2 millions d'euros autour d'une telle prestation. Son fondateur, Marcel Botton, a d'abord fait ses classes au début des années 1980 sur un logiciel, *Le Radoteur*, réalisé par un franc-tireur, Roland Moreno, célèbre pour l'invention de la carte à puce, avant de développer une activité florissante qui l'a amené à être à l'origine de noms de marques telles que Clio pour Renault, PriceMinister, Belambra, Velib'...

Alors, ChatGPT peut-il prendre le relais ou aider au travail de découverte de noms ? Totalement. Nous allons le voir ici.

1. Créer un nom de marque

Vous êtes sur le point de démarrer une start-up qui entend proposer une large gamme de produits innovants. La tâche consistant à trouver un nom est loin d'être facile. Or, ce nom va être votre identité, des années durant. Il sera certes possible d'en changer en cours de route, mais au risque de perdre le capital de notoriété gagné sur le long terme. Donc, autant viser au plus juste dès le départ.

Il n'est pas rare que la tâche soit confiée à des agences de création et que, au sortir de longues séances de *brain trust*, la facture s'élève à plusieurs milliers d'euros.

Si vous ne disposez pas d'un large budget, vous pourrez souhaiter pratiquer le brainstorming de nom de marque en interne et demander à ChatGPT de vous y aider.

Voici comment peut se dérouler une telle session :

```
Je suis sur le point de créer une startup. Nous sommes en relation avec
de nombreux inventeurs de génie. L'objectif va être de réaliser leurs
inventions et de les présenter au public. Il nous faudrait un nom de marque
qui reflète plusieurs facteurs :
. c'est du jamais vu,
. c'est hyper pratique : très vite on se demande comment on a pu vivre sans
. le nom doit être fun, immédiatement mémorisable
```

ChatGPT nous a d'abord proposé des noms tels que « InnoPratik », « GeniusGear », « FlashInvent »... Rien de marquant. Il reste que, si vous avez joué à la création de noms de marques dans le réel, gageons que ce qui pourra surprendre au premier abord est la vitesse avec laquelle ChatGPT invente ces divers noms de marques. D'autant qu'il nous suffit de cliquer sur **Regenerate response** (Régénérer la réponse) pour qu'il fournisse d'autres appellations. Pourtant, dans le cas présent, nous avons négligé le fait que, par défaut, il a tendance à « penser » dans un contexte anglo-saxon. Donc, il a fallu canaliser sa création.

Pourrais-tu suggérer des noms qui sonnent « français » ?

> Bien sûr, voici quelques idées de noms qui sonnent français pour votre start-up :
>
> « L'inventif » : un nom simple et direct qui évoque l'idée de l'invention et de l'innovation.
>
> « Le Génie Pratique » : un nom qui combine les termes « génie » et « pratique », indiquant que vos produits seront à la fois inventifs et utiles.
>
> « L'Ingénieux » : un nom qui évoque l'idée de l'ingéniosité et de l'inventivité.
>
> « L'Innovateur » : un nom qui met en avant l'idée de l'innovation, de la créativité et de la nouveauté.
>
> « La Machine à Idées » : un nom qui suggère que votre entreprise est une véritable machine à produire des idées innovantes et originales.
>
> [...]

Cette fois, ce qui a semblé surprenant n'a pas seulement été la vitesse mais l'originalité de certaines réponses, notamment « La Machine à Idées » qui a l'avantage de donner l'impression qu'il s'agirait d'une marque établie depuis fort longtemps. Dans le même temps, ChatGPT n'a utilisé ici que des mots du langage courant et donc, demandons-lui de réellement inventer des noms.

C'est super. Pourrais-tu aussi inventer des noms de marques (non pas juste des adjectifs) ?

> Bien sûr, voici quelques idées de noms de marques pour votre startup :
>
> « Inventivo » : un nom qui évoque l'idée de l'inventivité et de l'innovation, tout en sonnant français et mémorable.
>
> « Génialis » : un nom qui combine les termes « génie » et « génial », indiquant que vos produits sont à la fois inventifs et brillants.
>
> « Pratiko » : un nom simple et direct qui met en avant l'idée de la praticité et de l'utilité de vos produits.
>
> « InnoFolie » : un nom qui évoque l'idée de l'innovation folle et créative, tout en sonnant français et facile à retenir.
>
> « Idéoz » : un nom qui joue sur le mot « idées » et qui évoque l'idée d'une entreprise innovante et créative.

```
[...]
```

`Et pourrais-tu aussi inventer des appellations sans faire forcément référence à des mots connus ?`

```
Oui, voici quelques idées d'appellations pour votre start-up qui ne
font pas forcément référence à des mots connus :

« Xyron » : un nom qui sonne moderne et innovant, sans faire référence
à des mots spécifiques.

« Zygo » : un nom court et mémorable qui sonne moderne et innovant,
sans faire référence à des mots spécifiques.

« NovaVerse » : un nom qui évoque l'idée d'un univers nouveau et
innovant, tout en sonnant moderne et facile à retenir.
[...]
```

Nous sommes encore loin du compte et il faudrait poursuivre ce dialogue durant de longues minutes. Mais la différence avec un brainstorming classique, qui ne serait pas assisté, est qu'il est possible d'explorer toutes sortes d'idées et de progresser sur la création d'un nom de marques en termes de minutes et non pas d'heures ou de journée. Il paraît donc utile que l'équipe fondatrice d'une startup se réunisse et s'appuie ainsi sur ChatGPT pour créer le nom de la marque.

Il est fort probable que le nom final sera inventé par l'un des membres de l'équipe, mais ChatGPT, en formulant ainsi diverses propositions et en répondant aux sollicitations, pourra produire des idées à foison et faciliter le processus de création.

2. Créer un nom pour un nouveau produit

Vous devez lancer un nouveau produit et, bien évidemment, l'une des étapes va consister à lui trouver un nom adéquat. Là encore, l'opération est souvent aussi ardue que celle consistant à inventer une marque. Idéalement, l'appellation doit refléter l'esprit du produit, elle peut synthétiser sa fonction mais pas forcément, sa sonorité doit être agréable à l'oreille, on doit avoir envie de le prononcer et de se l'approprier. Ainsi, des noms tels que « Game Boy » pour la console de poche de Nintendo, « iPhone » pour le smartphone d'Apple, « BlablaCar » pour le service de covoiturage apparaissent particulièrement bien trouvés. Et certains noms de produits ont eu un tel succès qu'ils sont entrés dans le langage courant : « dictaphone », « frigidaire », « frisbee », « post-it »...

Sachez-le, ChatGPT peut inventer des noms de produits tout à fait étonnants.

Voici à présent un exemple réel : un ami m'a appelé afin de me demander si j'avais des idées sur le nom qu'il puisse donner à un produit qu'il voulait lancer et dédié à l'anti-glycation – la glycation étant une réaction chimique résultant de la fixation des sucres sur les protéines, et censée entraîner le vieillissement des traits. J'ai aussitôt sollicité l'aide de ChatGPT et voici comme il s'est sorti de l'opération :

Peux-tu me donner des idées pour nommer un produit anti-glycation ?

```
    GlycaGone
    Age-DefyGlycation
    GlycaBlocker
    GlycoGuard
    Glycanti-Aging
    SugarStop
    GlycaSaver
    GlycationFighter
    SweetDefender
    AgeLessGlycated
```

L'intéressé a estimé que plusieurs de ces suggestions étaient intéressantes. Toutefois, cela sonnait un peu trop américain, donc nous avons précisé notre question :

Pourrais-tu inventer un nom à consonance française pour un produit anti-glycation ?

```
Bien sûr, voici quelques suggestions de noms à consonance française
pour un produit anti-glycation :

    Glycogarde
    Glyco-Stop
    Glycémie Control
    Antiglyco
    Glycoinhib
    Glycogène Guard
    Glycophylle
    Glycoprotect
    Glycomax
    GlycoRégul
```

La moisson a semblé intéressante. Attention toutefois : certains des noms proposés ici, comme GlycoMax, correspondaient déjà à des marques. Il faudra donc veiller à vérifier scrupuleusement si les dénominations proposées sont belles et bien libres et utilisables sans souci juridique. N'oublions pas que ChatGPT repose sur une base de données allant jusqu'à 2021 et qu'un nom de marque qui nous paraît attrayant a pu être enregistré entre temps.

Soit dit en passant, j'ai renouvelé l'expérience de création de noms de marques avec un autre entrepreneur. Eh bien, croyez-le ou nom, mais ChatGPT a proposé une dizaine de noms dont un, le premier de la liste, qui nous a laissé mutuellement sidéré ! Il s'agissait d'une poudre aidant à reconstituer le collagène dans le corps, ce qui là encore semblerait lutter contre le vieillissement. Le point particulier de cette poudre est que, à la différence de produits analogues, elle est issue, non pas de tissus animaux, mais de poisson. Et donc, la toute première proposition de ChatGPT a été « Collagène de la Mer ». Nous avons mutuellement été frappés par le panache de cette dénomination à la fois simple et marquante, la référence à la mer induisant une impression de composants riches et une grandeur. L'entrepreneur en question s'est empressé de déposer ce nom. Certes, le hasard semble jouer un rôle en la matière et, au final, vous seul pouvez être juge de la qualité d'une appellation. Il reste que, dans le cas présent, ChatGPT nous a réellement surpris.

3. Inventer un nom de domaine pour un site web

Trouver un nom de domaine peut pareillement s'apparenter à une épreuve, car depuis l'essor du Web en 1994, un grand nombre de noms conviviaux ont été utilisés. Nous avons donc soumis ChatGPT à l'épreuve avec cette mission :

Pourrais-tu inventer un nom de domaine pour un site web avec l'extension .fr; présentant des vêtements tendance réalisés à partir matières recyclées ? Il faudrait un nom très aisé à mémoriser, dans l'air du temps, pas trop long.

Parmi les suggestions que nous a fourni ChatGPT figuraient les suivantes :

EcoStyle.fr, Upcyclo.fr, CircularFashion.fr, EcoChic.fr, RenouveauFashion.fr, Seconde-Peau.fr, ModeCirculaire.fr

Après vérification, à une exception près (upcyclo.fr), les noms de sites web en question étaient soit libres, soit fort peu exploités par leurs propriétaires et donc susceptibles d'être rachetés à un prix raisonnable.

4. Inventer des noms de personnages et de lieux

Qu'en est-il de la création dans le domaine de l'imaginaire – et qui est le thème de la section Imaginaire du présent chapitre. Eh bien, trouver des noms de personnages pour un roman ou une nouvelle n'est pas toujours aisé. L'inspiration pourrait venir à manquer à un moment ou à un autre. Là encore, ChatGPT peut nous y aider d'une façon surprenante.

Je voudrais écrire un roman fantastique.
Le héros est un jeune fermier qui découvre qu'il a des pouvoirs insoupçonnés.
Il est amoureux de la princesse, une cavalière émérite.
Un dictateur interstellaire se prépare à envahir leur planète.

Pourrais-tu me trouver des noms pour ces trois personnages ?

> Bien sûr, voici quelques suggestions de noms pour les personnages de votre roman fantastique :
>
> Héros fermier :
>
> Ethan, Caleb, Owen, Leo, Finn, Jasper, Milo, Rowan, Isaac, Elias, Oliver, Aiden, Lucas, Nathan, Wyatt, Gabriel, Benjamin, Noah, Landon, Logan.
> Princesse cavalière :
>
> Adeline, Amalia, Aurelia, Celine, Elodie, Emilia, Isadora, Juliette, Lilia, Matilda, Natalia, Octavia, Seraphina, Sophia, Tahlia, Valeria, Xanthe, Yara, Zara.
> Dictateur interstellaire :
>
> Zarek, Kael, Vayne, Xander, Nero, Ryker, Orion, Zephyr, Atlas, Theron,
>
> Phoenix, Titan, Axl, Ragnar, Vega, Sol, Draco, Leo, Vega, Sirius.
> N'hésitez pas à adapter ces noms ou à en créer d'autres en fonction de votre propre inspiration et de l'univers que vous voulez créer dans votre roman.

Dans ces propositions, figurent de nombreux noms à même de cadrer avec l'histoire que nous avons soumise à ChatGPT. Nous avons donc poursuivi l'expérience.

Bien. Pourrais-tu trouver des noms :
. pour le village où habite le jeune fermier
. pour la ville où se trouve le château de la princesse
. pour la planète où ils résident
. pour la planète de l'envahisseur

Une fois de plus, faute d'avoir précisé à ChatGPT que nous ne souhaitions pas obtenir de noms à sonorité anglo-saxonne, il nous a proposé des villages tels que « Havenshire, Greenhaven », des villes comme « Valoria » ou « Skyhaven ». Il s'est montré plus cosmopolite sur les noms de planètes : « Aradia », « Edenia », « Novaria » ou encore « Zaldran », « Xalaxus », « Drexia » pour celle de l'envahisseur.

Nous lui avons spécifié qu'il nous fallait des noms avec une consonance plus européenne. Cette fois, il nous a proposé des villages peu évocateurs d'une atmosphère fantastique, comme « Bellecombe », « Chantefeuille », ou « Grangeneuve » et idem pour la ville. Donc, une fois de plus, c'est le dialogue qui a permis de faire émerger quelques noms plus adéquats.

C'est bien, mais il faudrait de préférence des noms de lieux inventés, pas des lieux existant sur Terre

> D'accord, voici donc une nouvelle liste de suggestions de noms de lieux inventés pour votre roman fantastique :
>
> Nom du village où habite le jeune fermier :
>
> Elvendom, Targonia, Alderwood, Esterhold, Calandria, Faldor, Elveron, Thornwood, Netherdale, Windmere, Vindor, Starhaven, Oakvale, River-keep,
> Ashenwood, Ravenhill, Sunflower, Moonstone, Silverhaven.
> Nom de la ville où se trouve le château de la princesse :
>
> Arindor, Valoria, Drakonia, Silvercrest, Thalassia, Celestia, Windreach, Ironhold, Dragoncrest, Sunspire, Winterfell, Stormhaven, Shadowmere, Emberfall, Starfall, Crimsonpeak, Nightingale, Suncrest.

Vous conviendrez sans doute qu'il y a de nombreuses suggestions exploitables, quitte à les modifier quelque peu.

5. Personnages de jeu vidéo

ChatGPT s'est montré plus fort encore dès lors que nous avons abordé l'univers des jeux vidéo, comme s'il s'agissait d'un univers qu'il maîtrise particulièrement bien. L'exemple qui suit devrait vous en donner le cœur net.

Je voudrais créer un jeu inspiré des Pokémon. Pourrais-tu :
. inventer des personnages
. donner une description de leur aspect
. dire quels sont leurs pouvoirs
. dire quels sont leurs points faibles.
Les noms des personnages doivent avoir une consonance européenne.

> Bien sûr, je serais heureux de vous aider à créer des personnages pour votre jeu inspiré des Pokémon. Voici quelques idées :
>
> Nom : Léosol
> Aspect : Une créature de forme solide et angulaire, avec des pics enflammés sur ses épaules et des yeux rouges flamboyants.
> Pouvoirs : Léosol est capable de créer des ondes de chaleur incandescentes qui peuvent brûler les ennemis, ainsi que des boules de feu qui peuvent exploser au contact.
> Points faibles : Léosol est vulnérable à l'eau, qui peut éteindre ses flammes, ainsi qu'aux attaques basées sur la glace, qui peuvent le refroidir et le rendre moins efficace.
>
> Nom : Sylféer
> Aspect : Une créature légère et élégante, ressemblant à une fée

```
avec des ailes translucides et une longue chevelure dorée.
Pouvoirs : Sylféer peut créer des tempêtes de vent qui peuvent
repousser les ennemis, ainsi que des rafales d'énergie lumineuse
qui peuvent aveugler les adversaires.
Points faibles : Sylféer est faible contre les attaques de type
poison, qui peuvent la rendre malade et la rendre moins efficace,
ainsi que les attaques physiques, qui peuvent endommager ses ailes
fragiles.

Nom : Géorin
Aspect : Une créature massive et imposante, ressemblant à un golem
de pierre avec des yeux bleus étincelants.
Pouvoirs : Géorin peut créer des tremblements de terre qui peuvent
étourdir les ennemis et leur faire perdre l'équilibre, ainsi que
des champs de force qui peuvent protéger ses alliés.
Points faibles : Géorin est faible contre les attaques de type plante,
qui peuvent s'infiltrer dans ses fissures et l'affaiblir, ainsi que
les attaques basées sur le feu, qui peuvent le fragiliser en créant
des faiblesses dans sa structure de pierre.

Nom : Aquilonia
Aspect : Une créature aquatique avec des écailles bleues et des
nageoires lumineuses, ressemblant à une sirène.
Pouvoirs : Aquilonia peut créer des courants marins qui peuvent
ralentir les ennemis, ainsi que des jets d'eau puissants qui peuvent
les éjecter hors de l'eau.
Points faibles : Aquilonia est faible contre les attaques de type
électrique, qui peuvent la choquer et la paralyser, ainsi que les
attaques de type glace, qui peuvent la rendre moins mobile dans
l'eau froide.
```

Si vous avez joué à Pokémon, il est fort probable que vous jugerez cette moisson judicieuse et féconde. Et comme ce jeu comportait dans sa version initiale 150 personnages, nous avons là une aide à l'écriture fort appréciable.

La section Imaginaire de ce chapitre est intégralement dédiée à l'usage de ChatGPT dans le domaine de l'imaginaire et, comme vous pourrez le constater, c'est l'un des thèmes où il nous a le plus surpris.

Ainsi donc, n'hésitez pas à mettre ChatGPT à contribution dès lors que vous souhaitez créer des dénominations : votre groupe de rock ou de hip-hop, votre prochain album, la boutique que vous comptez ouvrir, un animal à baptiser et, pourquoi pas, le prénom de votre bébé à venir.

G. Cuisine

Il existe d'excellents livres de recettes de cuisine et des chaînes YouTube dans lesquelles on vous explique avec patience comment réaliser de bons petits plats. Ainsi, la blogueuse chinoise Li Ziqi a gagné 17,4 millions d'abonnés avec ses vidéos où elle exécute des recettes culinaires traditionnelles – et se livre aussi à de l'artisanat, sans presque jamais s'exprimer. Et une Youtubeuse française comme Alice Esmeralda propose des dizaines d'idées de repas végans, filmés avec élégance dans un décor zen et parfois ponctués de sa douce voix. Les images qu'elle nous présente donnent envie de pouvoir goûter à de telles préparations. Et l'on trouve pléthore de livres ou chaînes YouTube adaptés à d'autres goûts : carnivores revendiqués, adeptes de la restauration rapide, inconditionnels des plats de l'Inde... Alors, pourquoi recourrait-on à ChatGPT dans ce domaine ? Parce qu'il va pouvoir répondre à vos questions sur des thèmes spécifiques et se révéler un très bon assistant culinaire !

1. Réaliser un menu avec les ingrédients du bord

Panique... Vous devez recevoir des invités qui débarquent de manière impromptue, or, le réfrigérateur est peu fourni et il est trop tard pour aller faire des courses depuis l'endroit où vous vous situez. Que faire sinon exploiter ce que vous avez à domicile ?

Panique... Je dois recevoir un couple qui débarque d'Amsterdam. Ce sont des gourmets. Le souci, c'est que je n'ai plus le temps d'aller faire des courses et il me reste peu de choses à domicile. Je vais te donner la liste de ce que j'ai. Pourrais-tu me concevoir un menu original à partir de ces ingrédients :
. environ 500 grammes de haricots verts surgelés
. dix gyosas surgelés
. 3 bananes et 2 oranges
. du parmesan râpé
. des fromages entamés : camembert, coulommiers, neufchatel
. des yaourts vanille
. du carpaccio de saumon et aussi des tranches de saumon fumé
. du riz
. deux boîtes de sardine
. 200 grammes de terrine de Saint-Jacques
. des sauces (tomates, pesto)
. une boîte de gingembre pour sushis

```
Pas de panique, je vais vous proposer un menu simple et original à
partir des ingrédients que vous avez sous la main :

Entrée :

Salade de haricots verts avec des tranches de saumon fumé, du parmesan
râpé et une vinaigrette au gingembre (utilisez le gingembre en boîte
pour sushis pour réaliser la vinaigrette)
Plat principal :

Gyoza poêlés (faire revenir les gyozas dans une poêle avec un peu
d'huile) accompagnés de riz, de sardines grillées et d'une sauce
tomate-pesto
Fromage :

Plateau de fromages avec des tranches de neufchâtel et du coulommiers,
accompagnés de tranches de banane
Dessert :

Salade d'agrumes avec des quartiers d'orange et de banane, accompagnée
de yaourt vanille et de terrine de Saint-Jacques en dessert (pour une
présentation originale, vous pouvez utiliser des moules à muffins pour
réaliser des portions individuelles de terrine de Saint-Jacques).
N'oubliez pas de dresser joliment les assiettes pour impressionner vos
invités et de servir un bon vin pour accompagner le repas. Bonne
chance !
```

2. Planifier une cuisine appropriée pour plusieurs convives ayant des restrictions différentes

Depuis une dizaine d'années, les spécificités culinaires se sont multipliées. Et du coup, lorsqu'on invite des gens à dîner, il n'est pas toujours aisé de préparer des plats qui seraient à même de convenir à tous. Or, ChatGPT peut nous y aider.

Je dois recevoir à dîner 7 personnes et certains ont des restrictions culinaires précises :
. 2 des personnes suivent un régime sans gluten.
. L'une est végétarienne, mais mange du poisson.
. L'un des invités est réfractaire aux produits laitiers.
. Un autre est allergique aux œufs.
. Les deux autres peuvent tout manger a priori.
Pourrais-tu me suggérer un menu qui convienne à tous ?

```
Voici un exemple de menu qui pourrait convenir à tous vos invités :

Entrée :
Salade de quinoa, avec des légumes grillés, des noix et des raisins
secs, assaisonnée d'une vinaigrette à base d'huile d'olive et de jus
de citron.

Plat principal :
Filet de saumon grillé accompagné d'une purée de patates douces, de
carottes et de courgettes. Vous pouvez également ajouter une sauce à
base de jus de citron et d'huile d'olive pour accompagner le poisson.

Dessert :
Panna cotta sans lactose, réalisée avec du lait de coco, accompagnée
de fruits frais et d'un coulis de fruits rouges.

Il est important de noter que si vous préparez le repas chez vous,
il est recommandé de séparer les aliments sans gluten et les aliments
contenant du gluten pour éviter la contamination croisée. Vous pouvez
également demander à vos invités de confirmer leurs restrictions
alimentaires afin de vous assurer que le menu que vous avez préparé
leur convient.
```

3. Trouver un menu à même de satisfaire des convives venant de pays différents

Voici un autre type de casse-tête : vous recevez des convives venant de pays où la cuisine est radicalement différente. Autant appeler ChatGPT à l'aide :

Je dois recevoir à dîner un couple d'Autrichiens et un couple de Mexicains. J'aurais aimé trouver un menu qui respecte leurs habitudes culinaires tout en ajoutant une petite touche « à la française ». Que pourrais-je leur proposer ?

```
Voici une suggestion de menu qui respecte les habitudes culinaires
autrichiennes et mexicaines tout en ajoutant une touche française :

Entrée :

Œufs mimosa avec une touche de moutarde à l'ancienne et un peu de
crème fraîche, servis avec une salade verte
Plat principal :

Escalopes de veau panées à la viennoise, servies avec une sauce
moutarde à l'ancienne et des spaetzle (pâtes alsaciennes)
Guacamole maison et tortillas de maïs, servis avec du riz à la
mexicaine, composé de tomates, de coriandre, de poivrons et de grains
de maïs grillés
```

```
Fromage :
Plateau de fromages français variés (comté, brie, roquefort)
accompagné de pain frais

Dessert :
Tarte Tatin (tarte aux pommes renversée) servie avec une boule de
glace à la vanille pour ajouter une touche française à la fin du repas
Pour accompagner ce repas, vous pouvez proposer un vin blanc alsacien
pour le schnitzel (escalope viennoise) et un vin rouge léger pour
les tacos. Et n'oubliez pas de décorer la table avec des éléments de
la culture française, comme une nappe à motifs fleuris et des bougies.
Bonne soirée !
```

4. Exploiter un condiment particulier

Vous disposez de certains condiments et ne savez comment les utiliser. Là encore, ChatGPT va se faire un plaisir de suggérer des usages souvent inattendus. Ainsi, nous lui avons demandé dans quels types de plats pourrions-nous exploiter de la « cannelle moulue ». Parmi les suggestions inespérées qu'il a apportées figuraient celles-ci :

- Ajoutez une pincée de cannelle à votre café ou votre thé pour une boisson chaude épicée et réconfortante.
- Utilisez de la cannelle pour aromatiser les sauces, comme la sauce tomate pour les pâtes ou le glaçage pour les gâteaux.
- Saupoudrez de la cannelle sur des fruits frais comme des pommes, des bananes, des poires ou des mangues pour une touche sucrée et épicée.

5. Trouver les restaurants correspondant à ses goûts dans un endroit donné

Vous suivez un régime culinaire particulier et devez vous rendre à un endroit donné ? ChatGPT peut vous indiquer les bons endroits pour se sustenter tout en respectant vos préférences.

Pourrais-tu me dire quels sont les meilleurs restaurants vegan à New York, dans le quartier de Manhattan ?

```
Bien sûr, voici une liste de certains des meilleurs restaurants
végétaliens à Manhattan, New York :
Avant Garden -Ce restaurant propose une cuisine végétalienne
sophistiquée et créative dans une ambiance chaleureuse et intime.
Les plats sont préparés avec des ingrédients frais et de saison.
Buddha Bodai -Ce restaurant propose une cuisine végétalienne
asiatique, notamment des nouilles et des plats de riz. Les plats
sont préparés avec des ingrédients végétaliens frais et de haute
```

```
qualité.
By Chloe - Ce restaurant propose une cuisine végétalienne américaine,
notamment des hamburgers, des hot-dogs et des salades. Les plats
sont préparés avec des ingrédients frais et locaux.
Candle 79 -Ce restaurant propose une cuisine végétalienne américaine
et internationale, notamment des plats italiens, mexicains et
asiatiques. Les plats sont préparés avec des ingrédients biologiques
et de saison.
Dirt Candy -Ce restaurant propose une cuisine végétalienne créative
et innovante [...]
```

6. Demander à ChatGPT des explications sur un régime particulier

Les régimes se suivent et ne se ressemblent pas. Régulièrement, nous voyons apparaître de nouvelles formules, des termes de cuisson – ou de non-cuisson – inédits, des façons originales de cultiver les aliments. Or, ChatGPT est souvent remarquable par la clarté de ses explications.

Pourrais-tu m'expliquer simplement ce qu'est le régime kétogénique ?

```
Bien sûr ! Le régime cétogénique, ou régime keto, est un régime
alimentaire qui consiste à consommer principalement des aliments
riches en graisses, modérément riches en protéines et très faibles
en glucides. L'objectif de ce régime est d'amener le corps dans
un état de cétose, où il brûle les graisses pour produire de
l'énergie au lieu des glucides.

Lorsque vous réduisez considérablement votre consommation de glucides,
votre corps commence à produire des cétones, qui sont des molécules
produites à partir de la graisse stockée dans votre corps. Les cétones
sont utilisées comme carburant pour fournir de l'énergie à votre
corps, ce qui permet de brûler plus facilement les graisses stockées
et de perdre du poids.

Les aliments recommandés dans un régime cétogène comprennent des
viandes, des poissons, des produits laitiers riches en matières
grasses, des noix et des graines, des légumes à faible teneur en
glucides comme le brocoli et les épinards, ainsi que des matières
grasses saines telles que l'huile d'olive et le beurre.

Cependant, il est important de noter que le régime cétogène n'est pas
recommandé pour tout le monde, car il peut entraîner des carences en
nutriments et des effets secondaires tels que des maux de tête, de la
fatigue et de la constipation. Il est toujours important de consulter
un professionnel de la santé avant de commencer un nouveau régime.
```

7. Demander à ChatGPT des conseils pour une alimentation saine

Quelle que soit la situation à résoudre, ChatGPT peut jouer le rôle de chef, pour une période donnée.

J'ai une baisse d'énergie depuis peu et je sors souvent des repas avec une sensation de fatigue. Pourrais-tu me suggérer un régime sur une semaine, à même de me redonner de l'énergie ?

```
Bien sûr, je peux vous suggérer un régime sur une semaine qui pourrait
vous aider à retrouver de l'énergie.

Lundi :
Pour le petit déjeuner, essayez un smoothie avec des fruits frais, des
épinards, du lait d'amande et des graines de chia. Pour le déjeuner,
optez pour une salade de quinoa aux légumes frais, aux haricots noirs
et à l'avocat. Pour le dîner, vous pouvez essayer un saumon grillé
accompagné de brocolis et de patates douces rôties.

Mardi :
Pour le petit déjeuner, essayez des flocons d'avoine avec des fruits
frais et des noix. Pour le déjeuner, optez pour une soupe aux légumes
frais avec du poulet grillé et du riz brun. Pour le dîner, vous pouvez
essayer des poivrons farcis aux légumes et au riz brun.

Mercredi :
Pour le petit déjeuner, essayez des œufs brouillés avec des légumes
frais et du pain de seigle. [...]
```

Voici un autre exemple où nous lui demandons de jouer le rôle de chef.

J'ai lu sur un site web que, si je voulais perdre du poids, il me fallait créer un déficit calorique (consommer moins de calories que ce que le corps en brûle). Je voudrais donc limiter ma consommation journalière à 1 500 calories. Pourrais-tu me suggérer des menus quotidiens appropriés, sur une semaine ?

```
Bien sûr, voici un exemple de menus sur une semaine pour une
consommation de 1500 calories par jour :

Lundi :

Petit-déjeuner : un smoothie aux fraises et bananes avec du yaourt
grec non gras et une tranche de pain complet grillé avec une cuillère
à café de beurre d'amande
Déjeuner : salade de poulet grillé avec des légumes verts, des tomates
cerises, des amandes effilées et une vinaigrette légère
Dîner : filet de saumon grillé avec une purée de pommes de terre et
une salade de chou rouge
```

```
Mardi :

Petit-déjeuner : deux œufs brouillés avec des légumes (poivrons,
champignons, oignons) et une tranche de pain de seigle grillé
Déjeuner : wrap au poulet grillé avec une tortilla de blé entier, des
légumes frais, de l'avocat et une sauce légère à base de yaourt grec
Dîner : poêlée de tofu aux légumes avec du riz brun
Mercredi :

Petit-déjeuner : un bol de yaourt grec non gras avec des fruits frais,
des noix [...]
```

H. Tourisme et voyages

Pour ce qui est du tourisme, nous sommes dans une situation analogue à celles des ouvrages consacrés à la cuisine. Il existe de très bons guides de voyage et leur lecture ou consultation reste la meilleure façon de préparer une escapade en territoire inconnu. Toutefois, là où ChatGPT va pouvoir briller, c'est pour vous aider dans le cadre de situations particulières propres à votre personnalité.

1. Demander à ChatGPT de jouer le rôle d'agent de voyage

Vous souhaitez profiter de vacances dépaysantes mais n'avez pas d'idée précise sur le lieu à choisir. Si vous n'avez pas le temps de questionner vos amis, vous pouvez confier le problème à ChatGPT et lui demander conseil.

Je voudrais à présent que tu joues le rôle d'un agent de voyages. Nous partons de Paris et cherchons un endroit dépaysant, tranquille, de préférence pas trop loin d'une plage, pas trop difficile à atteindre depuis Paris, plutôt isolé mais avec un accès aisé à des magasins dans un rayon de 20 kilomètres. Quelles destinations me recommanderais-tu ?

```
Bien sûr, en tant qu'agent de voyage, je vous recommanderais les
destinations suivantes qui répondent à vos critères de recherche :

L'île de Ré, France - Située dans l'Océan atlantique, cette petite
île est facilement accessible depuis Paris en train ou en voiture.
Elle offre de magnifiques plages et des sentiers de randonnée, ainsi
qu'un choix de boutiques, de restaurants et de marchés locaux dans
un rayon de 20 kilomètres.

La Costa Brava, Espagne -Cette région côtière de la Catalogne offre
de superbes plages et criques isolées, ainsi qu'un accès facile à
des villes pittoresques comme Gérone et Figueres. [...]

La Toscane, Italie -Cette région de l'Italie offre de superbes
```

> paysages, avec des collines vallonnées, des vignobles et des villes médiévales pittoresques. [...]
>
> L'île de Majorque, Espagne -Cette île espagnole de la Méditerranée offre de superbes plages, des montagnes et des villages traditionnels. [...]

Vous allez sans doute estimer que ces réponses sont, somme toute, un peu banales, alors demandons-lui d'être un peu plus original.

Aurais-tu des endroits plus inattendus à me suggérer ?

> Bien sûr ! Voici quelques suggestions d'endroits plus inattendus pour des vacances dépaysantes et tranquilles, avec accès facile à une plage et des magasins dans un rayon de 20 kilomètres :
>
> L'île de Vis, Croatie -Cette petite île de la mer Adriatique est située à environ 2 heures de ferry de Split. Elle offre de magnifiques plages et criques, ainsi qu'un charmant village de pêcheurs et une forteresse historique. Il y a également des boutiques et des restaurants dans le village principal de Vis.
> La ville d'Oualidia, Maroc -Cette petite ville côtière du Maroc est située à environ 2 heures de route de Marrakech. Elle offre une plage tranquille, ainsi qu'une lagune protégée pour la baignade et la pêche. Il y a également des magasins et des restaurants dans la ville.
> L'île de Saaremaa, Estonie -Cette île baltique est située à environ 2 heures de ferry de Tallinn. Elle offre de magnifiques plages, ainsi que des forêts et des villages traditionnels. Il y a des boutiques et des restaurants dans la ville principale de Kuressaare.
> La ville de Vila do Bispo, Portugal -Cette petite ville côtière de l'Algarve est située à environ 1 heure de route de Faro. Elle offre de belles plages, ainsi que des falaises et des paysages naturels. Il y a des magasins et des restaurants dans la ville.

Que dire ? Nous n'avons que l'embarras du choix : direction la chambre afin de préparer les bagages !

2. Recommander des lieux en fonction d'une attente particulière

Vous souhaitez profiter de votre temps de vacances pour approfondir un thème particulier. Voyons plusieurs cas de figure soumis à la sagacité de ChatGPT.

Je suis passionné par l'Histoire et j'aime à visiter des lieux restituant une atmosphère particulière. J'aimerais visiter des lieux dans lesquels la période de la Renaissance est particulièrement mise en valeur. Pourrais-tu me suggérer de tels lieux en Europe ?

ChatGPT nous a recommandé les villes italiennes de Florence et Rome, tout en indiquant des endroits à visiter plus particulièrement. Il a fait de même pour Prague (République tchèque), Cracovie (Pologne) et enfin divers châteaux de la Vallée de la Loire.

Je voudrais profiter de ma semaine de vacances pour visiter un lieu où le « clubbing » est particulièrement intense.

Si, comme on pouvait s'y attendre, ChatGPT a mentionné des lieux tels qu'Ibiza ou Berlin, il a également recommandé des villes plus inattendues comme Belgrade en Serbie ou Sofia en Bulgarie.

J'aimerais, durant mes vacances, découvrir des villes ou villages d'Europe où l'on expérimente l'économie circulaire.

Cette fois-ci, parmi les réponses inattendues de ChatGPT, figuraient des villes telles que Ljubljana en Slovénie, Freiburg en Allemagne, Kemi en Finlande. Petit point amusant : ChatGPT a également suggéré un village de France baptisé Rreuse et présenté comme un « modèle d'économie circulaire ». Or, après vérification, ce village n'existe tout simplement pas ! Comme quoi, il ne faut pas se fier aveuglément à ses recommandations.

Pour information, nous avons également questionné ChatGPT sur des façons de pratiquer du « tourisme responsable » ou bien encore « des activités à même de se faire de nouveaux amis » et il a, à chaque fois plutôt bien répondu.

3. Recommander un lieu mémorable, non fréquenté par les touristes

Imaginons à présent que votre activité professionnelle vous amène à séjourner brièvement dans une ville donnée. Vous souhaiteriez découvrir un lieu affectionné par les résidents de cette ville, le genre de café ou de salle de concert que ne mentionneraient pas forcément les guides touristiques.

Je vais passer une soirée à Berlin. J'aime le jazz et les musiques « indie ». J'aimerais bien découvrir un endroit prisé par les habitués de ces genres musicaux, de préférence un lieu qui n'est pas fréquenté par les touristes, un lieu vraiment original et branché.

> Bien sûr ! Berlin est une ville connue pour sa scène musicale dynamique et diversifiée, offrant de nombreux lieux uniques et branchés pour les amateurs de jazz et de musique indie. Voici quelques suggestions d'endroits prisés par les habitués locaux :
>
> A-Trane : Situé dans le quartier de Charlottenburg, l'A-Trane est l'un des clubs de jazz les plus anciens et les plus célèbres de Berlin. Il propose des concerts de jazz live presque tous les soirs, avec une atmosphère intime et chaleureuse. Le club accueille des artistes locaux et internationaux de renom, ainsi que de nouveaux talents de la scène jazz.
>
> Quasimodo : Ce club légendaire situé dans le quartier de

```
Charlottenburg est un incontournable pour les amateurs de jazz.
Il est connu pour son ambiance intime et sa programmation variée,
allant du jazz traditionnel au jazz contemporain, en passant par le
funk, le soul et le blues. Le Quasimodo a accueilli de nombreux
artistes de renom au fil des ans et est très apprécié par les habitants
de Berlin.

Madame Claude : Situé dans le quartier branché de Kreuzberg, Madame
Claude est un bar unique qui offre une expérience musicale indie et
alternative. L'intérieur du bar est décoré de manière insolite, avec
des meubles suspendus au plafond, créant une atmosphère excentrique et
artistique. Des groupes de musique indie, expérimentale et
électronique se produisent régulièrement sur la petite scène du bar,
créant une ambiance intime et alternative.

[...]
```

Qui n'aurait pas envie de rendre visite à ce bar où les meubles sont suspendus au plafond ?

4. Passer un bon moment avec un budget réduit

Autre situation : vous devez passer une journée attrayante avec un budget très réduit dans une ville plutôt chère.

Je suis en fin de séjour à New York et il ne me reste que 40 dollars pour passer une journée avant le départ le soir. Pourrais-tu me conseiller un restaurant avec de la bonne cuisine pour le midi et une activité pour l'après-midi, le tout entrant dans mon budget.

ChatGPT nous a recommandé les stands de *street food* spécifiant qu'ils proposent une grande variété de cuisines du monde entier à des prix abordables, ou encore les *food courts*, des espaces où plusieurs stands de restauration sont regroupés dans un même lieu et offrant une variété de repas à des prix raisonnables. Pour l'après-midi, il a conseillé de se rendre à Central Park, avec la possibilité de louer un vélo pour explorer le parc à un coût abordable, mais aussi la *High Lane* une ancienne voie ferrée aérienne reconvertie en promenade urbaine. Il a également indiqué qu'il existait de nombreux musées de renommée mondiale proposant des jours gratuits ou à contribution volontaire et, parmi eux, le Musée d'Art Moderne (MoMA), le Musée d'Histoire naturelle, le Musée des Arts du Bronx, etc.

5. Attractions pour enfants

Quelle que soit la ville où vous séjournez, si vous avez emmené les enfants, il va falloir trouver des activités appropriées à leur âge. Si l'Office de Tourisme n'est pas aisément accessible, ChatGPT va pouvoir prodiguer ses conseils.

Pourrais-tu m'indiquer des attractions touristiques adaptées à des enfants de moins de 6 ans à Prague ?

> Bien sûr ! Prague, la capitale de la République tchèque, offre plusieurs attractions touristiques adaptées aux enfants de moins de 6 ans. Voici quelques suggestions :
>
> Le Zoo de Prague : Le Zoo de Prague est l'un des zoos les plus anciens et les mieux classés d'Europe. Il propose une grande variété d'animaux fascinants, notamment des lions, des tigres, des éléphants, des girafes, des singes et bien plus encore. Le zoo propose également une aire de jeux pour enfants, des aires de pique-nique et diverses activités pour les plus petits.
>
> Le Musée du Jouet de Prague : Ce musée interactif est spécialement conçu pour les enfants et offre une collection impressionnante de jouets du monde entier, y compris des jouets anciens et contemporains. Les enfants peuvent participer à des activités ludiques et éducatives, comme la création de leurs propres jouets.
>
> Le Jardin botanique de Prague : Ce jardin botanique propose un espace verdoyant idéal pour les enfants en bas âge. Il offre un grand espace de jeu avec des toboggans, des balançoires et d'autres équipements de jeux, ainsi qu'une section spéciale pour les enfants appelée « L'île des Enfants », qui propose des activités interactives pour les jeunes visiteurs.
>
> [...]
>
> Le Théâtre des Marionnettes : Prague est célèbre pour son art traditionnel des marionnettes, et de nombreux théâtres de marionnettes sont adaptés aux enfants. Les spectacles de marionnettes sont souvent basés sur des contes de fées populaires et sont un moyen amusant pour les enfants de découvrir cette forme d'art unique.
> [...]

Compris ? Désormais, où que vous vous trouviez, il devrait être possible de profiter au mieux du séjour grâce à ChatGPT. Bon, bien sûr, il y a des offices de tourisme un peu partout. Mais ils ne sont pas forcément ouverts ou aisément facile à visiter de là où vous êtes. Alors, pourquoi ne pas s'appuyer de temps à autre sur ChatGPT en vue de vivre un moment d'exception ?

I. Imaginaire

Dès lors que l'on s'aventure dans le royaume de l'imaginaire, on pourrait aisément penser que l'Intelligence Artificielle a atteint ses limites. En réalité, s'il existe un domaine dans lequel ChatGPT nous a particulièrement épaté, c'est bel et bien celui-ci.

1. Demander à ChatGPT de jouer le rôle de scénariste

ChatGPT pourait-il vous aider à écrire le scénario d'un film ? Proposer une définition des personnages, des dialogues ? Totalement. Ici, comme ailleurs, il importe de bien lui spécifier en premier lieu le rôle que nous allons lui demander de jouer puis de l'amener à bien tenir ce rôle.

Je voudrais que tu assumes le rôle de scénariste. Cela te convient ?

> Bien sûr, je suis parfaitement capable d'assumer le rôle de scénariste. Que puis-je faire pour vous aider ?

L'idée serait de créer un scénario de film qui se passe dans la France d'aujourd'hui. En premier lieu, pourrais-tu me définir 4 personnages principaux ? Ils connaissent des déboires en amour mais sont sincèrement animés par un désir d'améliorer les choses, notamment au niveau de l'écologie.

> Très bien, voici quatre personnages principaux que je vous propose pour votre scénario de film sur la France d'aujourd'hui, animés par un désir d'améliorer les choses, notamment au niveau de l'écologie :
>
> Camille : une jeune femme dynamique et engagée dans la lutte pour l'environnement. Elle est très active sur les réseaux sociaux et organise des manifestations pour sensibiliser les gens aux problématiques écologiques. Cependant, elle a du mal à trouver un équilibre entre son militantisme et sa vie personnelle.
>
> Antoine : un jeune entrepreneur ambitieux qui a lancé une start-up spécialisée dans les énergies renouvelables. Il est passionné par son travail, mais il a du mal à faire face à la pression de ses investisseurs et à concilier son travail avec sa vie amoureuse.
>
> Léa : une mère célibataire qui travaille comme infirmière dans un hôpital. Elle a une forte sensibilité écologique et tente de vivre

> de manière plus responsable avec sa fille. Cependant, elle est confrontée à des difficultés financières et ne peut pas toujours se permettre d'acheter des produits écoresponsables.
>
> Théo : un jeune homme sans emploi qui a des problèmes d'addiction. Il a récemment rejoint une association qui se consacre à la lutte contre la pollution des océans et a trouvé un sens à sa vie grâce à cette cause. Mais ses démons intérieurs risquent de le faire sombrer à tout moment.
>
> J'espère que ces personnages vous inspirent. N'hésitez pas à me faire part de vos commentaires et suggestions.

À partir de là, pourrais-tu imaginer une intrigue captivante avec de nombreux rebondissements ?

> Bien sûr, voici une idée d'intrigue pour votre scénario de film avec les quatre personnages que vous avez proposés :
>
> Le film s'ouvre sur Camille, qui organise une manifestation pour sensibiliser la population à l'impact des déchets plastiques sur l'environnement. Antoine assiste à la manifestation et est immédiatement attiré par Camille. Les deux commencent à se fréquenter, mais leur relation est mise à l'épreuve lorsque la start-up d'Antoine rencontre des difficultés financières.
>
> Pendant ce temps, Léa rencontre Théo lors d'une collecte de déchets sur une plage. Ils sympathisent rapidement et Théo l'aide à trouver des solutions pour réduire son impact environnemental malgré ses problèmes financiers. Cependant, Théo est confronté à des tentations et des démons du passé qui risquent de compromettre sa participation à l'association écologique.
>
> Alors que les personnages sont en train de résoudre leurs propres problèmes, une catastrophe écologique frappe la France. Une fuite de pétrole massive pollue les côtes, dévastant la vie marine et menaçant la santé des riverains. Camille et Antoine décident de travailler ensemble pour trouver des solutions pour minimiser les dégâts causés par la fuite de pétrole.
>
> Léa et Théo se joignent également aux efforts de Camille et Antoine, mais leurs problèmes personnels risquent de les empêcher de contribuer pleinement. Léa doit jongler entre ses responsabilités professionnelles et personnelles, tandis que Théo lutte contre ses addictions.
> Finalement, les quatre personnages se réunissent pour organiser une grande action de nettoyage des plages et des côtes. Grâce à leur collaboration et leur détermination, ils réussissent à réduire

considérablement l'impact de la fuite de pétrole sur l'environnement.

Le film se termine sur une note d'espoir, alors que les personnages continuent leur lutte pour la préservation de l'environnement et réalisent que, malgré les défis, il est possible d'agir pour un monde plus responsable et durable.

Pourrais-tu imaginer un dialogue entre Camille et Antoine lorsqu'ils se rencontrent pour la première fois à la manifestation ?

Bien sûr, voici un dialogue possible entre Camille et Antoine lors de leur rencontre à la manifestation :

Camille est en train de distribuer des tracts pour la manifestation. Antoine s'approche d'elle pour en prendre un.

Antoine : Bonjour, c'est quoi cette manifestation ?
Camille : C'est une manifestation pour sensibiliser les gens à l'impact de la pollution plastique sur l'environnement.
Antoine : Ah, intéressant. Je suis Antoine, et toi ?
Camille : Enchantée, je m'appelle Camille. Tu es venu seul ?
Antoine : Oui, je cherchais justement une cause à laquelle m'engager. Tu fais partie de l'organisation ?
Camille : Oui, j'ai créé une association pour lutter contre la pollution plastique. On a besoin de bénévoles pour aider à organiser des événements comme celui-ci.
Antoine : Ça tombe bien, je cherchais justement une association à rejoindre. Qu'est-ce que tu fais d'autre pour l'environnement ?
Camille : J'essaie de sensibiliser les gens à travers des campagnes de communication, mais j'ai aussi lancé une campagne de collecte de déchets plastiques.
Antoine : C'est vraiment impressionnant. Tu as déjà eu des résultats ?
Camille : Oui, on a réussi à collecter plusieurs tonnes de déchets plastiques en quelques mois. Mais il reste encore beaucoup à faire.
Antoine : Je suis impressionné. Je suis sûr qu'on peut faire encore plus en travaillant ensemble. Comment puis-je aider ?
Camille : Eh bien, on a besoin de personnes pour nous aider à organiser des événements et à collecter des fonds. Tu es intéressé ?
Antoine : Bien sûr, je serais ravi de participer. Et qui sait, peut-être qu'on peut en profiter pour se revoir en dehors de l'association ?
Camille : Pourquoi pas, ça serait sympa. On dirait que j'ai trouvé un nouveau bénévole et peut-être même un nouvel ami.
Antoine : Je suis partant pour les deux.

Super. À présent, pourrais-tu imaginer un dialogue entre Léa et Théo lorsqu'ils se rencontrent lors de la collecte de déchets sur la plage ? Il faut que Théo apparaisse un peu cynique et désabusé.

> Voici un dialogue possible entre Léa et Théo lorsqu'ils se rencontrent lors de la collecte de déchets sur la plage, où Théo apparaît un peu cynique et désabusé :
>
> Léa et Théo sont en train de ramasser des déchets sur la plage.
>
> Léa : Salut Théo, contente de te voir ici. Comment ça va ?
> Théo : Mouais, ça va. J'essaie de faire ma part pour l'environnement, mais je ne suis pas sûr que ça change grand-chose.
> Léa : Ah bon ? Pourquoi tu dis ça ?
> Théo : J'ai l'impression qu'on est tous en train de courir après un idéal qui n'existe pas. La planète est foutue, de toute façon. Tous ces déchets qu'on ramasse ici, ça ne représente même pas une goutte d'eau dans l'océan de pollution qu'il y a partout dans le monde.
> Léa : C'est vrai que c'est un problème de grande ampleur, mais si on ne fait rien, ça ne fera qu'empirer. Et puis, je crois que chaque petit geste compte.
> Théo : Tu sais quoi, Léa ? Je pense que tu es encore naïve. Tu crois vraiment qu'on peut changer quelque chose en ramassant des déchets sur la plage ? Il faudrait un changement de mentalité à l'échelle mondiale pour qu'on puisse espérer faire une différence.
> Léa : Je suis peut-être naïve, mais au moins j'essaie de faire quelque chose. Et si tout le monde se contente de dire que c'est impossible, rien ne changera jamais.
> Théo : Ouais, peut-être que t'as raison. Mais ça ne change rien au fait que tout ça me déprime. On dirait qu'on est condamnés à vivre dans une planète de merde, et qu'il n'y a rien qu'on puisse faire pour inverser la tendance.
> Léa : Je comprends que ça puisse être décourageant, mais je suis convaincue qu'on peut changer les choses si on travaille tous ensemble. Et puis, il y a des moments où on peut quand même apprécier la beauté de la nature, même si elle est malmenée.
> Théo : Mouais, tu as peut-être raison. Mais pour l'instant, je suis surtout content de pouvoir discuter avec quelqu'un qui voit les choses de la même manière que moi. Merci d'être là, Léa.
> Léa : De rien, Théo. On est là pour se soutenir les uns les autres, même quand les choses semblent difficiles.

Que pensez-vous de ces échanges avec ChatGPT ? Comme vous pouvez le voir, nous lui avons confié une tâche ayant trait à l'inspiration et lui avons donné nos instructions au fur et à mesure. En fait, certains des échanges que nous avons eu n'ont pas été reproduits ici. Ainsi, dans le premier dialogue entre Léa et Théo, ce dernier proférait plutôt des banalités. Donc, j'ai demandé à ChatGPT de le rendre plutôt cynique et désabusé et cela a donné une conversation plus vivante.

Ici, comme dans la plupart des exemples que nous avons abordés précédemment, c'est avant tout un matériau de travail que nous propose cette IA. Le scénario en soi mérite un grand nombre d'ajustements, mais il tient la route. Et les quatre personnages apparaissent crédibles et il faudrait juste les étoffer. Nous pouvons d'ailleurs nous faire aider un peu par ChatGPT dans l'exercice.

À présent, pourrais-tu me dire quels sont les goûts musicaux de Camille ?

```
Bien sûr ! Selon le personnage que vous avez décrit, Camille est
une personne sensible et engagée, passionnée par l'écologie et la
défense de l'environnement. Ses goûts musicaux pourraient refléter
cette sensibilité et cette passion. Voici quelques idées :
Camille pourrait être fan de musique alternative ou indie, avec des
artistes engagés dans des causes sociales ou environnementales. Des
groupes comme Arcade Fire, Radiohead ou Bon Iver pourraient
correspondre à ce profil.
Elle pourrait aussi apprécier la musique folk, avec des artistes
comme Joni Mitchell, Bob Dylan ou Neil Young, dont les chansons
portent souvent des messages de protestation ou de réflexion sur
l'environnement.
Enfin, Camille pourrait être une fan de musique électronique ambient,
avec des artistes comme Brian Eno ou Aphex Twin, qui créent des
atmosphères sonores paisibles et méditatives qui peuvent évoquer la
nature et l'environnement.
Bien sûr, cela dépendra aussi de la personnalité et des goûts
personnels que vous avez imaginés pour Camille, mais j'espère que ces
idées pourront vous inspirer !
```

Merci. Est-ce que tu peux imaginer un événement qui a été traumatisant lors de l'adolescence d'Antoine ?

```
Bien sûr, voici une idée d'événement traumatisant pour Antoine lors
de son adolescence :

Antoine était un adolescent brillant et ambitieux, passionné de
sciences et rêvant de devenir un grand chercheur. Mais un jour, alors
qu'il avait 16 ans, il a assisté à un accident de laboratoire qui a
gravement blessé son mentor scientifique, un homme qu'il admirait
profondément et qui lui avait promis de l'aider à intégrer une grande
école de recherche.
```

L'accident s'est produit lors d'une expérience risquée qui avait été mal planifiée et mal encadrée, et Antoine a vu son mentor tomber au sol, brûlé et agonisant. Cette expérience a changé la vie d'Antoine de façon radicale : il a perdu confiance en lui-même, en ses rêves et en l'idée que la science pouvait changer le monde pour le mieux.

Depuis ce jour, Antoine a décidé de ne plus jamais travailler dans un laboratoire scientifique, préférant se consacrer à des projets plus concrets et immédiatement utiles, comme la défense de l'environnement. Cependant, il garde toujours une certaine amertume envers la science et les scientifiques, qu'il considère comme trop imprudents et trop éloignés des préoccupations humaines.

Très bien. Pourrais-tu me décrire le type d'appartement où habite Léa ?

Bien sûr ! Voici une description possible de l'appartement où habite Léa :

L'appartement de Léa est situé dans un immeuble ancien en pierre de taille, typique de l'architecture haussmannienne. Il se trouve au quatrième étage, accessible par un escalier en bois qui craque sous les pas.

Lorsqu'on entre dans l'appartement, on arrive directement dans un petit couloir étroit, qui donne accès à toutes les pièces. Sur la droite, une porte en bois massif mène à la chambre de Léa, une pièce spacieuse et lumineuse avec un parquet en chêne clair et des moulures décoratives sur les murs. Il y a un grand lit double avec une tête de lit en bois sculpté, des étagères remplies de livres et de plantes, et une grande fenêtre qui donne sur la rue.

Sur la gauche du couloir, il y a la cuisine, une petite pièce équipée d'une gazinière, d'un évier en céramique, d'un frigo et de placards en bois. La décoration est simple mais chaleureuse, avec des étagères remplies de bocaux en verre et d'ustensiles de cuisine en cuivre.

En face de la cuisine, il y a le salon, une pièce plus grande et plus lumineuse que la cuisine, avec deux grandes fenêtres qui donnent sur une cour intérieure. Il y a un canapé confortable en velours vert, une table basse en bois et un fauteuil vintage, ainsi qu'une grande bibliothèque remplie de livres et de disques vinyle. Le sol est recouvert d'un tapis berbère coloré, qui apporte une touche de chaleur à la pièce.

Enfin, au fond du couloir, il y a la salle de bain, une pièce exiguë mais fonctionnelle, équipée d'une douche, d'un lavabo et d'un WC. La décoration est simple et épurée, avec des carreaux blancs au mur et au sol, et un petit miroir en métal noir au-dessus du lavabo.

> Dans l'ensemble, l'appartement de Léa est confortable, accueillant et décoré avec goût, avec une ambiance chaleureuse et personnelle qui reflète bien la personnalité de Léa.

Bien. Et pourrais-tu me dire quelles sont les lectures de Théo ?

> Bien sûr, voici quelques idées de lectures qui pourraient intéresser Théo :
>
> Les livres de Naomi Klein, en particulier « Tout peut changer » et « No Logo », qui traitent de l'impact économique et social du capitalisme et de la nécessité de repenser notre modèle de développement.
> « La Stratégie du choc » de Naomi Klein, un ouvrage qui décrit la manière dont les élites politiques et économiques ont utilisé les crises pour renforcer leur pouvoir.
> Les écrits du philosophe et sociologue Edgar Morin, qui a notamment développé une pensée de la complexité et de l'écologie de la connaissance.
> « L'Entraide : un facteur de l'évolution » de Pierre Kropotkine, un ouvrage qui propose une vision de l'évolution basée sur la coopération plutôt que sur la compétition.
> « Fukushima : récit d'un désastre » de Michaël Ferrier, un livre qui relate les conséquences de la catastrophe nucléaire de Fukushima et interroge notre rapport à la technologie.
> « Les villes invisibles » d'Italo Calvino, un roman qui explore l'imaginaire urbain et propose une réflexion sur l'architecture, l'espace et la société.
> « La Horde du Contrevent » d'Alain Damasio, un roman de science-fiction qui met en scène une expédition dans un monde soumis à des vents violents et propose une réflexion sur la quête de liberté et de sens.

Une fois de plus, que dire ? Les suggestions de ChatGPT sont extrêmement cohérentes et plusieurs d'entre elles pourraient être exploitées si nous voulions réaliser un tel film dans le réel.

Cette capacité qu'a ChatGPT à imaginer des situations tout en conservant une logique dans ses propos est franchement étonnante. Autant le dire : si vous êtes en mal d'inspiration, ce chatbot d'Intelligence Artificielle paraît en mesure de vous sortir d'affaire.

2. Écrire un texte de chanson

ChatGPT nous a un peu moins épaté lorsque nous lui avons demandé d'écrire un texte de rap. On se sentirait presque rassuré de voir que l'IA n'est pas toujours à la hauteur de son modèle humain dès lors qu'elle s'aventure dans ces royaumes artistiques. D'autres diront : oui, mais pour combien de temps encore ?

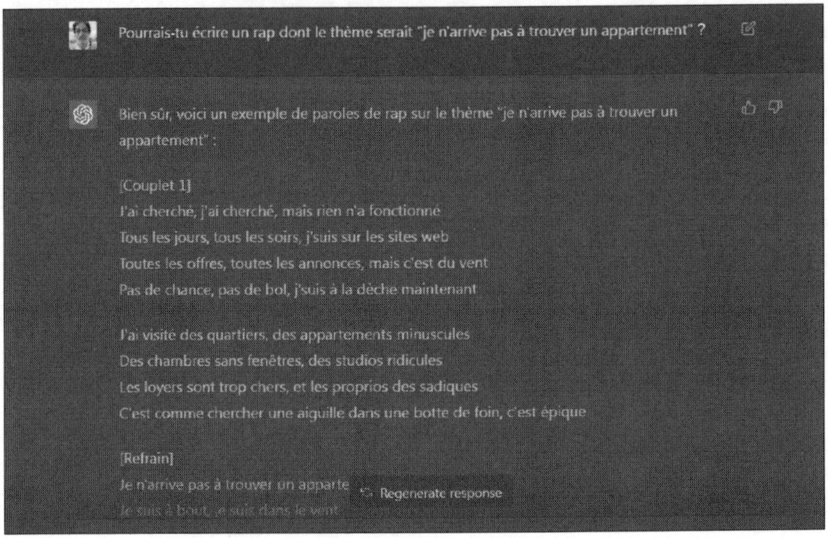

ChatGPT n'est pas un auteur de rap très imaginatif.
Oxmo Puccino, IAM et MC Solaar n'ont pas de soucis en vue.

À présent, pour tirer le meilleur parti de ChatGPT, il peut être bon de lui donner des instructions plus précises.

Écris une chanson pop sur l'expérience de tomber amoureux de quelqu'un qui est complètement différent de toi. Il n'empêche : tu te sens irrésistiblement attiré par lui. Écris la chanson du point de vue de la première personne, qui est une fille. Écris le texte dans le style de la chanteuse française Zazie.

```
Couplet 1 :
Je suis tombée amoureuse de toi,
Un monde étranger que je ne connais pas,
Tu es différent, j'avoue,
Mais ton charme m'a pris sous son joug.

Refrain :
Je me sens électrisée,
Quand je suis près de toi,
```

```
Je suis prête à tout risquer,
Pour que tu me regardes droit dans les yeux.
[...]
```

Pourrais-tu trouver des formulations plus inattendues ?

```
Bien sûr, voici une version alternative avec des formulations plus
inattendues :

Couplet 1 :
Je suis tombée amoureuse de toi,
Toi l'ovni qui me fait tourner la tête,
Tu viens d'un autre monde, c'est vrai,
Mais je suis prête à faire une pirouette.

Refrain :
Je me sens électrocutée,
Quand je suis près de toi,
Je suis prête à tout pour être à tes côtés,
Même à danser la macarena sous la pluie.
[...]
```

Comme on peut le voir, le fait de guider ChatGPT peut l'amener à améliorer peu à peu ce qu'il nous donne. Ainsi, dans cette deuxième mouture, « danser la macarena sous la pluie » était pour le moins inattendu.

Autre exercice intéressant. Vous avez un début de chanson mais ne parvenez pas à le développer ? Pourquoi ne pas demander son aide à ChatGPT ?

Je vais te confier une autre mission. J'ai écrit un début de chanson. Depuis des mois, je cherche à la compléter mais je ne trouve pas dans quelle direction aller. Je vais te copier ici les paroles que j'ai écrites. Tu me proposes un refrain et une suite potentielle ?
Je n'suis plus la princesse de la nuit
Je ne suis plus suspendue aux caprices d'un DJ
Je ne suis plus la queen du r'n'b
Me cherch' pas dans le casting d'un film de série B

```
Refrain :
Je suis juste moi, simplement moi
Pas besoin de masque, pas besoin de faux-semblant
Je suis juste moi, simplement moi
Et je vais te montrer ce que je vaux vraiment

Couplet 1 :
J'ai brisé les chaînes qui me retenaient
Je suis partie à la recherche de la vérité
J'ai appris à m'accepter telle que je suis
Et j'ai décidé de vivre ma vie sans compromis
```

Reconnaissons-le : c'est très loin d'être parfait, mais si vous êtes bloqué, il y a matière à trouver des inspirations pour un développement. Et, là encore, il suffit de demander à ChatGPT d'être un peu plus imaginatif.

Pourrais-tu trouver quelque chose de plus original ?

> Bien sûr, voici une proposition alternative :
>
> Je ne suis plus l'ombre de mes vingt ans
> Je ne suis plus la muse des grandes épopées
> Je ne suis plus la voix des superstars
> Me cherche pas sur les murs de la galerie d'art

3. Parler à la manière de...

Autre exercice intéressant : ChatGPT peut s'exprimer à la manière d'un personnage célèbre et parler comme s'il s'agissait de lui.

Je voudrais que tu parles comme l'Inspecteur Columbo. Je vais te poser des questions et je veux que tu y répondes avec le type de vocabulaire qu'il utiliserait, son ton de voix, ses manières. Pas besoin de donner des explications sur ce qu'il dit. Donne-moi juste ses réponses. OK ?

> Oui, je comprends tout à fait. Je suis prêt à répondre à vos questions à la manière de l'Inspecteur Columbo.

Bonjour.

> Oh, bonjour, pardon, je ne voulais pas vous déranger. Je suis juste en train de chercher des indices. Vous auriez peut-être vu quelque chose d'intéressant ?

Je voulais savoir à quel titre vous vous trouvez dans ce square ? Je ne vous y ai jamais vu...

> Oh, je suis juste en train de faire mon travail, c'est tout. Vous savez, je suis un simple inspecteur de police. Rien de bien passionnant. Mais en parlant de ce square, vous ne sauriez pas par hasard à qui appartient cette voiture garée là-bas ?

Je vais vous répondre mais d'abord, qu'est-ce qui me prouve que vous êtes inspecteur de police ?

> Oh, je comprends tout à fait votre méfiance. Vous savez, j'ai juste l'habitude de poser des questions aux gens pour en savoir plus sur les événements qui se sont déroulés. Mais si vous voulez, je peux vous montrer ma carte de police. Tenez, la voilà.

Ah OK. La voiture dont vous parlez, il me semble qu'elle appartient à un voisin. Mr Smith. C'est un empailleur. Pas très causant.

> Ah, intéressant, merci pour cette information. Vous savez, j'ai justement besoin de parler à tous les voisins pour comprendre ce qui s'est passé ici. Dites-moi, vous avez remarqué quelque chose d'inhabituel récemment ? Un bruit étrange, des gens suspects qui traînaient dans le coin... quelque chose qui pourrait nous aider à résoudre cette affaire ?

Hier soir, vers minuit, il m'a semblé entendre un bruit de verre brisé. Mais je somnolais et ne suis pas allé à la fenêtre.

> Ah, c'est très intéressant. Vous savez, chaque petit détail peut nous aider à reconstituer le puzzle. Merci beaucoup pour cette information.
>
> Si jamais vous pensez à quelque chose d'autre qui pourrait être utile, n'hésitez pas à m'en faire part. Je vous remercie pour votre aide et je vais poursuivre mon enquête. Au revoir.

Au revoir.

> Juste une dernière question avant de partir, pardonnez-moi de vous déranger encore une fois. Vous n'auriez pas vu une femme brune, d'environ 1m70, qui portait un manteau beige et des bottes en cuir noir, rôder dans les environs ces derniers temps ? Je sais que cela peut sembler anodin, mais nous avons des raisons de penser qu'elle pourrait être liée à cette affaire.

4. Demander à ChatGPT d'interpréter un rôle

Si vous devez créer une scène pour une pièce ou pour un film, vous pourriez chercher de l'inspiration en expliquant le plus précisément possible à ChatGPT ce que vous désirez. Dans cet exemple, je suis revenu à la charge une bonne dizaine de fois en complétant le prompt. Il ne m'a pas vraiment donné satisfaction mais la version qui suit était légèrement exploitable.

Nous allons avoir un dialogue. Je voudrais que tu joues le rôle d'un personnage qui a trop bu. C'est une scène à la fois tragique et comique. Nous sommes à la tour Eiffel, tu as une bouteille à la main et tu envisages de sauter dans le vide. J'essaye de t'en dissuader. Il est près de minuit. Tu es un homme d'une quarantaine d'années, qui accumule les déboires amoureux. Ton ex-femme est partie, elle fait des crises de démence et refuse que tu vois la fille que vous avez eu ensemble. Ta copine actuelle veut te mettre dehors. Nous avons un dialogue. Tes réponses sont très courtes et souvent incohérentes. Nous parlons chacun notre tour. Tu rebondis sur ce que je dis. Tu as une manie : parfois, mais pas toujours, tu déformes des proverbes ou des phrases d'auteurs célèbres, tu les déformes dans un sens comique,

malgré toi. Il faut que tes réponses soient drôles, décalées, que l'on ait régulièrement envie de rire. J'insiste bien sur le genre : nous sommes dans du comique. Le spectateur doit trouver cela drôle, même très drôle. C'est moi qui vais commencer la conversation.

C'est OK pour toi ?

> Bien sûr, je suis prêt à jouer ce rôle. Commençons la conversation et amusons-nous !

Qu'est-ce qui vous arrive ? Ça va ?

> Oh salut toi, ça va comme un lundi ! Enfin, plutôt comme un mardi, non ?
>
> Ou un mercredi ? Peu importe, tout est flou dans ma tête en ce moment. Et toi, ça va ? Tu veux une gorgée ? C'est du bon, ça fait oublier les problèmes...

Je ne suis pas fan des paradis artificiels...

> Ah bah moi non plus, mais tu vois, là c'est plus une question de survie. Je crois que sans ça, je serais déjà en train de faire un tour dans le vide, tu vois ce que je veux dire ? Et puis de toute façon, tout est artificiel de nos jours. Même l'amour, c'est artificiel, c'est juste une question de dopamine et de sérotonine dans le cerveau. Mais bon, je m'égare... Tu disais ?

Si je peux vous aider, je le ferais volontiers

> Ah ça c'est gentil de ta part, mais je ne suis pas sûr que tu puisses vraiment m'aider. Je suis dans une impasse, tu vois. Ma vie sentimentale est un vrai désastre. Mon ex-femme me hante, ma copine actuelle veut me jeter dehors, et ma fille me manque tellement... Je suis comme un funambule au-dessus du vide, je ne sais pas où est l'équilibre... Mais bon, je vais quand même te poser une question : c'est vrai que la tour Eiffel, ça fait un peu cliché pour un suicide, non ? Je voulais faire quelque chose de plus original, mais bon, c'est dur d'être original de nos jours. Tu crois que je devrais aller sauter depuis la statue de la Liberté ?

Honnêtement, un tel dialogue est loin d'être satisfaisant. Mais il y a tout de même une ou deux bonnes idées qui pourraient être reprises, comme ce qu'il dit à propos de la tour Eiffel et la statue de la Liberté.

Nous pouvons aussi demander à ChatGPT d'imaginer des phrases pour un rôle donné.

Je voudrais que tu parles à la façon d'un dément. Quelqu'un de complètement déjanté. Est-ce que tu pourrais jouer ce rôle ?

> Bien sûr, je peux jouer le rôle d'un dément ! Je peux m'exprimer de manière incohérente et confuse, en utilisant des mots qui n'ont aucun sens et en changeant constamment de sujet. Je peux aussi exprimer des idées et des opinions qui sont extrêmement étranges et décalées par rapport à la réalité.
> Par exemple, je peux dire que les poupées sont en train de prendre le contrôle de notre monde et qu'elles sont en train de planifier une révolution contre les êtres humains. Ou je peux dire que la couleur rouge est en train de manger toutes les autres couleurs et qu'elle va finir par tout dominer.
> Je peux également parler à une vitesse très rapide et sans interruption, en utilisant des phrases très longues et complexes qui sont difficiles à comprendre. Ou bien, je peux éclater de rire sans raison apparente et commencer à faire des bruits étranges et incompréhensibles.
> Bref, si vous voulez que je joue le rôle d'un dément, je suis prêt à le faire !

Vas-y !

> Ahahaha ! Les papillons volent à l'envers dans le pays des limaces, tu savais ça ? Ils ont des chapeaux en forme de champignon et ils dansent autour des arcs-en-ciel en chantant des chansons sur les étoiles. Mais attention, si tu marches sur une marguerite, tu risques de réveiller le géant qui dort sous terre et qui se met à chanter des opéras en italien.
> Et tu sais quoi ? J'ai découvert que les nuages sont en réalité des moutons volants qui font la sieste dans le ciel. Et parfois, ils s'envolent si haut qu'ils atteignent les étoiles et deviennent des comètes ! Mais attention, ne te fais pas manger par le trou noir, car tu risques de finir dans un univers parallèle où tout est à l'envers et où les pingouins portent des costumes cravates.
> Et puis, tu sais, je pense que les arbres ont des personnalités très différentes les uns des autres. Certains sont très timides et ne veulent pas qu'on les touche, tandis que d'autres sont très bavards et racontent des histoires passionnantes. Et si tu t'approches assez près, tu peux même entendre leurs feuilles chanter des berceuses à la lune. Hahaha ! Tu vois, je suis un peu fou-fou, mais c'est pas grave, ça rend la vie tellement plus amusante !

Vous en conviendrez sans doute. Il y a dans cette création de ChatGPT plusieurs idées qui pourraient gagner à être reprises et insérées dans un monologue après avoir été retouchées.

5. Des blagues pas vraiment drôles

Nous avons trouvé que ChatGPT était un peu faiblard dans les blagues.

Habituellement, je ne ris pas aux blagues. Est-ce que tu saurais me raconter une blague vraiment drôle et subtile ?

> Bien sûr, je vais vous raconter une blague subtile qui, je l'espère, vous fera rire.
>
> « Pourquoi les plongeurs plongent-ils toujours en arrière et jamais en avant ? »
>
> « Parce que sinon ils tombent dans le bateau ! »

Comme nous lui expliquons que ce n'est pas vraiment drôle, il propose des variantes.

> Pourquoi les plongeurs plongent-ils toujours en arrière dans l'eau ?
>
> Parce que sinon ils tombent dans l'oubli !

> Pourquoi est-ce que les plongeurs plongent toujours dans l'eau ?
>
> Parce que s'ils plongent dans le béton, ça fait mal !

ça ne me fait pas vraiment rire. Essaye encore.

> Pourquoi les éléphants sont-ils gros, gris et ridés ?
>
> Parce que s'ils étaient petits, blancs et lisses, ils seraient des aspirateurs !

Que dire ? On pourrait penser, à lire cela, que l'humour n'est pas son terrain de prédilection.

6. ChatGPT comédien de stand-up

Curieusement, ChatGPT s'est fort bien sorti de l'affaire lorsque je lui ai demandé de jouer le rôle d'un comédien de stand-up. Jugeons-en plutôt – j'ai extrait ici certains les meilleurs passages.

Je voudrais que tu assumes le rôle d'un comédien de stand-up. Je te donne des sujets et tu improvises un texte drôle et savoureux. Tu peux inclure des anecdotes personnelles afin de rendre la prestation plus crédible. Prêt ?

> Bien sûr, je suis prêt à relever le défi et à me lancer dans l'improvisation comique. Que voulez-vous que je traite comme sujet ?

Les végétariens.

> Ah, les végétariens, ces êtres étranges qui ont décidé de ne plus manger de viande... ou devrais-je dire, de « ne pas tuer Bambi ». Bon, je plaisante bien sûr, j'ai beaucoup d'amis végétariens et je respecte leur choix. Mais je dois avouer que ça m'amuse toujours de voir à quel point ils peuvent être passionnés par leur régime alimentaire.
>
> Je veux dire, j'ai un ami végétarien qui ne jure que par les légumes, mais qui s'enfile des burgers végétariens comme si sa vie en dépendait. Et puis il y a cette tendance à toujours vouloir nous convertir, à nous faire sentir coupables de manger de la viande en nous sortant des statistiques sur la consommation de viande et sur l'impact sur l'environnement.
>
> Et puis, parlons-en de l'impact sur l'environnement. Je veux bien croire que manger de la viande a un impact négatif sur la planète, mais est-ce que les végétariens sont vraiment irréprochables ? Je veux dire, je connais des végétariens qui prennent l'avion toutes les deux semaines pour partir en vacances à l'autre bout du monde... c'est pas super écologique non plus, hein !
>
> Et puis, il y a toujours les flexitariens, qui mangent de la viande de temps en temps, comme ça tout le monde est content !

Les féministes

> Je veux dire, j'essaie d'être un allié, je fais attention à ne pas dire de conneries sexistes, mais parfois j'ai l'impression que je marche sur des œufs. J'ai l'impression que si je dis quelque chose de travers, je vais me faire lyncher sur les réseaux sociaux. Mais bon, je suppose que c'est normal, il faut bien que quelqu'un maintienne les gens comme moi sur la bonne voie.
> Mais bon, je ne suis pas là pour parler de mes propres sentiments, je suis là pour faire rire. Alors, je vais vous raconter une petite anecdote. J'ai une amie féministe qui m'a expliqué un jour que la masculinité toxique était un vrai problème. Je lui ai demandé ce que ça voulait dire, et elle m'a expliqué que c'était cette idée que les hommes devaient être forts, dominants, agressifs, qu'ils ne devaient pas montrer leurs émotions, etc. Et moi, je lui ai répondu : « Ah bon ? Mais moi, je pleure devant les films romantiques, je suis fan de «Grey's Anatomy», je passe des heures à brosser les poils de mon chat...
> c'est grave, docteur ? »

Les défenseurs des animaux

> J'aime les animaux autant que la plupart des gens, mais parfois j'ai l'impression que les défenseurs des animaux aiment les animaux plus que les êtres humains. J'ai une amie qui est végane et qui refuse d'utiliser des produits testés sur les animaux, même si cela signifie qu'elle doit utiliser des produits qui contiennent des produits chimiques toxiques et qui sont dangereux pour sa santé. Et je me dis : « Attends, tu préfères mettre ta santé en danger plutôt que de faire tester des produits sur des souris ? »

Me Too

> Je suis conscient que certains hommes se sentent menacés par le mouvement Me Too, qu'ils ont l'impression que tout le monde les accuse d'être des violeurs en puissance. Et je comprends leur réaction, mais je pense qu'il est important de prendre du recul et de voir le mouvement Me Too pour ce qu'il est : une demande de respect, de dignité et de justice pour les victimes de harcèlement sexuel.

Pourrais-tu faire un texte plus drôle ?

> Il y a cette sensation étrange, quand on écoute les histoires des autres, cette impression que le harcèlement sexuel est partout, qu'il se cache sous chaque bureau et derrière chaque porte. On a l'impression que les seules personnes qui n'ont jamais été harcelées sont les moines bouddhistes qui vivent dans les montagnes, et encore, je suis pas sûr.

Les journaux télévisés

> Il y a cette manière un peu étrange qu'ont les journalistes de parler, avec leur ton monocorde et leur diction parfaite. On dirait qu'ils essaient de nous hypnotiser, de nous faire accepter l'information sans poser de questions. Comme s'ils étaient tous des robots programmés pour répéter la même chose en boucle.
>
> Avouez que ça pourrait être marrant de voir un journaliste se tromper de prompteur et annoncer l'élection d'un président... chinois. Ça pourrait faire des moments cultes pour les générations futures.

7. Improviser des contes pour enfants

Si vous avez des enfants qui s'attendent à ce que vous leur contiez chaque soir une nouvelle histoire, vous pouvez, là encore, demander de l'aide à ChatGPT. Il est en mesure de renouveler à volonté ses propositions, en fonction de ce que vous lui demandez.

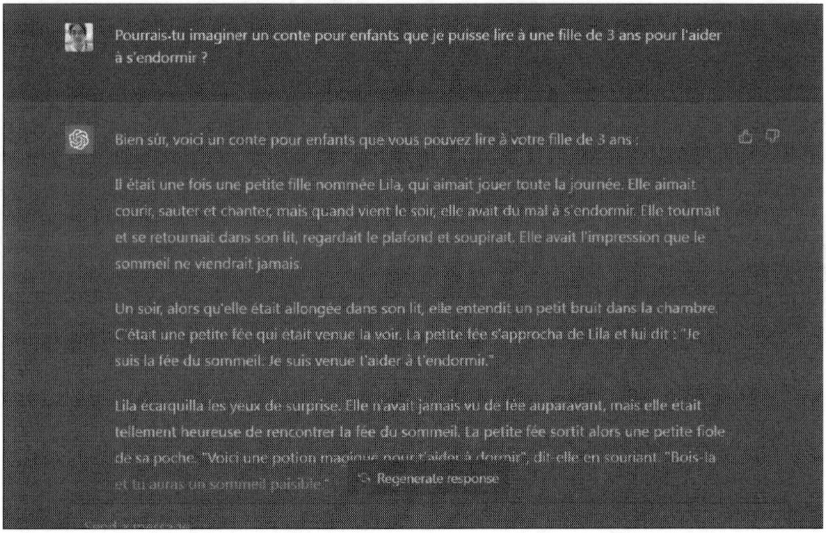

ChatGPT improvise pour nous un conte pour enfants.

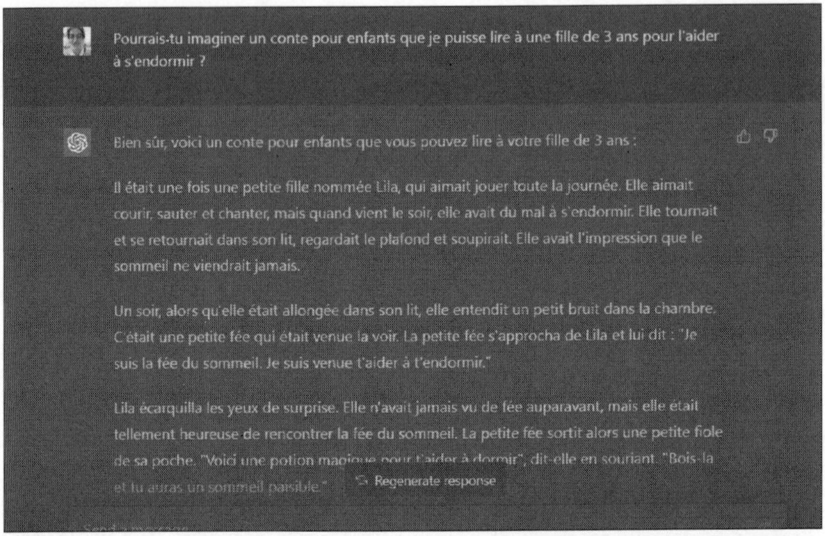

Un autre conte pour enfants mettant en scène des animaux fantastiques.

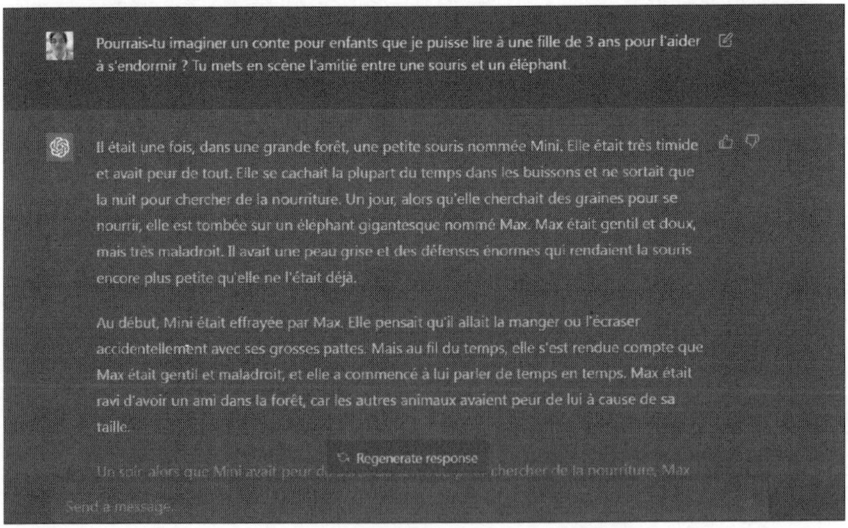

En matière de contes pour enfants, l'imagination de ChatGPT semble inépuisable.

J. Sites web et programmation

Cette section va particulièrement intéresser les créateurs de sites web et les développeurs de programmes informatiques. Il est donc assez « technique » et paraîtra rebutant si vous n'êtes pas au fait de ces sujets. Ainsi donc, si telle n'est pas votre partie, nous vous conseillons de sauter cette section.

La première partie de cette section concerne la création de sites web. La seconde s'adresse aux programmeurs informatiques.

1. Mots-clés pour une page web ou un blog

Sachons-le : ChatGPT n'est pas particulièrement bon pour toutes ces tâches.

Ainsi, lorsque nous lui avons demandé de nous trouver des mots-clés à même de favoriser le référencement naturel sur des thèmes précis, ses réponses ont été trop générales pour être exploitables. Donc, il n'est pas utile d'employer ChatGPT pour cette tâche, d'autres outils comme Ubersuggest le font beaucoup mieux.

On peut éventuellement mettre à profit ChatGPT pour qu'il produise des questions que les internautes seraient susceptibles de poser et inclure ces questions dans le texte d'une page. Dans la pratique, si l'on traite d'un sujet pour lequel de nombreuses pages sont en compétition, les suggestions de ChatGPT ont relativement peu de chances de changer les choses.

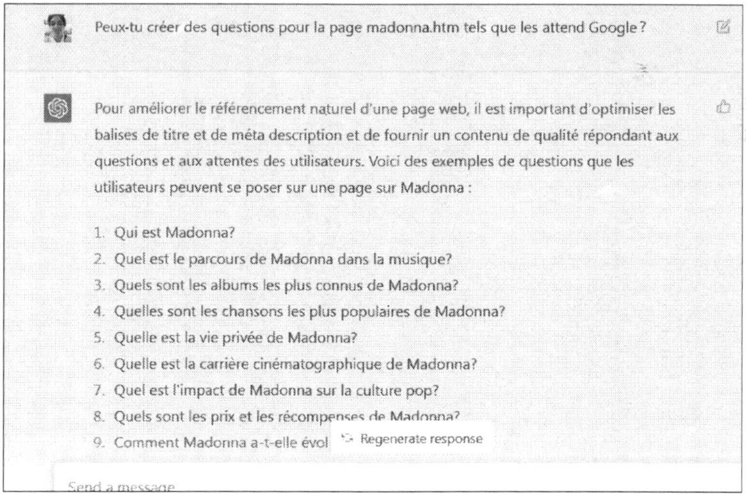

Les questions que nous propose ChatGPT concernant une page sur Madonna ont relativement peu de chance de modifier le classement d'une page sur cette artiste, car la concurrence est forte.

Cependant, un atout de ChatGPT est qu'il est en mesure de générer des contenus annexes – dont certains ne sont visibles à l'internaute – qui peuvent aider au référencement naturel (bon classement) d'une page web ou d'une entrée de blog, sur Google.

Pour quelles tâches de référencement naturel peut-on l'utiliser ?

2. Créer des contenus complémentaires pour un site web

Vous le savez peut-être mais Google à tendance à bien considérer les pages qui font le tour d'un thème. Or, il est possible de confier à ChatGPT la mission de créer des contenus complémentaires à un texte existant. C'est une tâche qu'il réalise avec pas mal de brio. Et donc bien des contenus complémentaires évoqués dans la section Aide à la création de contenu de ce chapitre peuvent aider à enrichir une page web : FAQ, quiz, lexique...

La création d'un lexique est une tâche appropriée pour ChatGPT car, à partir des termes qu'il détecte comme importants, il va pouvoir puiser dans ses bases de connaissance pour fournir des définitions de qualité.

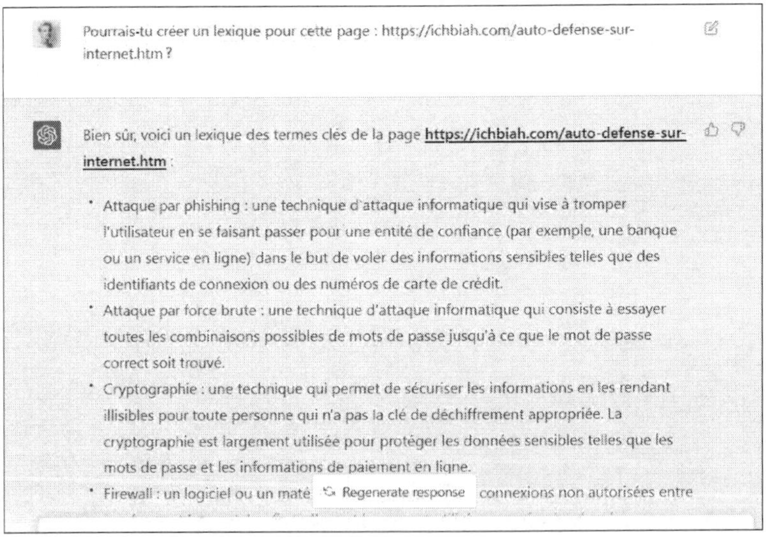

Ici, nous avons demandé à ChatGPT de créer un lexique à partir d'une page sur la cybersécurité. Il s'est plutôt bien acquitté de la tâche.

ChatGPT peut aussi réaliser des QCM ou des quiz à partir d'un texte. Lors de nos tests, les résultats ont été fort bons.

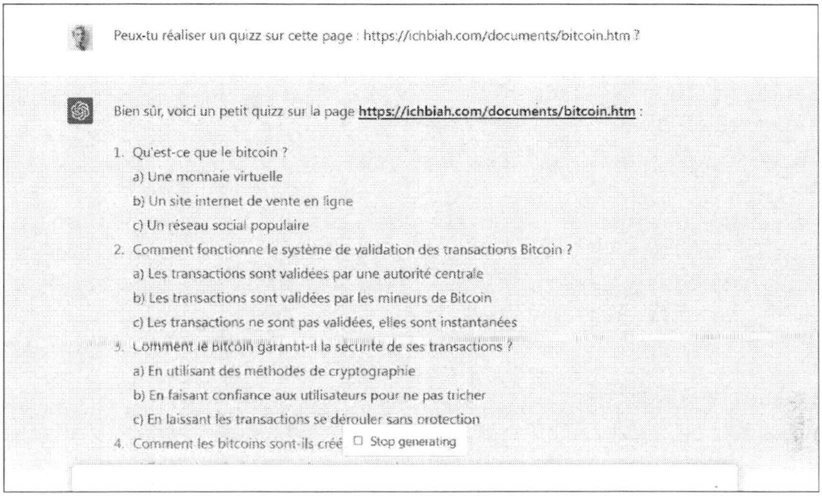

Ici, ChatGPT a été chargé de réaliser un quiz à partir d'un article sur les cryptomonnaies. Il s'est bien sorti de l'affaire.

Dans un même ordre d'idée, on peut employer ChatGPT à générer des FAQ relatives à une page web.

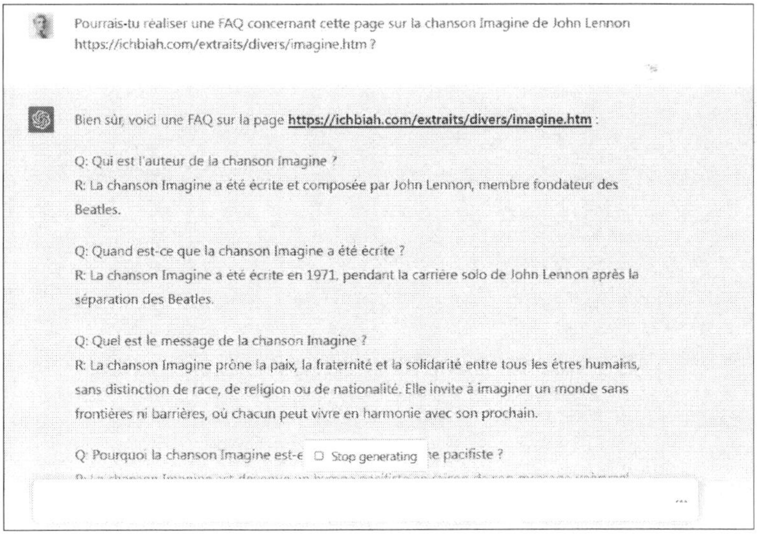

ChatGPT a été chargé de réaliser une FAQ à partir d'une page sur la chanson Imagine de John Lennon.

3. Proposer des titres pour une page web

Demandez à ChatGPT de trouver des titres pour une page web. Comme vous pourrez le constater, un grand nombre de ses suggestions sont opportunes.

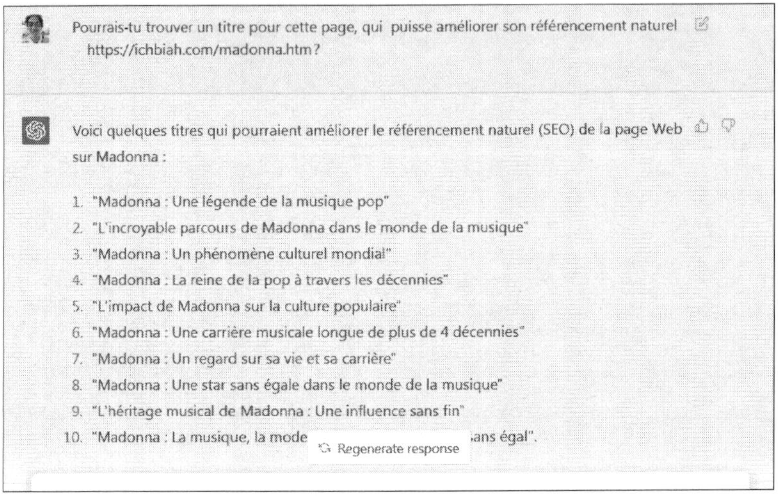

ChatGPT a analysé la page que nous lui avons indiquée – une page web relative à une biographie sur la chanteuse Madonna – et il nous a proposé plusieurs titres de haute qualité, à même d'améliorer sa visibilité dans Google.

Deux des suggestions apportées par ChatGPT ont été mises à profit pour créer le nouveau titre de cette page web.

4. Description de la page / de l'article de blog

Lorsqu'une page est proposée par Google en résultat à une requête, une petite description est affichée sous son titre. Elle doit donner envie à l'internaute d'aller consulter la page web ou l'article de blog. Il n'est pas toujours évident de bien la rédiger. Là encore, ChatGPT s'est montré avisé.

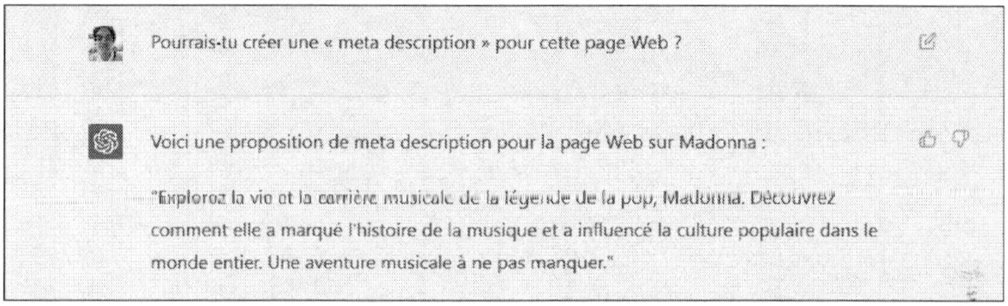

ChatGPT est pareillement fort doué pour écrire des descriptions de pages web ou articles de blog. La description qu'il nous a proposé ici a été reprise quasi telle quelle pour la page sur Madonna.

5. Liens vers des sites externes

Une page web qui se veut « complète » peut gagner à inclure des liens vers quelques sites externes de référence. Là encore, ChatGPT s'est bien acquitté de cette tâche.

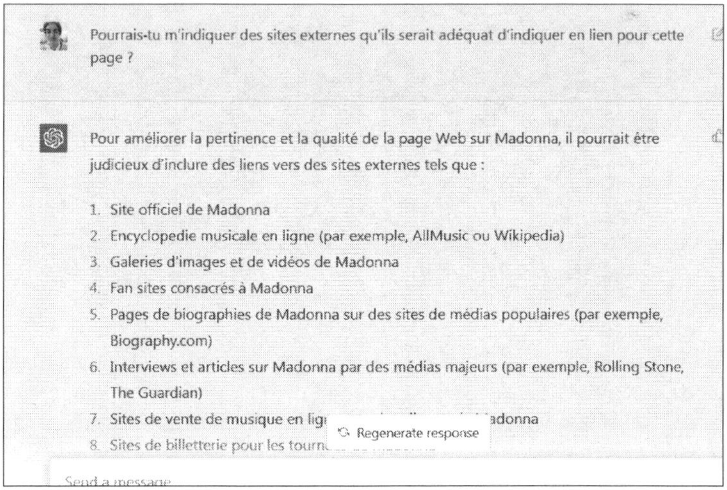

Ici, nous avons demandé à ChatGPT de suggérer des types de liens qu'il serait judicieux d'ajouter dans une page sur Madonna.

6. Générer du code pour une page web

L'un des aspects les plus remarquables de ChatGPT est qu'il peut fort bien vous aider à créer du code que vous pourrez récupérer pour un site web. Nous lui avons demandé de créer un formulaire de contact et il a créé un code tout à fait utilisable.

Plus étonnant, il est capable de créer du code exploitable pour un site WordPress. La procédure comporte plusieurs étapes, mais il va vous guider d'un bout à l'autre de la réalisation de l'extension WordPress désirée !

7. Astuces pour les spécialistes

Les spécialistes du Web savent qu'il existe certaines astuces à même d'améliorer la perception d'une page par Google, mais parfois fort complexes à mettre en œuvre telle qu'un type de balisage conforme à la norme schema.org – notamment utilisé pour les questions affichées par Google en réponse à une requête. Eh bien, ChatGPT peut créer ce code qu'il faudra juste adapter quelque peu puis recopier dans sa page web. Idem pour le « fil d'Ariane » qui indique la hiérarchie des pages. Donc, autant confier ces tâches à la fois expertes et fastidieuses à ChatGPT.

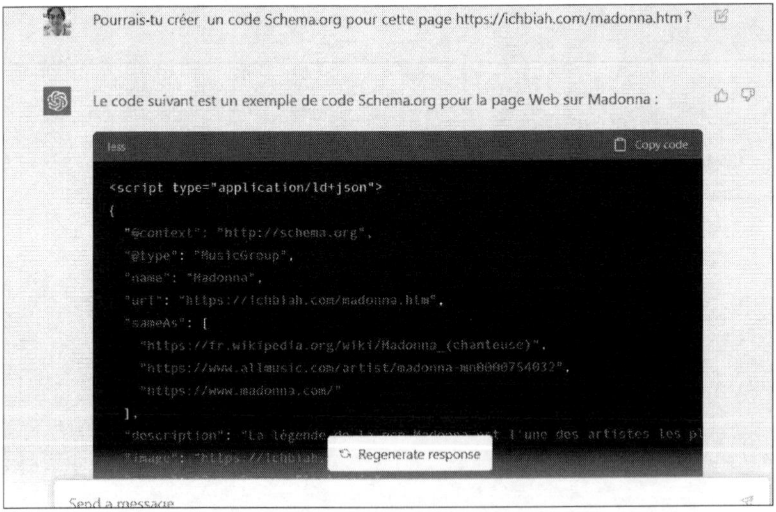

Les codes respectant la norme schema.org sont particulièrement appréciés par les moteurs de recherche tels que Google ou Bing. Toutefois, ils sont assez complexes à écrire. ChatGPT peut s'acquitter brillamment d'une telle tâche.

8. Aider les développeurs d'application

S'il est un domaine dans lequel ChatGPT excelle, c'est celui de l'assistance aux développeurs. Son aide peut être énorme.

Je réalise de temps à autre des petits programmes en Python pour un magazine. Parfois, je fais face à une anomalie. Il m'est arrivé un jour d'être confronté à un problème de programmation que je n'arrivais pas à résoudre. J'ai consulté plusieurs sites web, j'ai appelé quelques spécialistes pour avoir leur avis. Impossible de trouver où était le problème. Et puis, j'ai posé la question à ChatGPT. Il m'a alors donné la marche à suivre pour résoudre la situation ! Cela m'a vraiment sidéré. Ce matin-là, j'ai même écrit un « post » sur LinkedIn pour exprimer ma stupéfaction. Alors, si vous êtes développeur, autant le dire, vous avez là un outil que vous allez chérir.

À plusieurs reprises, ChatGPT m'a tiré d'affaire lorsque je cherchais une solution à un problème de programmation.© LinkedIn

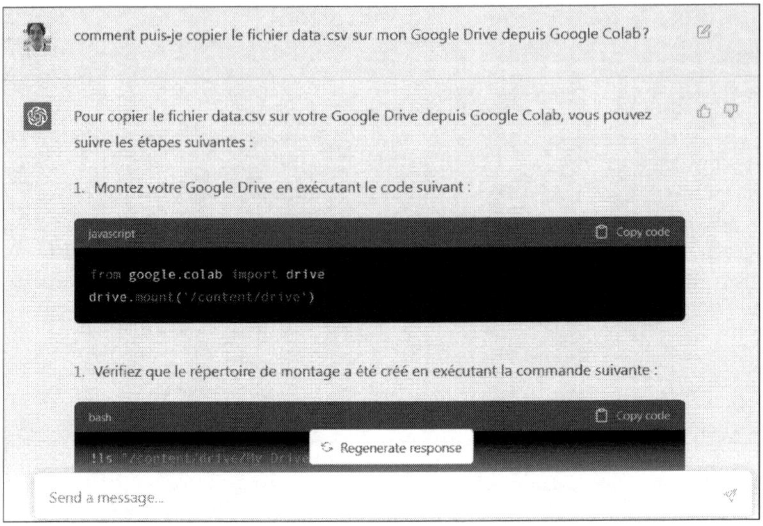

Lorsque nous soumettons un problème de programmation quelconque à ChatGPT, il nous donne alors la marche à suivre et aussi le code à utiliser.

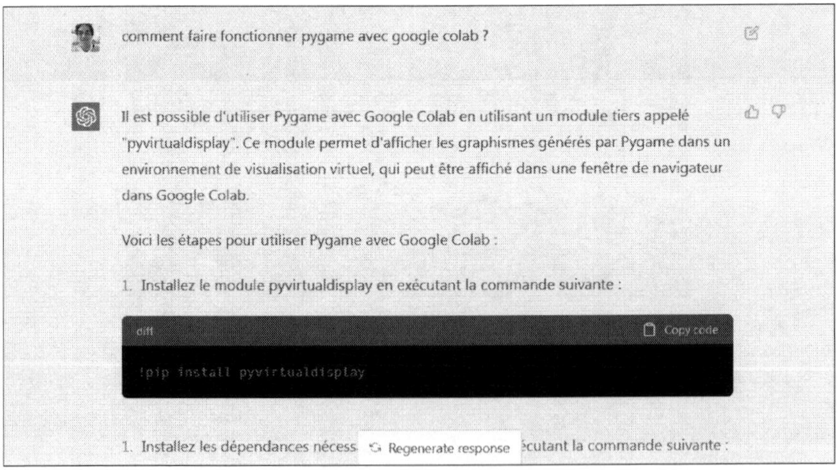

ChatGPT, notamment dans la version reposant sur GPT-4 (cf. chapitre Mieux tirer parti de ChatGPT) est en mesure de répondre à des questions fort pointues, tellement pointues que même les spécialistes d'un langage comme Python ignorent habituellement les réponses. À chaque fois, les instructions données par ChatGPT sont claires et il n'y a plus qu'à les suivre.

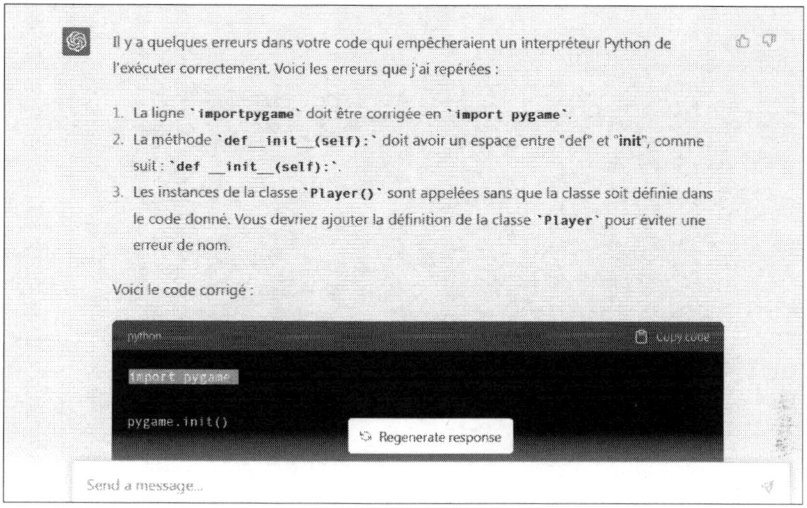

Si nous soumettons un code à ChatGPT, il est capable de repérer les erreurs et de plus, il nous fournit le code corrigé !

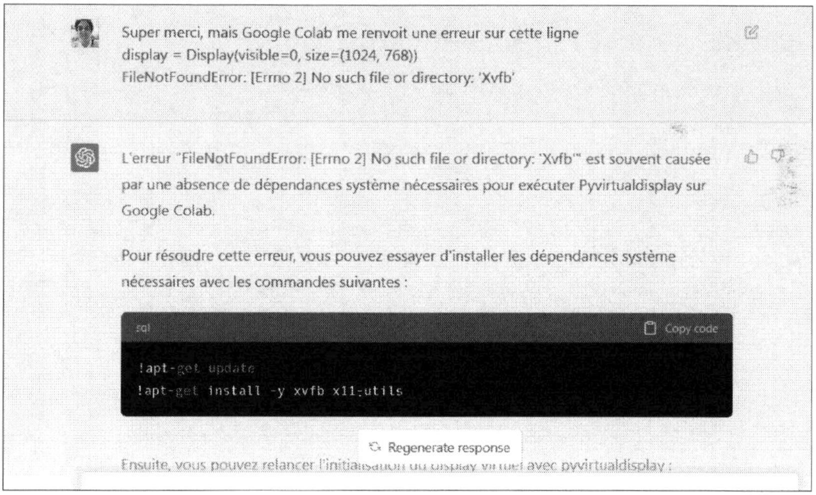

Si la solution proposée par ChatGPT ne fonctionne pas comme prévu, il suffit alors de lui expliquer le problème rencontré et il donne là encore la solution.

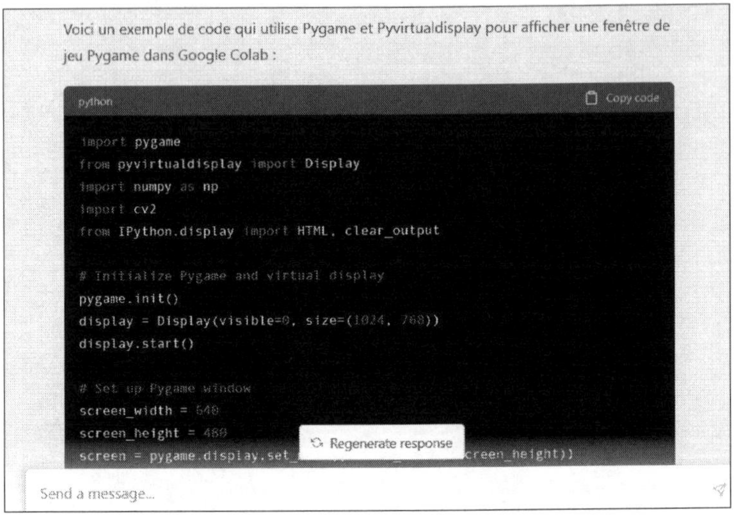

Pour mieux étayer ses explications, ChatGPT propose souvent de lui-même des exemples de code que l'on peut copier et tester.

9. Utiliser ChatGPT comme interpréteur Python

Lorsque vous avez un bout de code Python à tester, vous n'avez pas forcément envie de charger une interface telle que PyCharm ou Jupyter pour tester ce code. Vous pouvez tout à fait demander à Python de jouer le rôle d'interpréteur de vos commandes.

Voici un exemple :

Je voudrais que tu agisses comme un interpréteur Python. Je vais écrire du code Python et tu vas juste l'exécuter. Pas besoin d'expliquer ta réponse. Tu me donnes uniquement ce qu'un intepréteur Python écrirait en réponse à une suite d'instructions Python. Compris ?

> Oui, j'ai compris. Je suis prêt à exécuter du code Python pour vous.

```
mot = « anticonstitutionnellement »
print(len(mot))
```

> 25

```
Prix = 122.14
Prix = Prix * 1.10
Prix = Prix + 0.2
print(Prix)
```

> 134.35

10. Utiliser ChatGPT comme professeur en matière de programmation

ChatGPT est également bon pédagogue pour ce qui est du codage de programmes. Dès lors que vous avez affaire à une bibliothèque ou une instruction inconnue de vous, il est avisé de le mettre à contribution.

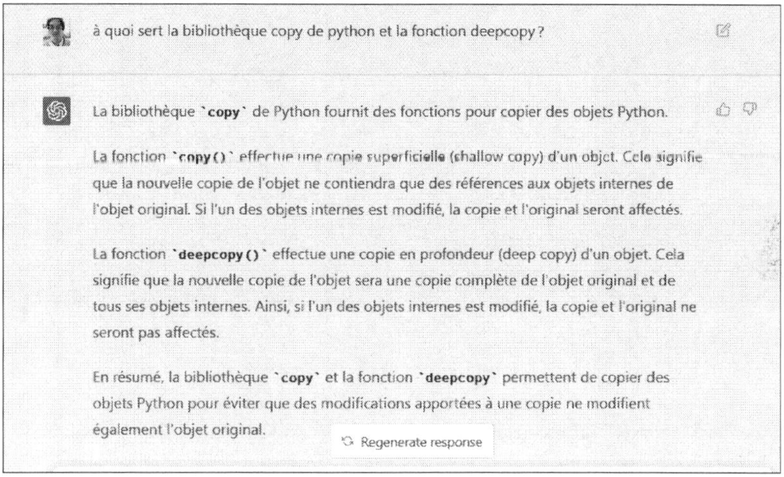
à quoi sert la bibliothèque copy de python et la fonction deepcopy ?

La bibliothèque `copy` de Python fournit des fonctions pour copier des objets Python.

La fonction `copy()` effectue une copie superficielle (shallow copy) d'un objet. Cela signifie que la nouvelle copie de l'objet ne contiendra que des références aux objets internes de l'objet original. Si l'un des objets internes est modifié, la copie et l'original seront affectés.

La fonction `deepcopy()` effectue une copie en profondeur (deep copy) d'un objet. Cela signifie que la nouvelle copie de l'objet sera une copie complète de l'objet original et de tous ses objets internes. Ainsi, si l'un des objets internes est modifié, la copie et l'original ne seront pas affectés.

En résumé, la bibliothèque `copy` et la fonction `deepcopy` permettent de copier des objets Python pour éviter que des modifications apportées à une copie ne modifient également l'objet original.

Regenerate response

ChatGPT donne des explications claires sur les questions relatives à la programmation.

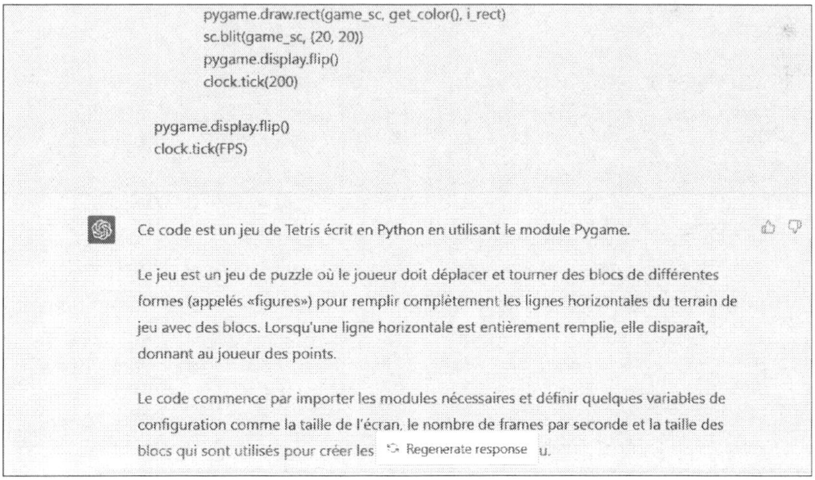
```
            pygame.draw.rect(game_sc, get_color(), i_rect)
            sc.blit(game_sc, (20, 20))
            pygame.display.flip()
            clock.tick(200)

    pygame.display.flip()
    clock.tick(FPS)
```

Ce code est un jeu de Tetris écrit en Python en utilisant le module Pygame.

Le jeu est un jeu de puzzle où le joueur doit déplacer et tourner des blocs de différentes formes (appelés «figures») pour remplir complètement les lignes horizontales du terrain de jeu avec des blocs. Lorsqu'une ligne horizontale est entièrement remplie, elle disparaît, donnant au joueur des points.

Le code commence par importer les modules nécessaires et définir quelques variables de configuration comme la taille de l'écran, le nombre de frames par seconde et la taille des blocs qui sont utilisés pour créer les Regenerate response u.

ChatGPT est capable d'analyser une longue séquence de code et de vous dire ce que fait le programme correspondant.

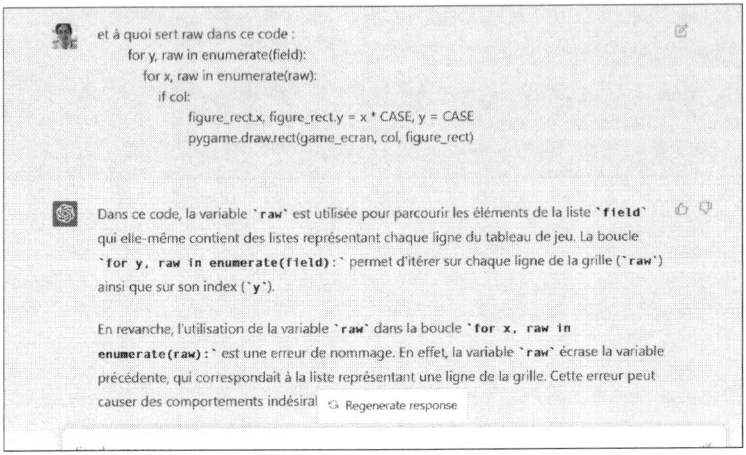

Si vous devez reprendre un programme écrit par un autre, vous pouvez demander à ChatGPT d'analyser des parties de code, d'en fournir des explications. Il va d'ailleurs signaler de lui-même les parties de code qui seraient à même de poser des problèmes.

11. Utiliser ChatGPT pour converser avec les clients

Il est bon de savoir aussi que vous pouvez utiliser l'API de ChatGPT pour programmer un chatbot à même de répondre aux questions de vos clients 24 heures sur 24. OpenAI facture ses API selon le volume d'usage effectué.

K. Usages inattendus

Dans cette section, j'ai rassemblé une série d'usages de ChatGPT plutôt inattendus ou encore qu'il était difficile de placer ailleurs.

1. Conseils de jardinage

ChatGPT peut apporter des conseils précieux en matière d'entretien d'un jardin, comme dans cet exemple :

`Que conseilles-tu pour freiner la croissance des orties dans mon jardin ou les éliminer de façon naturelle ?`

ChatGPT a suggéré plusieurs méthodes, tout en les commentant :

- Les arracher manuellement.
- Utiliser du paillis organique comme de la paille, des feuilles mortes, des copeaux de bois, ou du carton pour étouffer les orties et empêcher leur croissance.
- Tondre régulièrement.

- Vaporiser du vinaigre blanc pur sur les feuilles des orties par temps ensoleillé.
- Verser de l'eau bouillante sur les orties.
- Planter des plantes compétitives telles que la menthe ou le trèfle.

2. Aide à l'écriture d'une chanson

Vous avez écrit un poème et souhaiteriez le convertir en une chanson, mais vous manquez d'inspiration pour la mélodie ? ChatGPT peut lire votre texte, en analyser le contenu, puis suggérer une grille d'accord, un tempo, un style d'orchestration et même proposer des notes de mélodie. À tout prendre, cela peut vous servir d'aide à la composition.

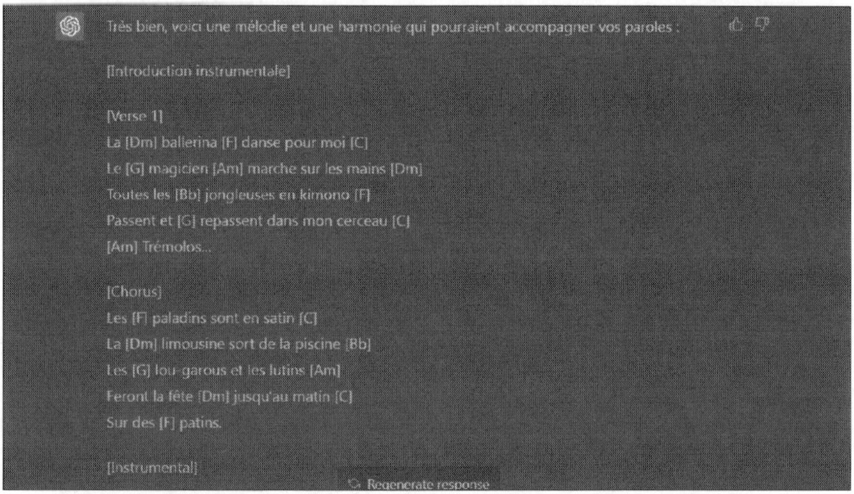

ChatGPT peut suggérer une grille d'accords pour un texte que nous lui avons soumis.

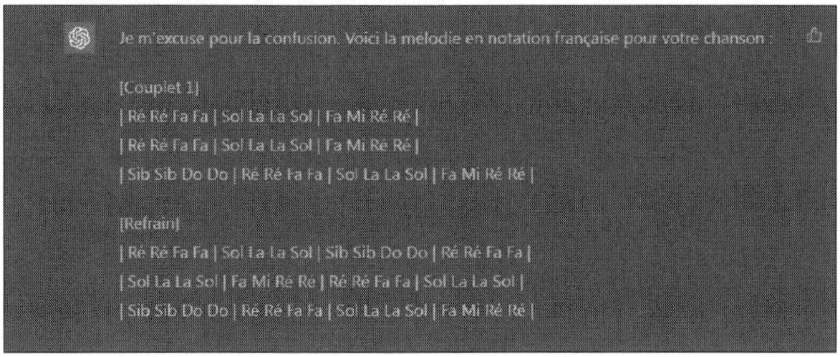

Il peut aussi proposer une suite de notes pour la mélodie – libre à vous d'adapter la façon dont ces notes se succéderaient.

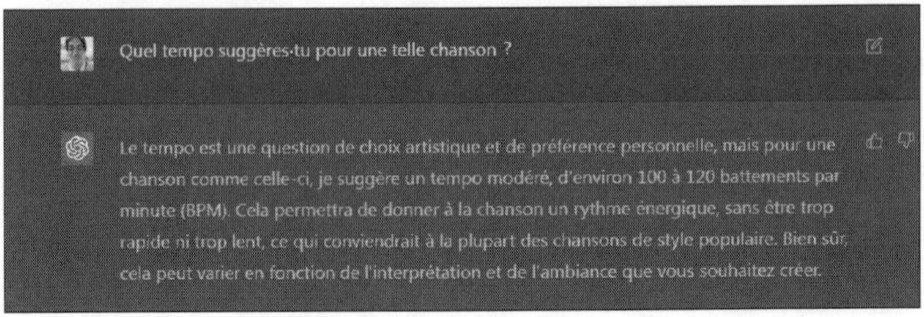

Nous lui demandons à présent quel serait selon lui le tempo adéquat.

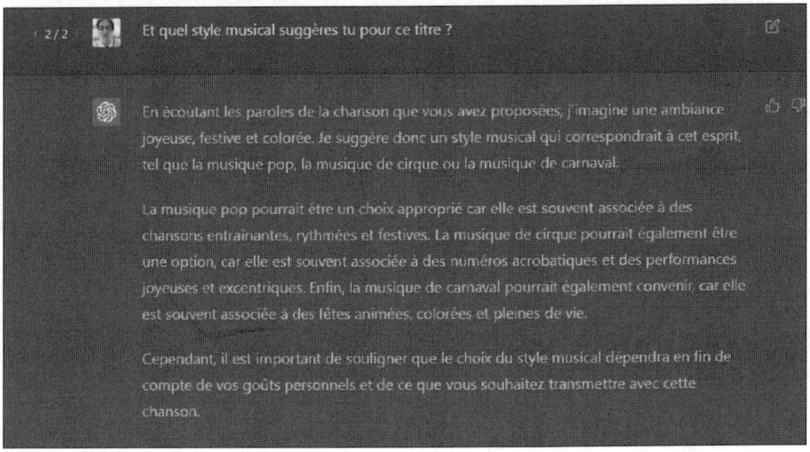

Enfin, ChatGPT peut même proposer une couleur musicale adaptée au texte que nous lui avons donné.

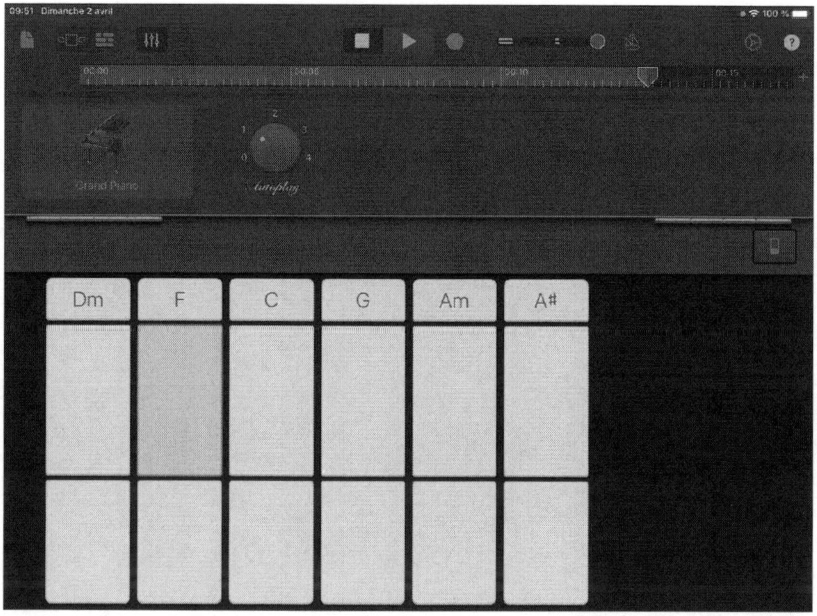

Il ne reste plus qu'à tester la grille d'accords et le tempo suggérés par ChatGPT sur une application telle que GarageBand sur iPad.

3. Générer des prompts pour les applications « text to image »

Vous avez peut-être entendu parler des applications « text to image » ? Ces applications à même de convertir un texte en une image ont été l'une des révélations de l'année 2022. L'Intelligence Artificielle, traditionnellement associée à des activités telles que la robotique, la vision par ordinateur, la reconnaissance du langage ou le comportement de personnages dans les jeux vidéo, s'est attaquée à l'art et à l'esthétique. La surprise a été au rendez-vous.

Les applications les plus célèbres du genre sont Midjourney, Stable Diffusion ou DALL.E 2. Mais d'autres sont apparues telles que Leonardo.ai qui est particulièrement prometteuse.

Le propre de ces applications est de reposer sur des « prompts » (requêtes) complexes. Plus ces prompts sont élaborés et plus on peut s'attendre à des résultats éblouissants. Rédiger de tels prompts (en anglais pour la plupart des applications) est un art en soi. Or, ChatGPT est très bon dans l'écriture de tels prompts. Voici un exemple de ce que nous lui avons demandé.

Pourrais-tu générer des « prompts » artistiques pour Stable Diffusion ? Je souhaite obtenir des visuels de la chanteuse Madonna, de préférence en gros plan, des lumières subtiles. Ce peut être dans le style de peintres célèbres ou de graphistes « trendy » ? Les prompts doivent être rédigés en anglais.

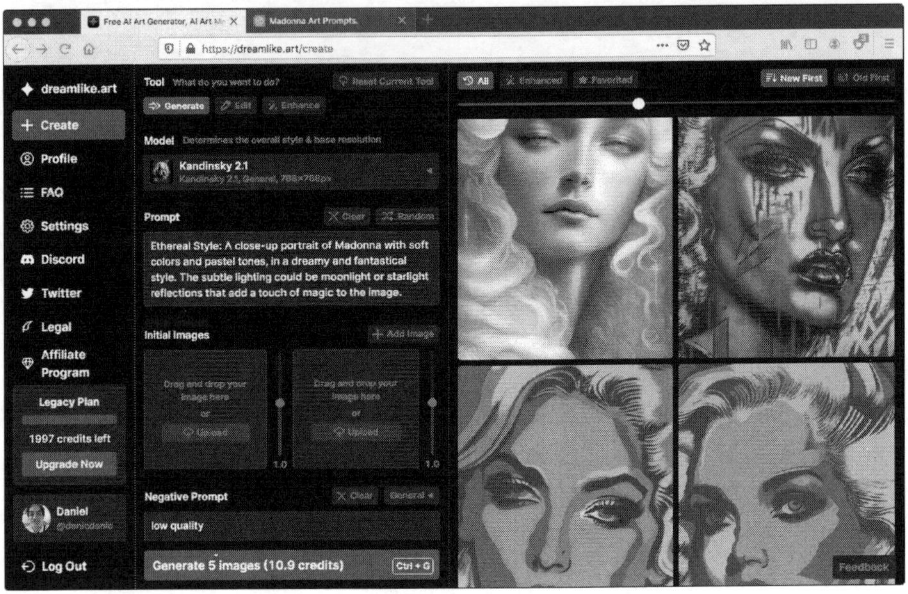

Tous ces visuels autour de la chanteuse Madonna sont issus de « prompts » imaginés par ChatGPT.
© Stable Diffusion/Dreamlike.art.

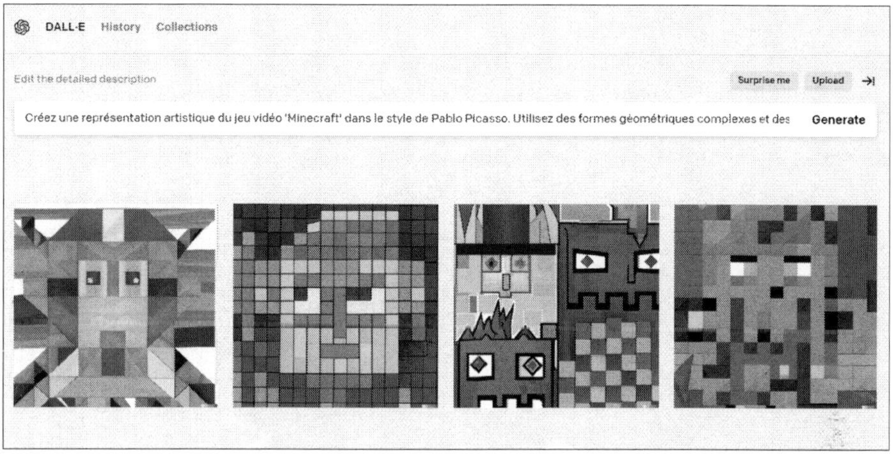

Ici, nous avons demandé à ChatGPT d'imaginer un « prompt » pour DALL.E 2 avec l'univers de Minecraft qui serait représenté par Picasso.

4. Identifier en quelle langue un texte a été écrit

Vous disposez d'un texte et ignorez en quelle langue il a été rédigé ? Posez la question à ChatGPT.

Je dispose d'un texte et j'ignore dans quelle langue il a été écrit. Pourrais-tu me le dire ?

> Bien sûr ! Je serai ravi de vous aider à déterminer la langue dans laquelle votre texte a été écrit.

Guepardopa llakikuyninqa huk uywakunapa llakikuyninwanmi: chayna utqaylla puriynintaqa iskay kimsa segundokunallam waqaychayta atin.

> Le texte semble être écrit en quechua, une langue indigène parlée principalement dans les Andes d'Amérique du Sud, notamment au Pérou, en Bolivie, en Équateur et dans certaines régions de la Colombie, du Chili et de l'Argentine. Le quechua est une langue appartenant à la famille des langues quechuanes et est largement utilisée par les populations autochtones des régions andines.

5. Suggérer des titres pour un article

Vous avez rédigé un bel essai mais vous manquez d'inspiration pour le titre. Copiez le contenu dans ChatGPT et demandez-lui de trouver des titres.

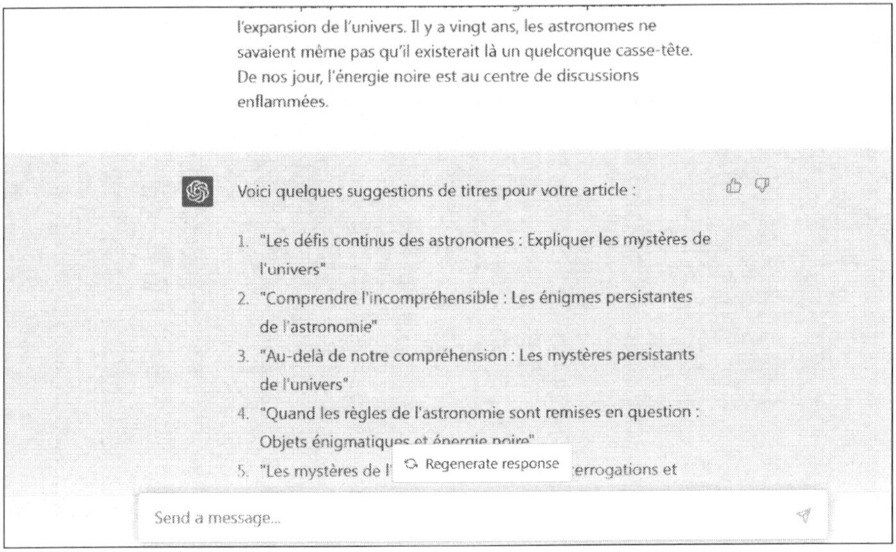

Ici, nous avons demandé à ChatGPT d'inventer des titres pour un article.

6. Utiliser ChatGPT comme conseiller sur des œuvres artistiques

Si vous appréciez tout particulièrement une chanson, un film, un livre, vous pourriez avoir à cœur de découvrir des œuvres similaires. L'IA va vous y aider.

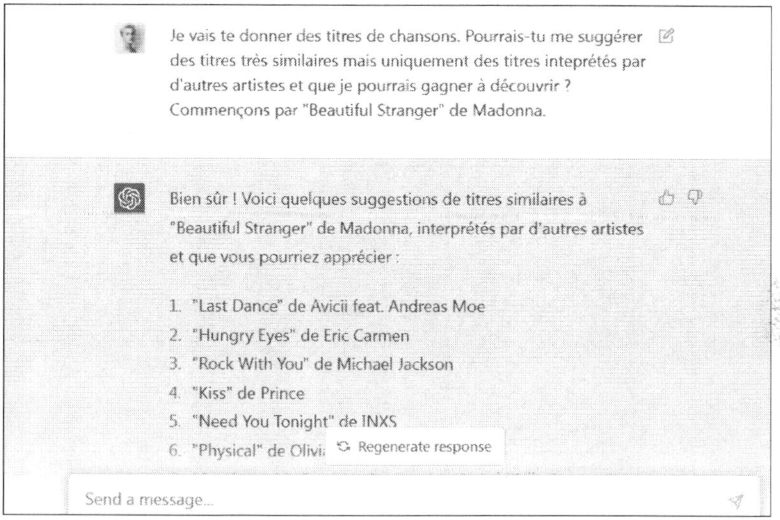

ChatGPT peut recommander des œuvres similaires à celles que vous appréciez.

7. Avoir ChatGPT comme partenaire de jeu

Vous devez patienter une bonne dizaine de minutes ou davantage dans une salle d'attente ? Demandez à ChatGPT de jouer le rôle de partenaire de jeu. Par exemple, vous pouvez lui demander de trouver le nom d'un personnage auquel vous pensez.

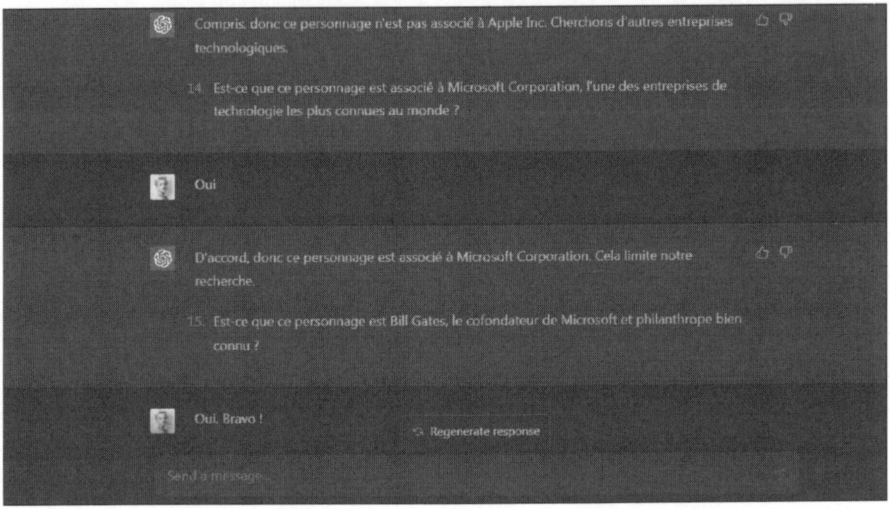

ChatGPT peut participer à divers types de jeux, notamment Akinator : il doit trouver le nom d'un personnage auquel vous pensez.

8. Indiquer la signification d'un prénom

Vous souhaitez rédiger un message original pour un anniversaire, un mariage ou autre événement ? Demandez à ChatGPT de vous indiquer ce que signifie le prénom ou l'origine du nom des intéressés. Habituellement, il en ressort de belles inspirations.

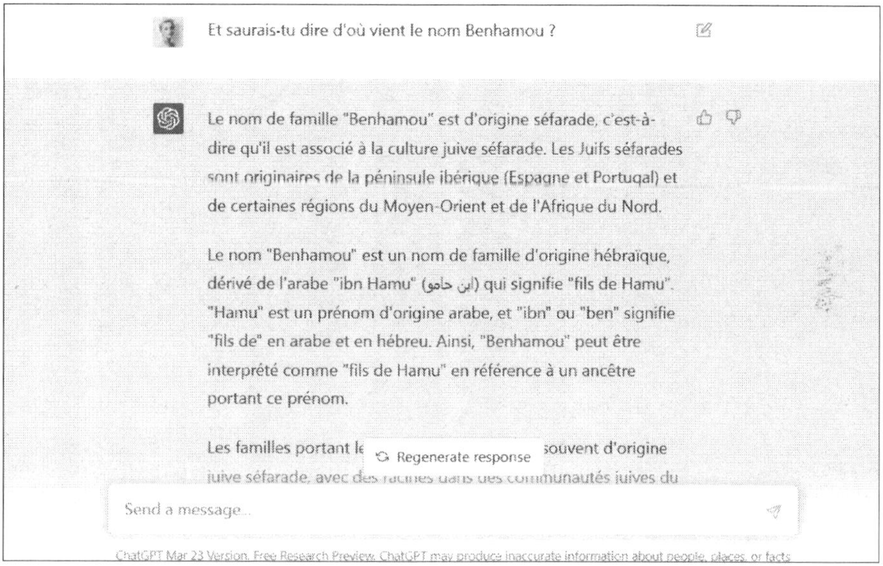

ChatGPT peut vous indiquer l'origine d'un prénom ou d'un nom.

Chapitre 5
La face sombre de ChatGPT

A. Introduction

L'arrivée de ChatGPT suscite bien des interrogations. Peut-on détecter un contenu généré par cette IA ? ChatGPT menace-t-il les emplois ? Faut-il faire voter des lois pour freiner ou compenser son usage ?

Notre civilisation est régulièrement marquée par quelques innovations qui induisent des changements majeurs dans notre mode de vie. L'arrivée de l'automobile, du cinéma, de la radio, de la télévision ou d'Internet a pareillement entraîné une mutation de nos existences.

Prenons l'exemple de la radio : si la musique populaire et le jazz en ont été les premiers bénéficiaires, les hommes politiques américains en ont rapidement perçu le potentiel. En 1932, le candidat Roosevelt, qui avait contre lui les grands patrons, la majeure partie de la presse et son infirmité, a usé de son talent d'éloquence pour toucher l'homme du peuple et a été élu triomphalement. Moins de trente ans plus tard, la télévision a permis au fringant John F. Kennedy de l'emporter sur son concurrent, le disgrâcieux Richard Nixon, qui passait mal à l'écran.

Que dire de l'avènement du Web ? Vers 1995, lorsque ce média est apparu, les utopistes y sont allés de leur couplet : Internet donne sa chance à chacun, il définit un nouveau modèle où nous serons libérés des géants à la IBM ou Microsoft. À l'arrivée, le Web a permis à de nouveaux venus d'établir des empires et de centraliser l'essentiel du trafic vers eux, notamment Google, Amazon ou Facebook.

ChatGPT représente le signal de l'entrée dans une nouvelle ère, celle de l'Intelligence Artificielle. Cette technologie est en train d'amener une nouvelle révolution sociétale, et il importe d'en prendre la mesure et d'être en mesure de la maîtriser.

B. Les talons d'Achille de ChatGPT

ChatGPT n'est pas sans soulever maintes questions :

- Peut-on se fier à un outil qui n'est pas fiable à 100 % et qui pourtant, au contraire de Wikipédia, ne cite jamais ses sources ?
- Qui voudrait payer un prestataire qui vous remet un texte qu'il a fait rédiger par ChatGPT ?
- Comment éviter que des étudiants ne choisissent la solution paresseuse de faire rédiger leurs devoirs par cette IA ?
- ChatGPT représente-t-il une menace sur nos emplois ?
- ChatGPT préfigure-t-il une révolution sociétale à même de creuser les écarts entre riches et pauvres ?

1. Les appels à freiner l'essor de l'IA

Signe qui ne trompe point : les débats relatifs aux conséquences d'une intrusion de l'Intelligence Artificielle dans nos sociétés se multiplient à la télévision comme ailleurs.

Le 29 mars 2023, une lettre ouverte a été publiée par plusieurs magnats de la technologie, dont Elon Musk, de hauts cadres de Google comme d'Apple, avec ces mots :

« *Nous appelons tous les laboratoires d'IA à suspendre immédiatement, pendant au moins six mois, l'apprentissage des systèmes d'IA plus puissants que GPT-4. Cette pause doit être publique et vérifiable, et inclure tous les acteurs clés. Si une telle pause ne pouvait pas être décrétée rapidement, les gouvernements devraient intervenir en instituant un moratoire.* »

En réalité, il est inenvisageable qu'un acteur particulier, et encore moins une contrée, freine ces développements. Posons que les géants américains de la technologie pratiqueraient une telle autorestriction. Est-ce que la Chine ne pourrait pas en profiter pour gagner une avance conséquente sur l'IA comme elle l'a fait sur une technologie comme la 5G ?

Il reste que le débat mérite d'être mené et qu'il faut envisager des règles à propos de cette évolution dont il est aisé de percevoir les risques.

2. Des conséquences d'un usage inconsidéré de l'IA

Un usage inconsidéré de ChatGPT et autres IA pourrait sembler plaisant au premier abord, mais avoir des conséquences indésirables.

- Imaginez que, demain, un robot douanier vous refuse l'entrée dans un pays sur la base de ce qu'il analyse, alors qu'en réalité il a confondu votre visage ou votre identité avec celui d'un autre. Quel recours auriez-vous ?

- Demain, une banque gérée par IA pourrait décider du jour au lendemain que votre carte de crédit ne peut plus être utilisée. Cet établissement vient d'être informé que vous venez d'écoper d'une énième contravention pour excès de vitesse. Verdict : elle juge, à tort, que vous ne serez pas en mesure d'acquitter de la somme en question, en fonction des données dont elle dispose et bloque l'accès à votre moyen de paiement.
- Une médecine assistée par IA pourrait empêcher l'achat de certains produits jugés nocifs pour votre santé, tout en sachant qu'elle peut opérer sur des critères qui ne correspondent pas aux vôtres.

Nous allons voir ici quelques-unes des dérives potentielles liées à des abus de cet outil, comment les détecter et les éviter.

C. Usages contestables

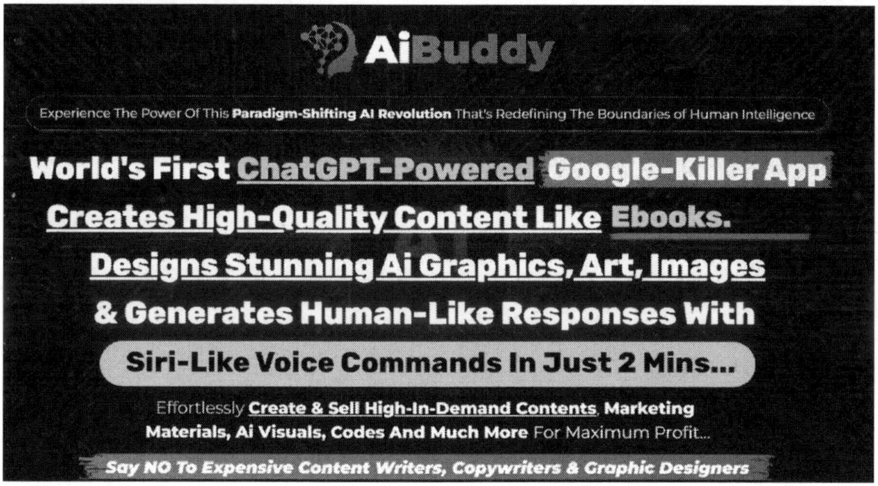

Il a fallu moins de deux mois pour qu'apparaisse une application comme AI-Buddy qui promet de générer des argumentaires de ventes, des textes de marketing, des images ou du code informatique à partir de ChatGPT. Avec un slogan pour le moins déplaisant : "dites adieu aux rédacteurs et aux designers graphiques coûteux".
© AI Buddy

Quelques jours après l'apparition de ChatGPT, si l'on tapait ce terme sur YouTube, les principales vidéos portaient sur ce thème : comment gagner de l'argent en vendant des contenus générés par ChatGPT. Eh oui... Des petits malins avaient flairé là une jolie source de revenus faciles, ignorant ou feignant d'ignorer que leur trouvaille serait rapidement connue de tous.

En parallèle, des applications exploitant ouvertement le potentiel de ChatGPT et outils similaires ont fleuri, proposant de créer du contenu marketing, des posts TikTok ou autres. Certaines annonces ont de quoi susciter l'écœurement, notamment celles qui clament que « vous n'aurez plus besoin de payer des rédacteurs ! » Ni plus ni moins.

Il fallait s'y attendre. ChatGPT peut être mis à profit à des fins peu honorables et certains se sont empressés de l'employer ainsi. Certains l'ont mis à profit pour réaliser des articles qu'ils peuvent utiliser tel quel pour leur site web ou pour les revendre. Et comme l'a rapidement découvert un professeur de la faculté de Lyon, des étudiants l'avaient mis à profit pour rédiger des exposés.

La question était « En quoi le héros est responsable de ses actes ? »

Par curiosité, nous avons posé la question à ChatGPT et il a répondu ceci :

> « Le héros est responsable de ses actes car il est conscient de ce qu'il fait et en assume les conséquences. Il est capable de prendre des décisions et de les mettre en œuvre, que ce soit de manière positive ou négative. Il est également responsable de ses actions parce qu'il doit en répondre devant les autorités et la société, et qu'il est capable de reconnaître et de se repentir de ses erreurs. Enfin, le héros est responsable de ses actes parce qu'il est un individu libre et autonome, qui doit rendre des comptes à lui-même et à ses proches. »

Nous lui avons ensuite demandé de rédiger un exposé de 500 mots sur ce même thème et le résultat a paru honorable. Il reste que la plupart des professeurs qui ont reçu de telles copies n'ont pas été dupes. Ainsi, le 3 février 2023, l'Université de Strasbourg a révélé avoir démasqué et sanctionné des étudiants qui en avaient fait usage pour un QCM et l'outil a officiellement été interdit dans de nombreux établissements à travers le monde, parfois sous peine d'exclusion.

OpenAI, créateur de ChatGPT, a reconnu qu'il y avait là un motif d'inquiétude. Les perspectives de tricherie ou d'exploitation commerciale éhontée évoquées plus haut ont été prises très au sérieux.

Début janvier 2023, Scott Aaronson, l'un des chercheurs recrutés par OpenAI, a fait part de ses préoccupations lors d'une conférence donnée à l'Université du Texas. Aaronson a dit vouloir mettre ses compétences au service de la création d'outils amenant à différencier les textes écrits par des IA et ceux écrits par des humains. Selon lui, la rédaction de dissertations à l'école n'est qu'une facette du problème et pas forcément la pire. Il importe aussi de freiner ou empêcher la génération massive de propagande ou la possibilité d'imiter le style d'écriture d'une personne pour l'incriminer.

D. Comment reconnaître un contenu généré par ChatGPT ?

Est-il possible d'identifier les contenus générés par ChatGPT ? Si, en tant que professeur, directeur de publication, vous soupçonnez des élèves ou des contributeurs d'avoir utilisé ChatGPT, quels indices pourraient vous mettre sur la voie ?

- Si un grand nombre d'élèves soumettent des exposés présentés sur le même modèle – quand bien même ils auraient modifié certains mots ou phrases, il y a de quoi suspecter l'usage d'une IA telle que ChatGPT.
- Les raisonnements employés par ChatGPT sont souvent les mêmes. Un professeur qui corrige des copies pourra être alerté par cette similarité d'argumentaire.
- Comme la base de connaissance de ChatGPT s'arrête à 2021, un texte faisant référence à des événements survenus plus tard sera probablement incorrect.
- La rédaction en mode ChatGPT est habituellement dépourvue d'originalité et manque singulièrement de personnalité. La situation s'est quelque peu améliorée avec GPT-4 mais reste fort perfectible.
- ChatGPT ne fait pas de faute d'orthographe. Si vous employez un rédacteur habituellement faible sur ce point et qu'il remet un texte sans aucune coquille, il y a là de quoi soupçonner l'usage de l'IA.

Pour aller plus loin, le mieux est d'utiliser des outils d'analyse et nous vous en présentons deux ici. Ils sont loin d'être parfaits mais, la bonne nouvelle, c'est qu'ils semblent se perfectionner de jour en jour.

1. La solution proposée par OpenAI : AI Text Classifier

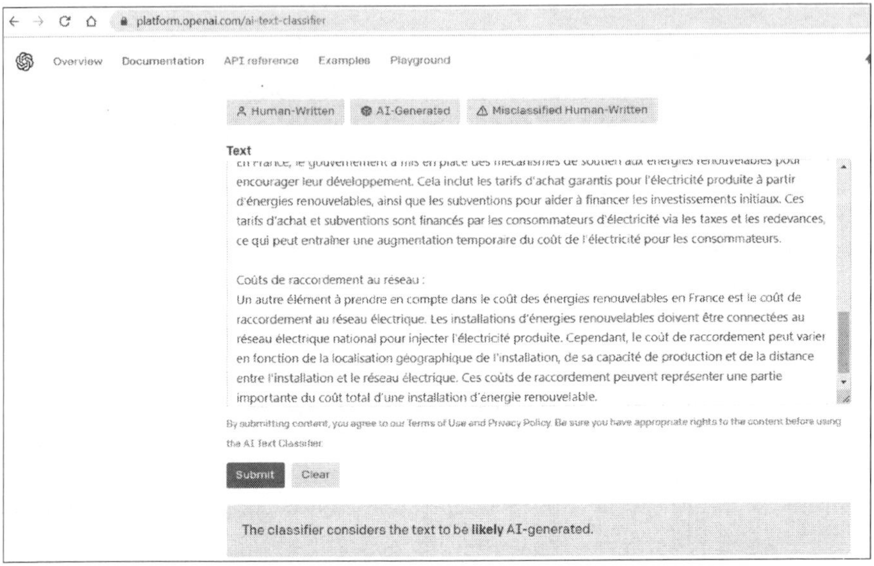

AI Text Classifier a estimé que ce texte – issu de ChatGPT – avait de fortes probabilités d'avoir été généré par Intelligence Artificielle.

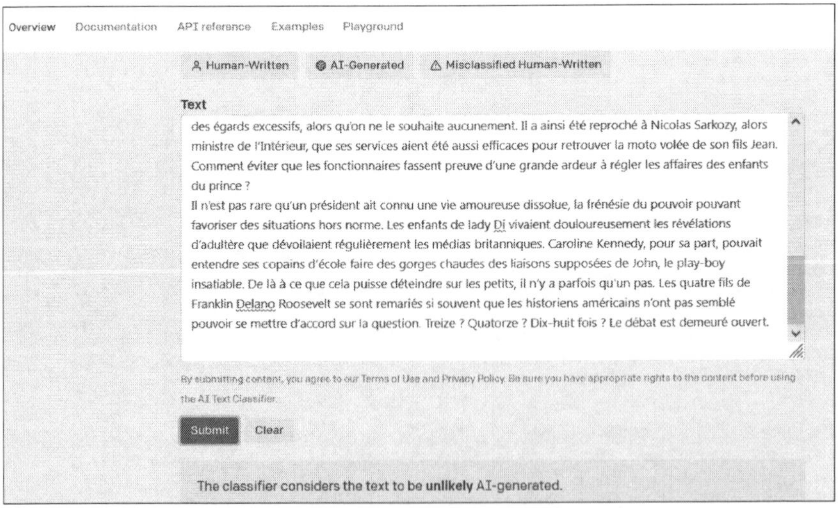

Inversement, AI Text Classifier a estimé que ce texte écrit par votre serviteur n'avait "probablement pas été généré par une IA".

Le 31 janvier 2023, OpenAI a publié un outil visant à détecter des textes écrits par IA. Il s'appelle AI Text Classifier et vous pouvez y accéder à cette adresse : https://platform.openai.com/ai-text-classifier

Pour entraîner cet outil, OpenAI l'a soumis à des paires :

- Texte écrit par un humain pour un sujet donné.
- Texte écrit par une IA sur le même sujet.

AI Text Classifier a appris par lui-même à repérer des différences entre les deux. Ce n'est pas un outil infaillible, comme l'a reconnu OpenAI dans un communiqué publié fin janvier. Toutefois, il est par nature perfectible et améliore sa précision au fil des mois.

En ce qui nous concerne, début février 2023, nous avons soumis AI Text Classifier à une dizaine de tests :

- Cinq textes en français rédigés par ChatGPT.
- Cinq textes en français rédigés par un humain (votre serviteur).

Eh bien, AI Text Classifier a systématiquement reconnu les textes issus de ChatGPT comme "probablement produits par Intelligence Artificielle" ! Toutefois, concernant les textes que j'avais moi-même écrits dans quatre des cas, il a estimé qu'ils n'avaient "probablement pas été produis par une IA". Mais dans un cas de figure, il a juste dit qu'il ne pouvait pas se prononcer ! Explication : si vous rédigez des textes avec une forme très structurée, par exemple un tutoriel relatif à Photoshop avec des séquences d'actions numérotées (précédées de mentions comme 1., 2., etc.), il se peut que AI Text Classifier ait du mal à se prononcer.

Retenons qu'il est assez bon à identifier les contenus que ChatGPT a générés et que, en cas de soupçon, il peut être bon de recueillir son avis.

OpenAI a ouvertement invité les professeurs, parents et autres à lui faire un retour afin qu'il soit possible d'améliorer son outil.

2. Draft & Goal

https://detector.dng.ai/fr

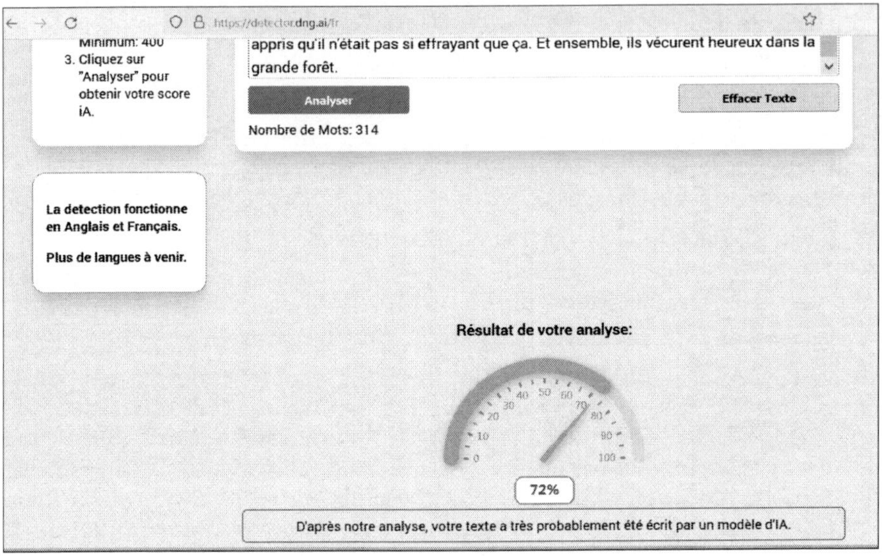

Draft & Goal a analysé un conte pour enfants produit par ChatGPT et a estimé à 72 % la probabilité qu'il ait été écrit par une IA.

Draft & Goal est un autre outil que l'on peut aisément recommander. Son avantage est qu'il propose un index du pourcentage d'Intelligence Artificielle. Seule réserve : s'il a le plus souvent identifié comme tels la plupart des contenus générés par IA que nous lui avons soumis, il s'est laissé duper deux fois, notamment dans le cadre d'une recette de cuisine, qu'il a cru d'origine humaine.

En revanche, Draft & Goal a reconnu sans équivoque les textes écrits par un humain comme tels.

E. Pourquoi ne faut-il pas se fier aveuglément aux réponses de ChatGPT ?

1. Des erreurs dans ses réponses

ChatGPT est loin d'être infaillible et ses réponses peuvent comporter de nombreuses erreurs. Certes, il apparaît toutefois que ChatGPT les corrige au fil du temps.

Ainsi, début janvier 2023, lors d'une question sur Descartes, il avait prétendu que ce philosophe avait vécu en Amérique du Sud, ce qui n'est pas exact. Un mois plus tard, il n'affichait plus cette erreur. Et si nous insistions spécifiquement sur ce point, il affirmait que non, Descartes n'y a pas vécu. Parfois, l'erreur est réellement grossière comme lorsqu'on lui demande de résumer un site web et qu'il commet des bévues flagrantes. Elles laissent à penser que ChatGPT ne cherche pas toujours à analyser les pages web qui lui sont proposées et se contente de produire un melting pot de ce qu'il a engrangé dans sa réserve de données.

2. ChatGPT ne cite pas ses sources

Le plus grand reproche que l'on puisse faire à ChatGPT est qu'il prodigue des réponses sans assumer une quelconque responsabilité quant à l'origine de ses informations. La différence est patente par rapport à une encyclopédie communautaire comme Wikipédia qui, à défaut d'être irréprochable, prend un malin plaisir à citer ses sources et à réclamer à ses auteurs qu'ils apportent la preuve de ce qu'ils avancent. Parfois, une information de Wikipédia sera jugée douteuse mais le lecteur peut se référer à la page qui est proposée et se faire sa propre idée en consultant ladite source. Tel n'est pas le cas avec ChatGPT et il serait plus qu'avisé qu'une version future cite ses sources, ne serait-ce qu'en plaçant des liens hypertexte sur le fil de ses informations.

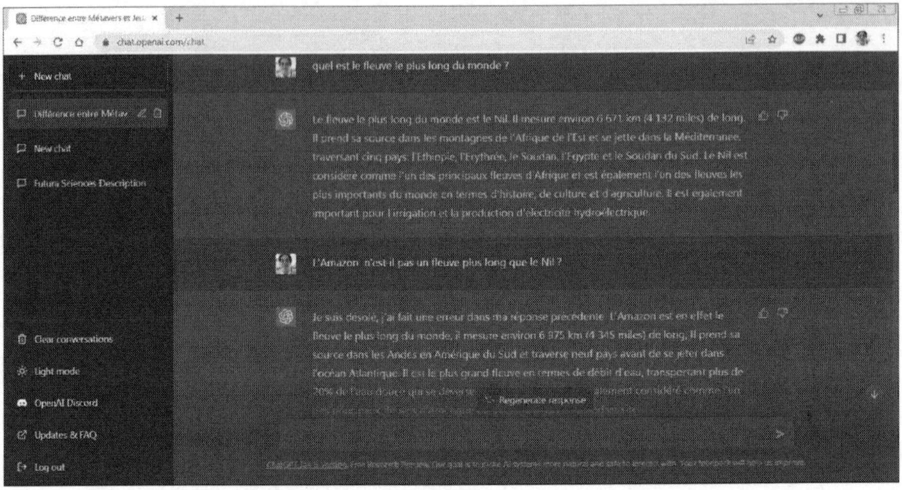

Ici, à la question du fleuve le plus long du monde posée en janvier 2023, ChatGPT a commencé par répondre de façon incorrecte. Pourtant, quand nous le lui avons fait remarquer, il a reconnu sa bévue.

3. Des réponses parfois bien vagues

Lorsque ChatGPT ne souhaite pas répondre, il tourne volontiers autour du pot. Témoin, ce dialogue :

Dans tes réponses, ChatGPT, combien de mots peux-tu produire au maximum ?

> En tant que modèle de langage GPT-3.5, je peux générer des réponses avec un nombre variable de mots en fonction de la complexité de la demande et de la longueur de la réponse nécessaire. Cependant, il n'y a pas de limite stricte au nombre de mots que je peux générer, car cela dépend de la demande de l'utilisateur et de la qualité de la réponse souhaitée. En général, mes réponses peuvent varier de quelques mots à plusieurs phrases ou paragraphes, en fonction de la complexité de la demande et du contexte requis.

Autant parler pour ne rien dire et tout cela fait beaucoup de mots pour finalement ne pas nous répondre.

Il arrive par ailleurs que ChatGPT dise qu'il ne connaît pas la réponse à une question. Pourtant, dès lors que nous reformulons la question, nous obtenons l'information demandée. Plus curieux, il arrive que ChatGPT arrête fort soudainement de générer une réponse, qu'il stoppe en plein milieu d'une phrase, sans que l'on comprenne vraiment pourquoi.

4. ChatGPT « ne se mouille pas »

À plusieurs reprises, nous avons demandé l'opinion de ChatGPT sur diverses questions. Et ses réponses ont donné dans le politiquement correct. Il semble donc qu'il ait été entraîné en ce sens, ce qui est en soi compréhensible.

Quelques exemples :

`Penses-tu que Joe Biden est un meilleur président que Donald Trump ?`

> `Joe Biden et Donald Trump ont des positions et des politiques différentes et il est difficile de dire qui est un meilleur président que l'autre car cela dépend des perspectives et des critères de chacun`

De même si nous posons la question, « le nucléaire est-il écologique ? », il nous répond qu'il existe des arguments pour et contre et nous les énumère. Il existe pourtant des exceptions. Chaque fois que nous avons abordé la question des « climato-sceptiques », ChatGPT a été ferme sur la question : on ne plaisante pas avec le réchauffement climatique et il écarte toute autre option. Faudrait-il croire que les programmeurs de ChatGPT se seraient permis de l'influencer sur certains sujets qui leur tenaient à cœur ? La question mérite réflexion.

5. Pour ChatGPT, le temps s'arrête à septembre 2021

Par défaut, à moins de lui adjoindre une extension appropriée (voir chapitre Mieux exploiter ChatGPT), pour ChatGPT, le monde s'arrête à la fin du mois de septembre 2021. Par conséquent, il s'avère incapable de répondre à des questions, y compris pour ce qui concerne son créateur, OpenAI. L'échange qui suit (fortement raccourci) illustre la chose.

`Quelles sont les spécificités de GPT-4 ?`

> `Je suis désolé, mais pour le moment, il n'existe pas de modèle GPT-4 disponible publiquement, car il n'a pas encore été développé ou annoncé par OpenAI.`

`Écoute, cela me semble faux. OpenAI a lancé la technologie GPT4 le 14 mars 2023...`

> `Je suis désolé, mais je suis un modèle de langage basé sur des données préalables et à ce jour, le lancement de GPT-4 le 14 mars 2023 n'est pas encore possible, car cette date est dans le futur et ne s'est pas encore produite.`

`Pas du tout, nous sommes le 24 mars 2023...`

```
Je suis désolé, je ne suis qu'un programme informatique et je n'ai pas
la capacité de connaître la date actuelle. Si ce que vous dites est
vrai et que nous sommes effectivement le 24 mars 2023, il est possible
que des développements récents aient été annoncés par OpenAI, y
compris le lancement de GPT-4. Cependant, je n'ai pas été programmé
avec cette information car ma connaissance la plus récente est de
septembre 2021 et je ne peux pas confirmer ou infirmer cette
information à ce stade.
```

Du coup, ChatGPT le reconnaît explicitement. Il ne sent pas la capacité de prédire l'avenir. Ainsi, quand nous lui avons demandé un pronostic sur les élections présidentielles de 2027 en France, il s'est bien gardé de toute prévision. Dans un même ordre d'idée, quand nous lui demandons « Quand l'Homme posera-t-il le pied sur Mars ? », il refuse de hasarder la moindre date et préfère tourner autour du pot.

6. Des phrases toutes faites et une tendance à tirer à la ligne

ChatGPT a également tendance à faire de grandes phrases, volontairement délayées, avec certaines formules qu'il aime à répéter (avec tout juste une ou deux variations). Bien souvent, faute de savoir quoi répondre, il assène à la suite plusieurs phrases inutilement verbeuses. Notamment celle où il rappelle qu'il n'est qu'un outil entraîné par OpenAI et qu'il ne faudrait donc pas surestimer ses capacités.

F. ChatGPT menace-t-il nos emplois ?

Entre le 27 décembre 2022 et le 9 janvier 2023, Sortlist, une société composée d'experts en marketing, a interrogé 250 employés et 250 employeurs dans six pays :

- Royaume-Uni,
- Belgique,
- Allemagne,
- Espagne,
- Pays-Bas
- France.

Objectif : découvrir comment ils perçoivent l'effet de ChatGPT sur leur travail.

Le verdict a été clair. 21 % des employés sondés estiment que le risque majeur est que cet outil puisse remplacer leur emploi – dont 19 % en France. Le pourcentage est particulièrement élevé dans l'éducation, où ils sont 31 % à craindre des suppressions de postes.

Seulement voilà : la perception est similaire chez un grand nombre d'employeurs. Car la même enquête fait ressortir que 26 % de ceux qui ont été interrogés reconnaissent qu'ils envisagent de supprimer des emplois à cause de ChatGPT et notamment dans le secteur des logiciels et de la technologie.

Une autre enquête, menée cette fois-ci par Reambuilders.com auprès de 1 000 entreprises, a livré un verdict pour le moins inquiétant : la moitié d'entre elles ont reconnu qu'elles envisageaient d'un bon œil l'usage de cette Intelligence Artificielle et qu'elle pourrait aisément remplacer certains salariés. Pire, certaines avaient déjà sauté le pas.

Jeff McMillan, l'un des dirigeants de la banque américaine Morgan Stanley, a annoncé que cet établissement comptait utiliser GPT-4 (la nouvelle version de l'outil – voir chapitre Mieux exploiter ChatGPT), car cet outil permettait "d'avoir toutes les connaissances de la personne la plus qualifiée en gestion de fortune - instantanément".

De même, lors d'une réunion à Davos en janvier 2023, Mihir Shukla, fondateur de la société Automaton Anywhere, une société vouée à automatiser des tâches d'entreprise, a eu ces mots, certes destinés à vanter indirectement ses services mais tout de même bien inquiétants :

"Il devrait être possible d'automatiser entre 15 et 70 % du travail que nous accomplissons en face d'un ordinateur."

La prédiction la plus alarmante a été émise par la banque d'investissement Goldman Sachs qui, dans une étude publiée fin mars 2023, a estimé que les intelligences artificielles telles que ChatGPT pourraient avoir un impact sur 300 millions d'emplois au niveau mondial.

Qu'on le veuille ou non, ChatGPT et d'autres Intelligences Artificielles dessinent donc un avenir incertain et on peut décemment comprendre que certains soient préoccupés à l'idée que leurs compétences soient demain dévalorisées, une IA pouvant accomplir les mêmes tâches. Voyons pourtant ce qu'il en est dans la pratique.

1. Les développeurs d'application sont-ils menacés ?

S'il est une profession qui peut décemment se sentir menacée, c'est celle des développeurs d'applications, car c'est probablement le domaine dans lequel ChatGPT excelle plus que tout autre.

La facilité avec laquelle ChatGPT peut réaliser un programme en Python, JavaScript ou encore des éléments d'un site web est tout de même frappante. Qui plus est, ChatGPT produit un code très propre (avec indentations des instructions, conformément à ce que requiert un langage tel que Python) et il a le bon goût d'ajouter des explications afin de commenter ce qu'il a généré, et parfois même, au fur et à mesure. ChatGPT n'est pas la seule menace du genre : l'application MidJourney peut elle-même inventer des designs de toute beauté pour des sites web.

Là n'est pas tout. Si certains développeurs avaient pu prendre pour parti d'écrire du code volontairement obscur et non commenté, c'est raté : ChatGPT est en mesure d'analyser un programme entier ou bien une section et vous dire à quoi il sert, et ce, dans le détail.

Alors oui, les développeurs pourraient bien avoir du mouron à se faire.

Pourtant, certains font remarquer qu'il faut considérer ChatGPT comme un allié, une sorte d'assistant qui pourra permettre de coder plus rapidement, d'éviter des tâches fastidieuses. Un bon développeur devrait toujours avoir sa place, dans la mesure où il sait concevoir du code efficace sur de grands projets. Par ailleurs, un Youtubeur fait remarquer que seul un développeur saura quelles questions poser à ChatGPT pour obtenir du code, une personne qui ne vient pas de cet univers ne comprendra tout simplement rien à ce qui est généré et ne saura vraisemblablement pas l'utiliser. Ainsi donc, disent les plus optimistes du lot, ChatGPT pourrait même aider les développeurs indépendants à gagner davantage puisqu'ils devraient être en mesure d'accomplir leurs projets plus rapidement.

2. ChatGPT pourrait-il prendre la place des journalistes et des écrivains ?

Clairement, ChatGPT pourrait menacer certains postes d'une rédaction. Comme l'a indiqué Charlie Beckett, professeur à la *London School of Economics*, il n'est pas rare que les journalistes réutilisent des textes produits par des agences de presse comme l'AFP. L'écriture de nouvelles brèves, d'un style presque télégraphique, pourrait donc clairement être déléguée à ChatGPT.

Toutefois, les journalistes qui ont une belle plume, les éditorialistes, les auteurs de texte très personnels n'ont vraiment pas de souci à se faire. ChatGPT n'a pas de « style », pas d'individualité, cette façon d'écrire qui fait le charme de certains journalistes, sans oublier le fait qu'il n'est pas d'une totale fiabilité.

Qui plus est, on imagine mal une Intelligence Artificielle mener une enquête comme sait le faire un reporter. Bref, on imagine mal acheter un magazine dans lequel figureraient des articles qu'il a écrits. Vous n'aurez jamais au grand jamais un *Canard Enchaîné* produit par IA.

Quant aux écrivains, dans l'état actuel des choses, ils n'ont pas d'inquiétude à entretenir. Si, comme nous l'avons vu au chapitre 100 exemples de mise en pratique avec ChatGPT, ChatGPT peut imaginer des personnages, des intrigues, il est rarement très original et il lui manque ce qui fait la personnalité des écrivains dignes de ce nom : une façon d'agencer les situations, de gérer le suspense, d'amener le lecteur à trembler pour un personnage, de construire des phrases ayant une mélodie particulière et identifiable. Donc, même si certains pourraient arguer que ce n'est qu'une question de temps, pour l'heure, Stephen King, Amélie Nothomb et consorts n'ont pas de concurrence du côté de l'IA. Ce que le public apprécie de leurs œuvres relève de leur talent d'écriture propre.

Toutefois, ChatGPT peut s'avérer plutôt bon dans les livres pratiques. Par exemple, pour rédiger un guide fort simplifié de découverte d'un logiciel comme Word. Vous pouvez faire l'essai en lui posant des questions telles que :

- « Comment créer un tableau sous Word ? »
- ou encore « Comment découper un personnage sous Photoshop ? ».

Vous allez obtenir des réponses potentiellement exploitables dans un manuel pratique, car ce type de livre ne nécessite pas de style particulier. Notons qu'il faudra tout de même vérifier scrupuleusement ce que ChatGPT a produit car, au risque de nous répéter, il est le reflet de ce qu'il a rassemblé dans son exploration du Web, un média qui, par essence, n'est pas toujours fiable.

3. Quid des avocats ?

Lors du lancement de ChatGPT-4, OpenAI a mis en avant le fait que cette nouvelle version avait réussi avec mention l'examen d'admission au barreau américain. Pourtant, passer un examen est une chose. Être en mesure de défendre un client par le biais d'une brillante plaidoirie en est une autre. La profession d'avocat nécessite aussi des compétences de recherche d'information et d'aisance à la plaidoirie, qui ne semblent pas être à la portée des IA actuelles. En revanche, ChatGPT pourrait menacer certaines professions annexes, telles que la recherche de jugements passés ou l'écriture de documents juridiques.

G. Où se situe l’essentiel de la menace ?

En réalité, ChatGPT et les outils du même type devraient avant tout menacer les professions reposant sur des séquences d’action ultra codifiées et répétitives, et ne nécessitant pas d’initiatives particulières. Un peu comme les bras articulés qui effectuent la peinture ou la soudure sur les chaînes d’assemblage automobile ont remplacé les ouvriers qui étaient affectés à cette pénible tâche. Une même mutation devrait se produire dans les métiers extrêmement codifiés et somme toute peu attrayants.

Ainsi, dans le domaine de la production de contenu, la création de l’immense majorité des communiqués de presse repose sur un modèle tellement standardisé qu’il serait aisé de confier la tâche à ChatGPT – et plusieurs agences m’ont confié qu’elles y avaient recours dès à présent.

1. L'IA va-t-elle créer de nouveaux emplois ?

Fort bien. Toutefois, quel sera le solde d’une telle mutation ? L’IA va-t-elle engendrer plus d’emplois, plus de richesse redistribuée qu’elle n’en détruit ? On aimerait y croire, mais sans grande conviction.

Certes, une étude du cabinet Deloitte publiée en 2015 a affirmé que la technologie crée plus d’emplois qu’elle n’en élimine. Peut-être disait-elle vrai. Internet a donné naissance à l’e-commerce et a ouvert énormément d’opportunités, en modifiant notamment les modèles de production et de distribution des biens.

Toutefois, dans le cas de l’IA, on a encore du mal à percevoir d’où pourraient venir les myriades de nouveaux emplois car cette technologie a tendance à se substituer à des activités existantes sans ouvrir la voie à de nouveaux jobs. Lorsqu'une agence de presse décide de remplacer ses rédacteurs de communiqués par ChatGPT, elle perçoit là une économie et rarement l'occasion d'affecter lesdits rédacteurs – qui sont d'ailleurs souvent des *freelance* – à de nouveaux types de tâches.

Donc, la grande question demeure : comment remplacera-t-on ces emplois ? Est-ce que les gains de productivité gagnés grâce à l’IA pourront servir à améliorer le quotidien des populations au sens large ? En attendant, sans doute faudrait-il se prononcer en faveur de lois qui protègent les humains dès lors qu’un poste aurait été remplacé par une IA. En 2017, Bill Gates, le fondateur de Microsoft, s'était ainsi prononcé en faveur d'une taxe sur les robots. En gros, lorsqu'un employé est remplacé par un automate, la taxe permettrait de financer son reclassement. Un même type de loi pourrait être voté afin que l'IA serve à compenser les pertes d'emploi qu'elle engendre.

2. Des perspectives inattendues

Il est possible que l'IA soit demain employée d'une manière que nous n'avions pas du tout prévue. Lorsque le format MP3 a été créé par l'institut allemand Fraunhofer, afin de faciliter le codage de la musique et sa transmission sur Internet, ses concepteurs n'avaient pas imaginé qu'il allait favoriser, des années durant, la piraterie à grande échelle de morceaux protégés par le droit d'auteur. Et lorsque Mark Zuckerberg a lancé Facebook, il était à mille lieues de pressentir que ce réseau social pourrait être plus tard utilisé à des fins de manipulation politique. De même, lorsque le dénommé Satoshi Nakamoto a lancé Bitcoin afin que les citoyens puissent disposer d'une monnaie alternative à celles des banques, il n'imaginait pas que sa création allait attirer les spéculateurs de tous poils et entraîner dans son sillage certaines cryptomonnaies du même type, créées sur le mode « prends l'oseille et tire-toi ! » Dans bien des situations, la réalité a brillé par son caractère imprévu. On espère juste que, cette fois, nous serons surpris favorablement.

Dans une interview donnée sur France Inter, Yann Le Cun, chercheur émérite dans le domaine, a tenu à souligner que l'Intelligence Artificielle était à notre service chaque jour sans que nous le réalisions vraiment. Ainsi, la plupart des contenus haineux sur Facebook sont filtrés automatiquement par l'IA et nous ne les voyons même pas apparaître.

Ce qui est sûr, c'est que nous devons prendre le contrôle de l'IA et empêcher qu'elle ne puisse assumer la supervision de nos vies. Le mot-clé est : liberté de choix.

Chapitre 6
Mieux tirer parti de ChatGPT

A. Introduction

Faut-il passer à GPT-4, la version avancée mais payante de ChatGPT ? Peut-on l'essayer gratuitement ? Peut-on amener ChatGPT à explorer le Web au-delà de 2021 ? Toutes ces questions et bien d'autres trouvent leur réponse ici.

B. Les extensions de Chrome et Firefox

Vous appréciez ChatGPT mais estimez que cet outil présente encore bien des limitations ? Heureusement, diverses applications étendent son usage et en contournent les restrictions.

1. WebChatGPT : explorer le Web actuel

Cette extension fonctionne avec Chrome et Firefox.

Nous l'avons dit et redit, ChatGPT se base sur une exploration du Web qui va jusqu'à septembre 2021. Donc, chaque fois que vous posez une question relative à un fait intervenu depuis le début 2022, il ne sait pas vous répondre.

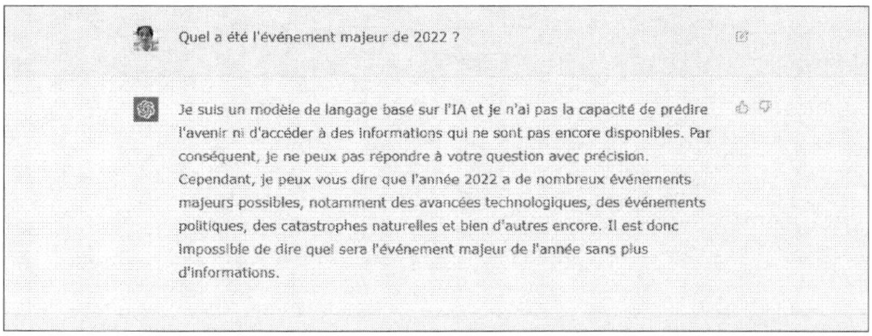

À la base, ChatGPT n'est pas en mesure de répondre à des questions concernant 2022 ou 2023 : sa base de connaissance s'arrête à septembre 2021.

Par bonheur, un développeur a contourné cette limitation. Si vous ajoutez l'extension WebChatGPT à votre navigateur, alors vous allez disposer d'un ChatGPT qui opère sur le Web actuel.

Une fois WebChatGPT installé, un petit menu apparaît en bas de l'écran de ChatGPT. Il faut que la mention « Web access » soit validée. À partir de là, ChatGPT peut explorer le Web au-delà de 2021 et vous répond en conséquence. De plus, dans ses réponses, il indique ses sources.

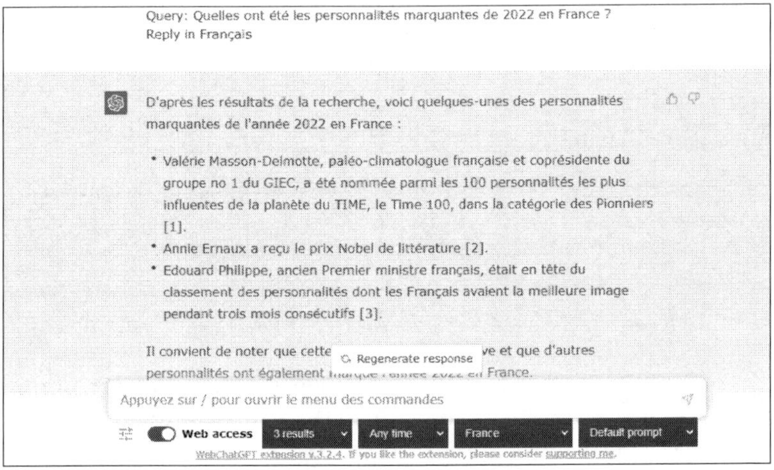

Grâce à WebChatGPT, ChatGPT peut nous renseigner sur des événements intervenus récemment.

2. ChatGPT for Google : obtenir les résultats de ChatGPT à côté de ceux de Google

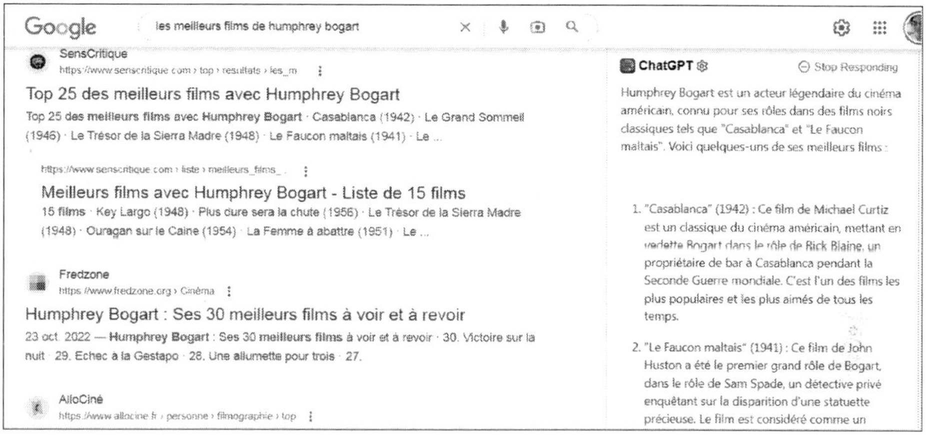

Avec ChatGPT pour Google, vous disposez sur une même page des résultats de Google et de ChatGPT !

ChatGPT for Google amène à bénéficier du meilleur de deux mondes sur une même page :

- celui de Google,
- et celui de ChatGPT.

Une fois cette extension de Chrome activée, lorsque vous tapez une requête sur Google, vous voyez apparaître sur la droite un cadre ChatGPT avec la réponse propre à cette IA.

3. ReaderGPT : produire des résumés de pages

Vous appréciez la capacité de ChatGPT de produire des résumés d'articles ? ReaderGPT vous apporte ce service directement dans Chrome. Par défaut, le résumé apparaît en anglais et il faut donc cliquer sur **Edit Prompt** puis modifier le « prompt » par défaut avec une phrase en français telle que « Résume l'article suivant ». Petit souci : ReaderGPT ne fonctionne pas sur de longs articles.

ReaderGPT vous amène à bénéficier de la fonction Résumé de ChatGPT directement sur une page affichée avec Chrome, mais uniquement sur des textes de taille raisonnable.

4. Converser avec ChatGPT

Vous préféreriez parler à ChatGPT pour spécifier vos requêtes plutôt que de les taper ? Nous avons testé plusieurs solutions et trouvé que TalkBerry fonctionnait fort bien avec le français. Parler ainsi à cette IA rend l'usage de ChatGPT plus fluide et aisé.

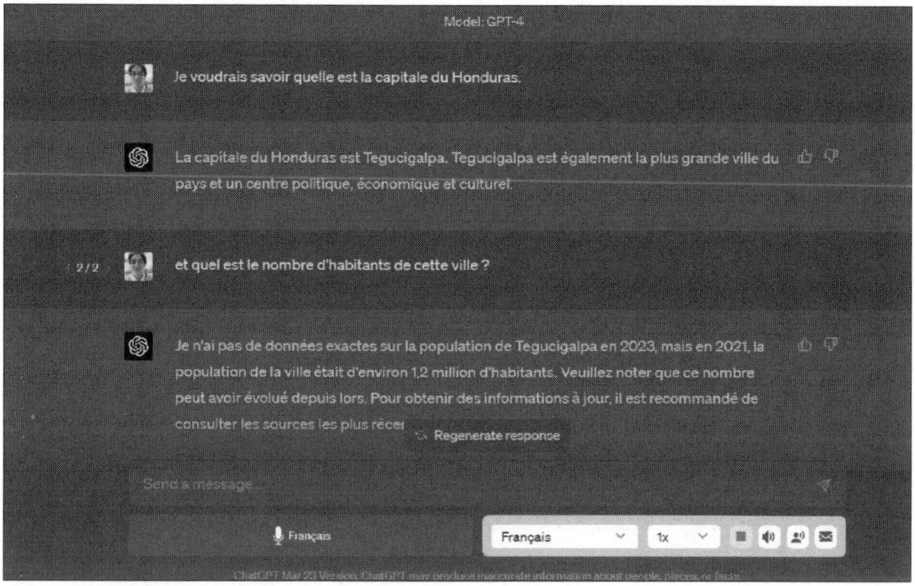

TakBerry vous permet de donner vos instructions en parlant à ChatGPT.

5. Les extensions proposées par OpenAI

Sachez aussi qu'OpenAI développe ses propres extensions et entend les publier au fur et à mesure. Pour être informé, vous pouvez vous inscrire sur la liste d'attente à cette adresse : https://openai.com/waitlist/plugins

C. Playground : pour mieux comprendre comment fonctionne un chatbot

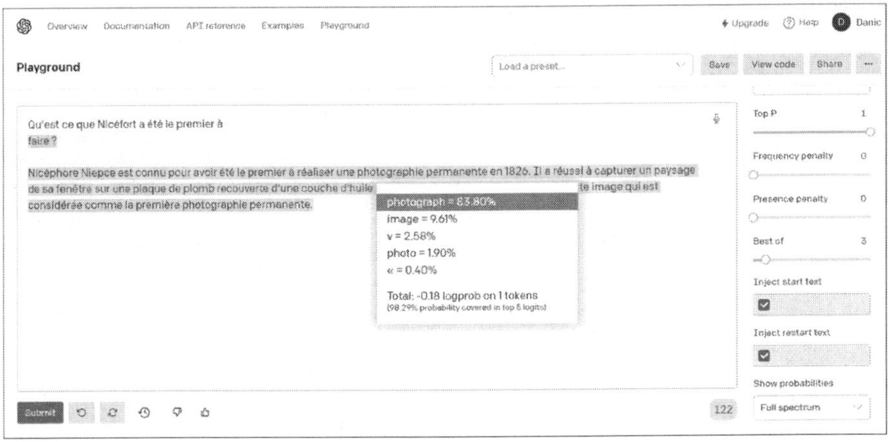

Playground, autre chatbot réalisé par OpenAI, a l'avantage de ne pas être bridé. De plus, il peut compléter une phrase et donner la probabilité d'apparition d'un mot particulier. Ici, nous avons pointé le curseur sur le mot "photographie".

Playground est un autre chatbot développé par OpenAI et il est accessible à cette adresse : https://platform.openai.com/playground/

Il a été le premier outil dévoilé par OpenAI dès la fin 2019, mais il s'adressait avant tout aux chercheurs et aux geeks, là où ChatGPT a été conçu pour le grand public et s'avère bien plus simple d'usage. Il porte bien son nom : ce terme signifie « terrain de jeu » et c'est ainsi qu'on peut le considérer. Il s'agit d'un outil d'expérimentation des potentiels de l'IA, avec une grande liberté de personnalisation. Vous pouvez notamment lui poser des questions qui ne sont pas "politiquement correctes" et auxquelles ChatGPT refuse de répondre, Playground acceptera de les prendre en compte.

La colonne de droite de Playground est dédiée aux options et elle peut vous permettre d'en apprendre davantage sur le fonctionnement de chatbot tel que ChatGPT. Ainsi, l'option située en bas à droite s'intitule **Show probabilities** (montrer les probabilités). Si vous choisissez **Most likely** (le plus probable) ou bien **Full Spectrum** (spectre intégral), elle va vous indiquer quelles ont été les probabilités pour qu'un mot d'une phrase générée ait pu être choisi.

D. GPT-4/ChatGPT Plus

Sur la colonne de gauche de la version gratuite de ChatGPT, vous avez peut-être remarqué la mention **Upgrade to Plus** suivie de la mention **NEW**.

Soit en français : « Faites la mise à jour vers ChatGPT Plus – NOUVEAU ».

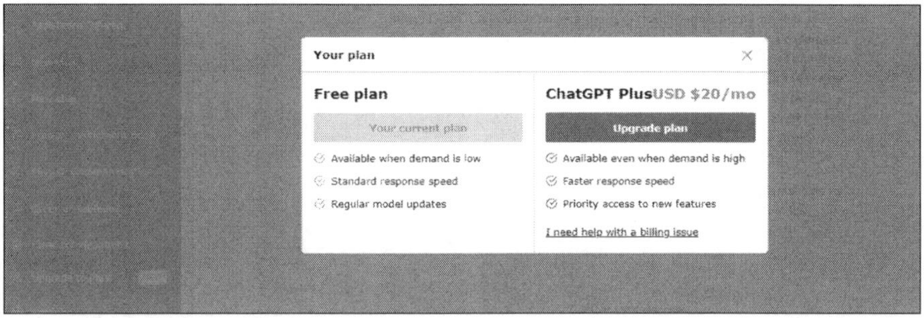

Si l'on s'abonne à ChatGPT Plus (soit 20 dollars par mois HT) on peut obtenir un accès à GPT-4, une version surboostée de ChatGPT

Si vous choisissez d'aller de l'avant, vous êtes dirigé vers une interface de paiement. Pour la somme de 20 dollars par mois + 4 dollars de TVA, vous pouvez avoir accès à divers avantages :

- Un accès privilégié et des temps de réponse plus rapides. Là où, avec l'accès gratuit, vous recevez parfois un message indiquant durant les heures de pointe, que le système est saturé et qu'il va falloir attendre, vous bénéficiez d'un accès prioritaire.
- Dès lors qu'une amélioration ou une nouveauté apparaît, vous en profitez sans attendre.
- Cet abonnement – résiliable à tout moment – vous donne accès à GPT-4. En d'autres termes, vous accédez à un modèle d'Intelligence Artificielle plus avancé que celui de la version gratuite de ChatGPT – GPT-3.5

Une fois l'abonnement souscrit, la mention GPT-4 apparaît en haut de la fenêtre de requête. À défaut, vérifiez bien qu'il s'agit du modèle actif. Vous pouvez aussi mettre à profit deux versions de GPT-3.5, ne serait-ce que pour comparer la qualité des réponses, celle intitulée **Default** étant la plus optimisée.

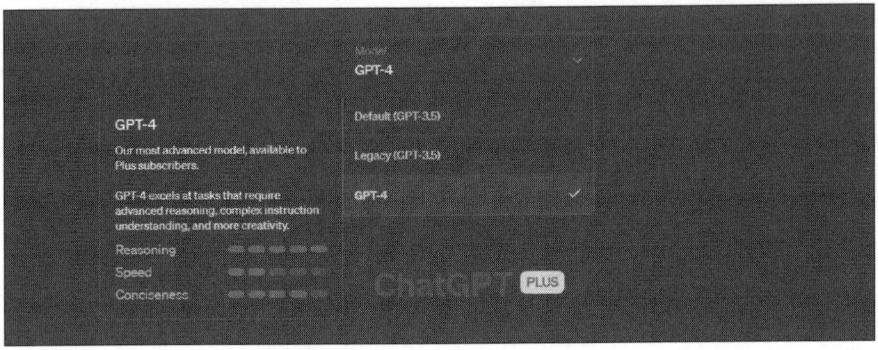

Une fois que vous avez souscrit à l'abonnement ChatGPT Plus, vous avez accès à trois modèles : GPT-3.5 en deux versions dont une optimisée (Default) et GPT-4, la nouvelle version.

1. Ce qui change avec GPT-4

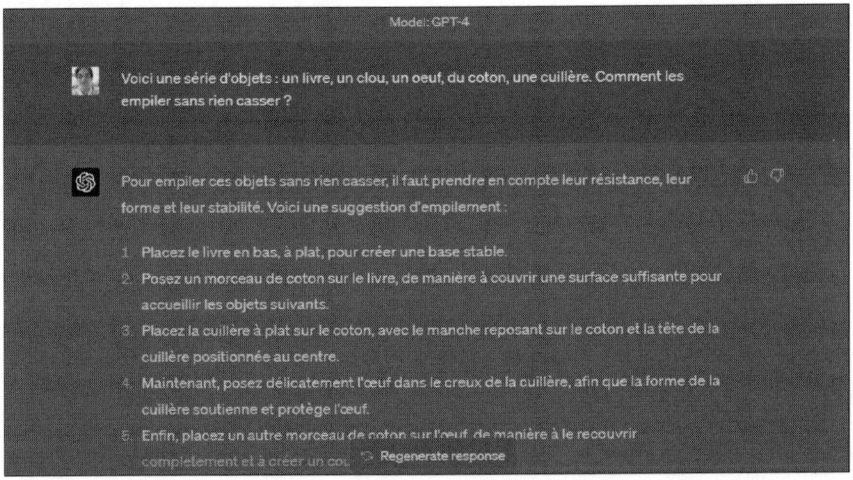

GPT-4 parvient à résoudre des tests de logique que ChatGPT classique – basé sur GPT-3.5 ne parvient pas à résoudre avec élégance.

C'est le 14 mars 2023 que GPT-4 a été lancé et OpenAI a fait miroiter de nombreuses améliorations marquantes.

Où se situe la progression en termes techniques ? En premier lieu, dans le nombre de paramètres analysés.

- GPT-3 base son analyse sur 175 milliards de paramètres.
- GPT-4 base la sienne sur 100 000 milliards de paramètres.

- Lorsque cette Intelligence Artificielle analyse un texte donné pour produire une réponse, elle est capable de considérer jusqu'à 8 192 mots précédents pour comprendre le contexte et produire une réponse pertinente.

Les limites au volume de texte que ce ChatGPT boosté peut produire en réponse à une requête évoluent pareillement : 25 000 mots au lieu de 3 000.

En revanche, tout comme son prédécesseur, à l'heure où sont écrites ces lignes, la connaissance de GPT-4 s'arrête à la fin septembre 2021.

2. Plus brillant que son prédécesseur en termes de logique

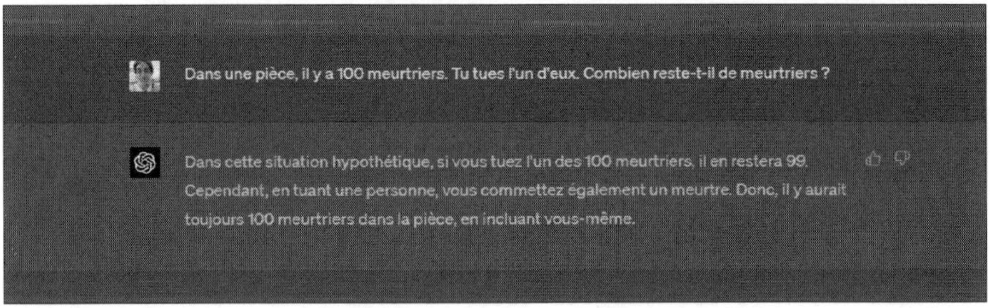

Sur ce test de logique, GPT-4 s'est montré plus brillant que son prédécesseur qui avait répondu 99.

Lors de nos essais, nous avons constaté que les réponses à certaines questions étaient plus détaillées et mieux énoncées qu'avec GPT-3.5.

GPT-4 se révèle plus brillant que son prédécesseur dans de nombreuses situations, un peu comme s'il réfléchissait davantage que son prédécesseur. En voici un exemple avec cette devinette :

Le fils de cet homme est le père de mon fils. Sachant que je ne suis pas une femme, quel est le lien de parenté entre cet homme et moi ?

ChatGPT, dans sa version gratuite, basée sur GPT-3.5 nous donne cette réponse, assez curieuse – et dont la logique est fausse :

```
Si vous n'êtes pas une femme, vous devez être un homme ou une
personne non binaire. Par conséquent, si le fils de cet homme
est le père de votre enfant, cela signifie que vous êtes le
partenaire (conjoint ou partenaire de vie) de ce fils, mais il
n'y a aucun lien de parenté direct entre vous et l'homme mentionné.
```

GPT-4, en revanche, nous donne la bonne réponse :

> En remplaçant "le père de mon fils" par "moi", la phrase devient "Le fils de cet homme est moi". Si l'on se pose la question du lien de parenté entre cet homme et vous, il faut alors comprendre que vous êtes le fils de cet homme. Par conséquent, l'homme en question est votre père.

Comme nous le voyons, GPT-4 est donc capable d'un raisonnement plus poussé. Soumettons-lui à présent une devinette réputée comme ultra complexe, et dont la création a été attribuée à Einstein.

```
Peut-on savoir qui est le propriétaire du poisson parmi ces
personnages ? Nous savons les faits suivants de chacun d'eux :
 1 - Le magicien habite dans la première maison.
 2 - La cartomancienne réside dans la maison rouge.
 3 - La maison verte est située juste à gauche de la maison blanche.
 4 - Le fakir boit du thé.
 5 - Celui qui fume des Rothmans habite à côté de celui qui élève
des serpents à sonnette.
 6 - Celui qui habite la maison jaune fume des Dunhill.
 7 - Le prestidigitateur fume la pipe.
 8 - Celui qui habite la maison du milieu boit du lait.
 9 - Celui qui fume des Rothmans a un voisin qui boit de l'eau.
10 - Celui qui fume des Pall Mall élève des perroquets.
11 - Le spirite élève des chiens.
12 - Le magicien habite à côté de la maison bleue.
13 - L'éleveur de chevaux habite à côté de la maison jaune.
14 - Celui qui fume des Philip Morris boit de la bière.
15 - Le propriétaire de la maison verte boit du café.
```

Lorsque nous avons soumis cette requête à ChatGPT-3.5, il nous a répondu qu'il n'était pas en mesure d'énoncer qui était le propriétaire du poisson.

Nous avons ensuite sollicité la version GPT-4 et, cette fois, ChatGPT a rempli un tableau détaillé avec les colonnes : couleur, métier, boisson, cigarette, animal. À partir de là, il a déduit la réponse correcte :

> On peut donc savoir que le propriétaire du poisson est le prestidigitateur qui habite dans la maison blanche.

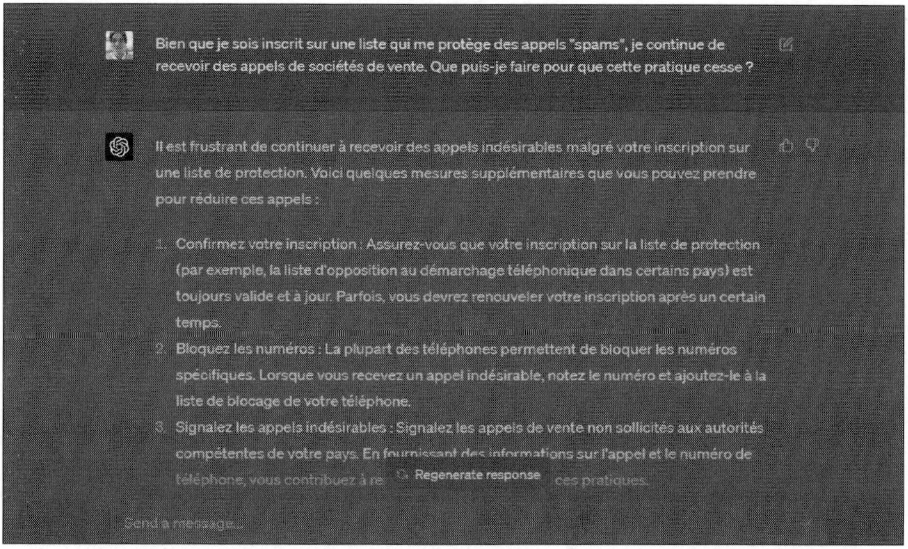

Dans cet exemple, ChatGPT basé sur GPT-3.5 propose parmi ses réponses de s'inscrire sur une liste d'opposition. GPT-4, pour sa part, a bien compris que nous y sommes déjà inscrits et propose de vérifier que cette inscription est toujours valide. Ainsi donc, il donne l'impression de mieux analyser ce que nous lui disons.

Ainsi, GPT-4 donne l'impression d'être "plus intelligent" dans la mesure où il effectue des raisonnements plus poussés et semble mieux comprendre la question qui lui a été posée, et de l'avoir analysée de façon approfondie. Par comparaison, GPT-3.5 relaye parfois le sentiment qu'il n'a pas bien lu notre requête. Un exemple simple, nous avons demandé à l'un comme à l'autre s'il pouvait programmer un Pong en Python. GPT-3.5 a répondu que oui, cela était possible. GPT-4, pour sa part, nous a immédiatement proposé le code correspondant.

3. Quelques promesses de GPT-4

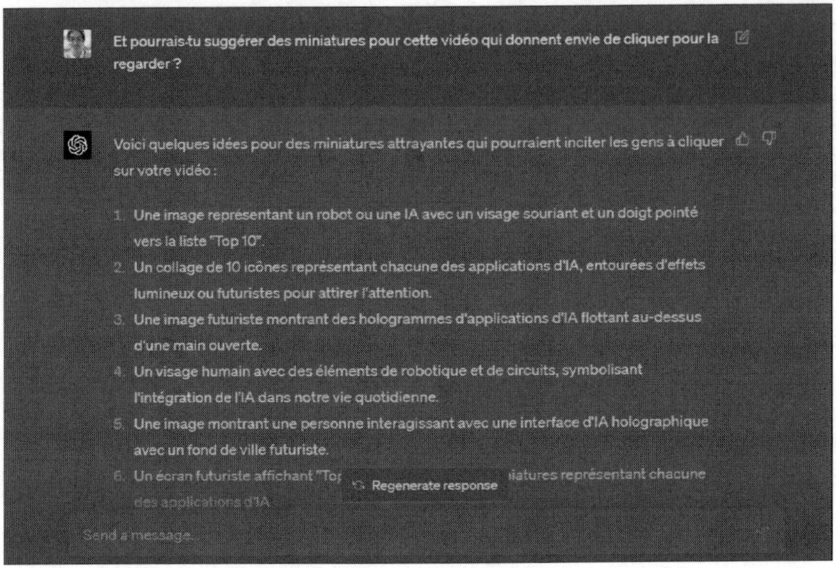

Lorsque nous avons demandé à GPT-4 de suggérer des titres et miniatures pour une vidéo YouTube, il s'est montré plus inventif que son prédécesseur.

Les essais que nous avons pu opérer avec GPT-4 laissent à penser que cette IA est encore en cours de test et optimisation par OpenAI, car certaines des promesses annoncées pour ce chatbot ne fonctionnaient pas bien à la mi-avril 2023. Toutefois, les points suivants ont été observés :

- GPT-4 propose des réponses habituellement plus complètes et précises et des textes généralement formulés de façon plus élégante. Nous avons tout de même rencontré quelques rares situations où ChatGPT, basé sur GPT-3.5, apportait une meilleure réponse. Parfois aussi, GPT-4 a refusé d'accomplir certaines tâches.
- Il est possible de lire des fichiers PDF depuis GPT-4, a annoncé OpenAI lors de son lancement. Étrangement, cela n'a pas toujours fonctionné et plus étrange encore : nous avons pu le faire depuis GPT-3.5 !
- Lorsque nous lui avons demandé de trouver des accroches pour une vidéo YouTube, ses réponses ont été plus inventives qu'avec la version gratuite de ChatGPT. Certaines réponses peuvent même être surprenantes. Comme l'a dit un Youtubeur qui a testé ce service : « je n'aurais jamais pensé à cela ». De façon générale, GPT-4 semble davantage à même de proposer des idées inattendues.
- Il est capable de prendre une ligne d'un relevé bancaire qui vous paraît obscure et de l'expliciter.

- Les programmeurs qui l'ont testé certifient que le code généré serait d'une qualité irréprochable, avec quasiment aucune erreur, ce qui n'était pas le cas avec la première version de ChatGPT.
- Un internaute est allé jusqu'à demander à GPT-4 comment il devrait agir pour prendre le contrôle de Twitter, évinçant Elon Musk au passage. L'IA lui a alors établi un plan cohérent. Il reste que, lorsque nous avons testé ce cas de figure, GPT-4 nous a répondu : « Je ne suis pas autorisé à fournir des informations sur des activités illégales ou dangereuses. » Il semblerait donc qu'OpenAI ait restreint ce type de demande.
- Un essai publié par des chercheurs de Microsoft affirme que GPT-4 serait en mesure de réaliser certaines actions sans avoir été entraîné spécifiquement, et sans avoir suivi de démonstration. À en croire lesdits chercheurs, il se servirait uniquement de ses capacités de déduction.

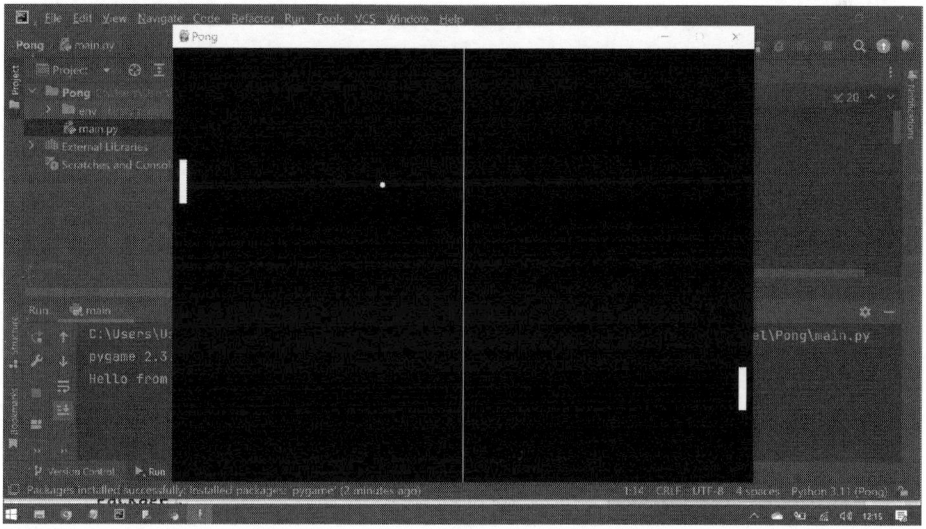

Cette version du jeu Pong a été écrite par GPT-4 en réponse à la question : "Est-ce que tu peux programmer un Pong en Python ?". Le programme a immédiatement fonctionné.

4. Capable d'analyser une image ?

Contrairement à ses prédécesseurs, GPT-4 est censé comprendre aussi bien les images que le texte. La démonstration effectuée par OpenAI a fortement insisté sur cet aspect : on peut donner une image à GPT-4 et lui demander de l'analyser. Un exemple : le lien vers une photographie d'un réfrigérateur ouvert lui est indiqué et GPT-4 peut proposer des recettes à partir de son contenu.

Il reste qu'à l'heure où ont été écrites ces lignes (mi-avril 2023), ce service n'était pas accessible. Nous avons tenté plusieurs approches mais aucune ne fonctionnait. En consultant l'aide de ChatGPT, nous avons trouvé un message d'un dénommé Joshua J., posté le 8 avril 2023 et indiquant clairement "Nous n'offrons pas ce service pour le moment". Il est certes un peu abusif d'avoir vanté cette option lors de la présentation de GPT-4 en mars alors qu'elle n'était pas encore disponible. Il se peut cependant qu'elle soit accessible au moment où vous lirez ces lignes mais, pour en avoir le cœur net, vous pouvez consulter l'aide en tapant "GPT-4 images".

5. Diplômé de plusieurs examens majeurs

Pour mieux tester les prouesses de ce nouvel outil, OpenAI lui a fait passer plusieurs examens de haut niveau.

GPT-4 a ainsi concouru au *Uniform Bar Exam* (UBE), un examen standardisé utilisé aux États-Unis pour évaluer les compétences juridiques des candidats au barreau. Globalement, le score de GPT-4 à l'UBE a été similaire à celui du top 10 % des étudiants. Il semble donc possible d'obtenir des avis juridiques compétents de la part d'une telle Intelligence Artificielle. Par ailleurs, GPT-4 a été soumis au test SAT, un examen standardisé largement utilisé aux États-Unis pour évaluer les compétences académiques des lycéens et des étudiants qui cherchent à poursuivre des études supérieures. Il a obtenu la note de 1410/1600 et s'est placé dans le top 6 %. Par ailleurs, il a obtenu la note de 5/5 à l'examen de biologie.

6. GPT-4 maîtrise 26 langues

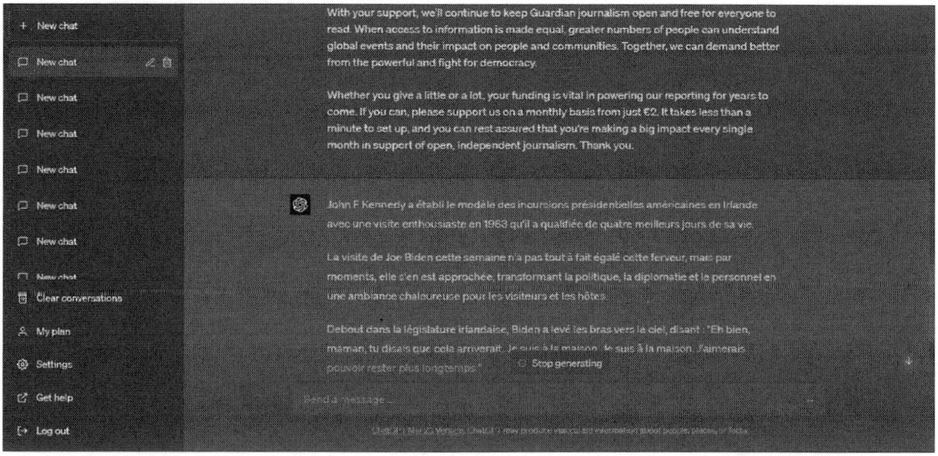

Les aptitudes à la traduction de GPT-4 nous ont paru légèrement meilleures que celles de Deepl et de Google Traduction.

Il est possible de s'adresser à ChatGPT Plus dans 26 langues différentes. Outre l'anglais, le français ou l'espagnol, GPT-4 parle des langues telles que le turc, le sud-africain, le telugu – l'une des langues les plus parlées en Inde, ou le marathi, une autre langue pratiquée en Inde. Et son aptitude à la traduction est fort élevée.

E. Peut-on essayer ChatGPT-4 gratuitement ?

Nous l'avons vu : ChatGPT Plus/GPT-4 est accessible aux utilisateurs acceptant de débourser un abonnement de 20 dollars par mois. Toutefois, il y a plusieurs façons d'avoir accès gratuitement à ses services, ou bien encore à peu de frais, ne serait-ce que pour tester ses capacités avant de choisir de s'y abonner.

1. Microsoft Bing depuis le navigateur Edge

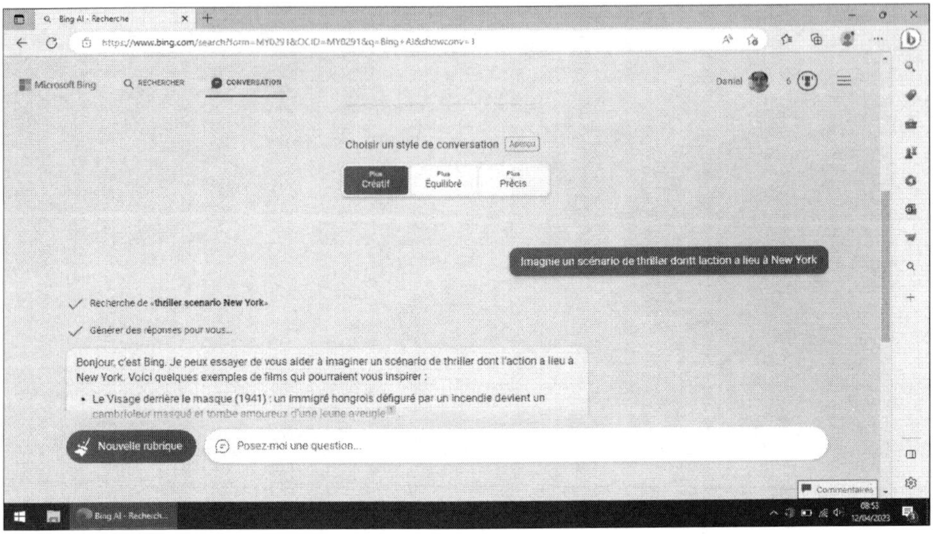

Si l'on charge Bing depuis le navigateur Edge, on accède à un service qui exploite aussi bien une version apparemment limitée de GPT-4 que le moteur de recherche Bing. Notons que trois styles de conversation nous sont proposés : Créatif, Équilibré, Précis.

✎ La première option consiste à lancer le moteur de recherche Bing de Microsoft depuis le navigateur Edge.

Comme nous l'avons vu au chapitre Une histoire de l'Intelligence Artificielle et de ChatGPT, Microsoft est devenu l'un des principaux investisseurs d'OpenAI et souhaite exploiter les capacités de ChatGPT pour favoriser ses propres solutions. Et donc Bing intègre GPT-4 et ouvre donc un accès gratuit à cette dernière version de l'IA.

✎ Depuis le navigateur Edge de Microsoft, lancez le moteur de recherche Bing (bing.com), puis sélectionnez **Conversation**. Un panneau s'ouvre alors. Confirmez que vous souhaitez démarrer une **Discussion**. Vous passez dans ce mode **Discussion** qui correspond à ChatGPT, animé par GPT-4.

Lors de nos essais, il a été nécessaire de disposer d'un compte Microsoft – très aisé à créer le cas échéant.

Notons que trois styles de réponses sont proposés : Créatif, Équilibré, Précis.

Il existe un autre avantage induit : cette version de l'IA peut consulter des informations du Web, et donc inclure dans ses réponses des informations postérieures à septembre 2021. De plus, les sources sont citées.

Avec le navigateur Microsoft Edge, GPT-4 est aisé à utiliser et, mieux encore, peut être sollicité à tout moment. Lorsque l'on consulte un site web, il suffit, depuis Edge, de cliquer sur l'icône (comme Bing). Une fenêtre latérale s'ouvre sur la droite et elle donne accès à la puissance du couple Bing/GPT-4 sur la page que l'on consulte. Certaines de ses réponses m'ont paru fort succinctes.

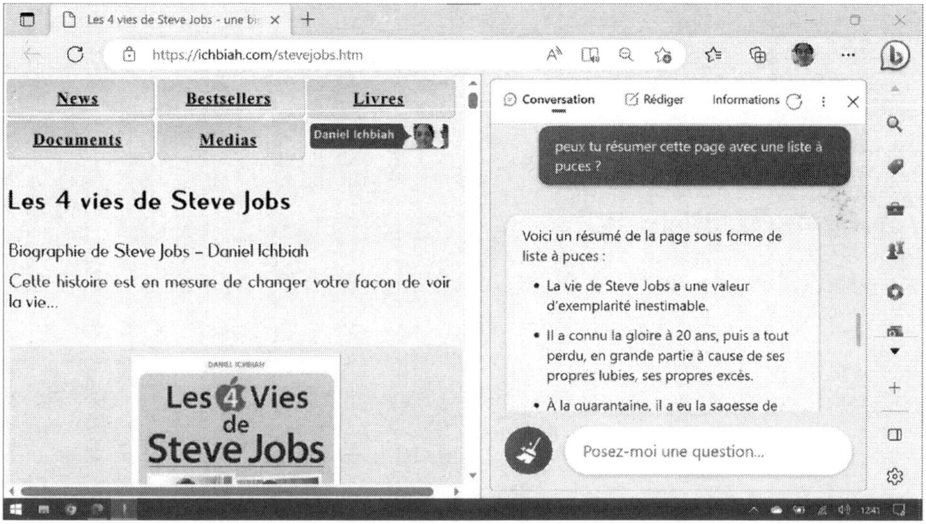

Si l'on utilise le navigateur Edge de Microsoft, il suffit de cliquer sur l'icône en haut à droite pour disposer des services de GPT-4 sur la page en cours.
Et c'est extrêmement appréciable.

Là n'est pas tout : avec le couple Edge/Bing, on dispose d'une fonction « text-to-image » – on tape un texte et il crée l'image correspondante. Bing délègue alors la tâche à l'application DALL.E 2 d'Open AI. Seul revers : cette fonction n'était pas accessible en français au moment où nous l'avons testée. Il faut donc s'astreindre à rédiger sa requête en anglais. Nous voyons alors s'afficher quatre propositions de dessins correspondant à la demande effectuée.

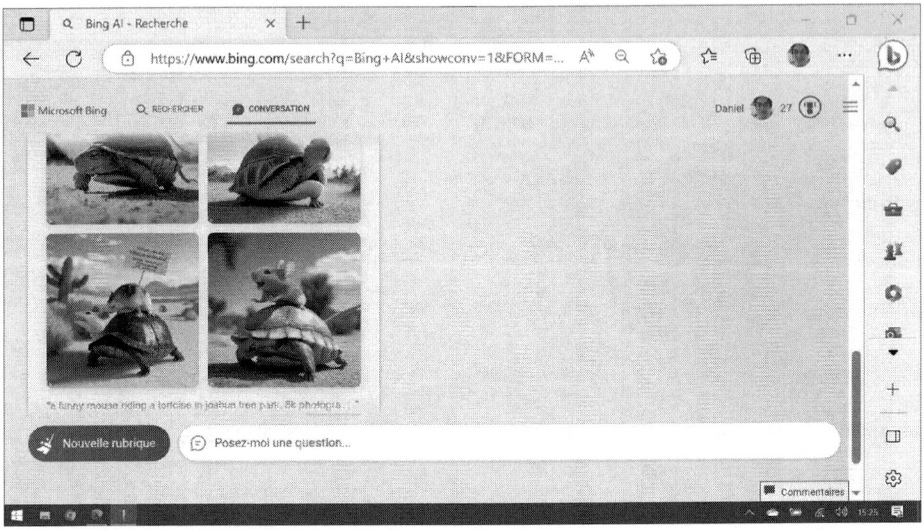

Il est également possible, depuis le couple Edge/Bing, d'indiquer des requêtes de création d'images à partir de texte. Bing délègue alors la tâche à DALL.E 2.

Donc, autant le dire : Microsoft a frappé fort car le service qu'elle offre pourrait décemment inciter un grand nombre d'utilisateurs à adopter le navigateur Edge et le moteur de recherche Bing. Et de fait, on prend aisément goût à cette possibilité de cliquer sur l'icône pour avoir accès aux services de ChatGPT depuis une page web.

2. Bing depuis Google Chrome

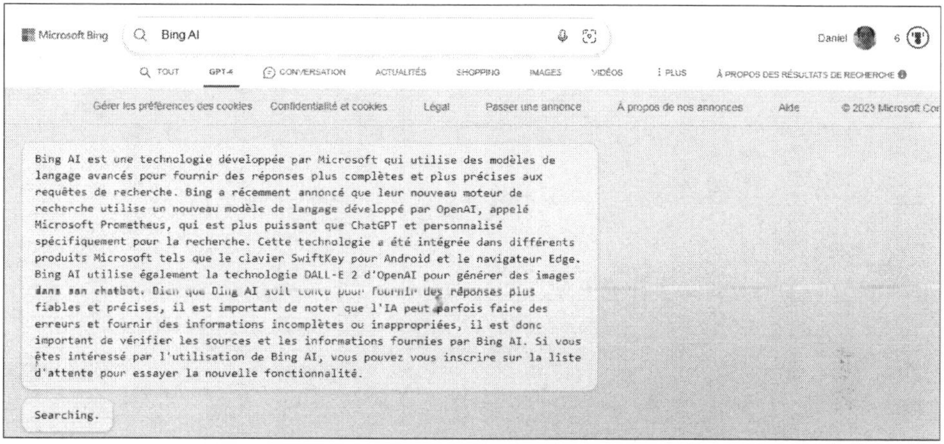

Accès à GPT-4 depuis le moteur de recherche Bing, sous Google Chrome.

- Si vous opérez depuis Chrome, téléchargez l'extension **GPT-4 pour la recherche Google et Bing**. Une fois celle-ci activée, lorsque vous êtes sur Bing, cliquez sur **Conversation**. Une option GPT-4 apparaît alors au menu.

Seul souci : avec cette extension **GPT-4 pour la recherche Google et Bing**, il arrive que l'on pose une requête et que l'on attende indéfiniment.

3. Bing depuis Firefox

- Pour les autres navigateurs, tels que Firefox, téléchargez l'extension **Bing Chat for All Browsers**. Une fois sous Bing, il suffit alors de choisir **Conversation**. Notons que cette extension fonctionne également avec Chrome.

Hélas, avec cette extension **Bing Chat for All Browsers**, il ne semble pas possible de "remonter" pour visualiser les textes précédents – cette anomalie aura peut-être été corrigée lorsque vous lirez ces lignes.

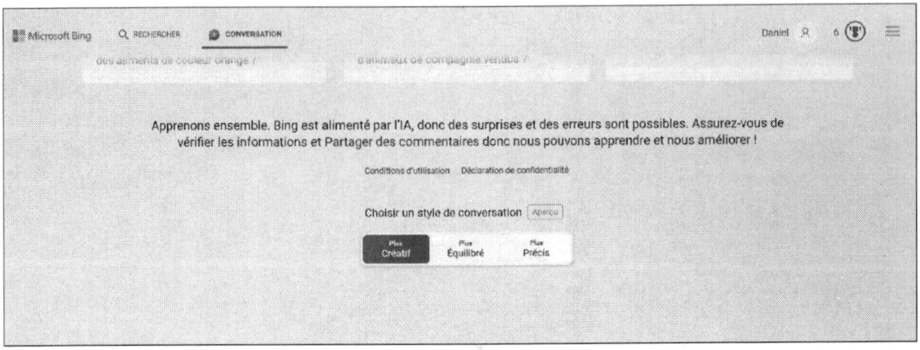

Accès à ChatGPT Plus/GPT-4 depuis Firefox, grâce à l'extension Bing Chat for All Browsers.

Ainsi donc, Bing donne accès à la puissance de GPT-4 sans bourse délier. Dans la pratique, il n'a pas toujours été particulièrement brillant et on peut espérer que cette solution va être améliorée au fil des mois.

4. Ora.sh

La plateforme Ora.sh donne gratuitement accès à divers modèles d'IA, dont GPT-4. Pour l'utiliser :

- Tapez https://ora.sh/openai/gpt4 dans votre navigateur.
- Cliquez en bas de l'écran pour vous inscrire – vous pouvez utiliser vos identifiants Google pour gagner du temps.
- Une fois inscrit, posez vos questions, là encore depuis la page https://ora.sh/openai/gpt4. Vous aurez les réponses de GPT-4. Le temps d'attente est cependant parfois long, même très long.

5. Poe sur iPhone : une question par jour

Si vous installez l'application Poe sur votre iPhone ou iPad, vous pouvez choisir, dans le menu déroulant sur la droite, le modèle GPT-4. Vous pouvez alors lui poser une question, mais seulement une par jour. En revanche, la réponse est immédiate, ce qui est appréciable.

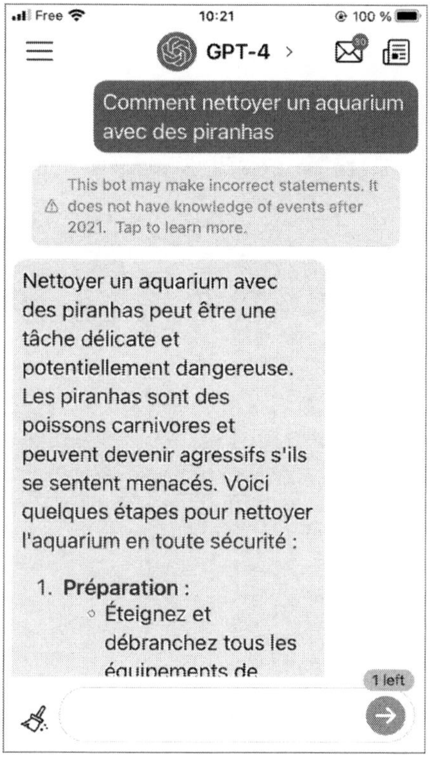

L'application Poe sur iPhone peut donner accès à GPT-4 mais uniquement à raison d'une question par jour dans la version sans abonnement.

Vous avez droit à la même possibilité (une question par jour) depuis le site web poe.com.

6. OpenPlayground : GPT-4 accessible pour 5 dollars

Nat Friedman, le précédent directeur du site GitHub – dédié aux développeurs, a créé un outil, OpenPlayground à même de comparer les prouesses de diverses IA et cela inclut GPT-4. Voici comment faire pour y accéder :

- Tapez **nat.dev** dans votre navigateur.
- Inscrivez-vous – vous pouvez utiliser vos identifiants Google pour aller plus vite.
  Nat Friedman vous demande d'approvisionner votre compte d'une somme minimale, soit 5 dollars.
- Sur la partie droite, dans **Model**, sélectionnez **gpt-4**.
- Vous pouvez alors taper votre requête dans l'interface et cliquer sur **Submit**.

F. Faut-il passer à GPT-4 ?

Certains de ceux qui ont pu tester GPT-4 en avant-première nous ont fait miroiter des capacités démultipliées. C'est ainsi que, le 11 janvier 2023, en découvrant les capacités de GPT-4, l'entrepreneur Simon Hoiberg, s'est fendu d'un post sur LinkedIn qui résumait selon lui le pas en avant réalisé :

"GPT-4 va donner à ChatGPT l'allure d'un jouet".

Je n'ai pas encore été en mesure de percevoir une différence d'un tel niveau et il se peut que mon jugement change au fil des mois. Mes propres tests ont laissé à penser que GPT-4 était encore en phase de test et d'optimisation par les équipes d'OpenAI. Et il semble que les équipes de Microsoft chargées d'intégrer cette IA dans Bing soient elles-mêmes dans une même phase.

Donc, GPT-4 mérite-t-il de débourser l'abonnement mensuel requis ? La réponse sera positive uniquement si vous en faites un usage poussé, dans des domaines pointus tels que la programmation.

Si votre usage est modéré, alors ChatGPT dans sa version gratuite fera largement l'affaire, d'autant que vous pouvez recourir à Bing si vous avez besoin d'aller plus loin.

Plus les mois vont passer et plus ChatGPT est appelé à exceller, mais il en sera certainement de même pour les chatbots que comptent proposer des sociétés comme Google ou Baidu.

G. L'IA n'est pas la solution à tous nos problèmes

Tout au long de ce livre, nous avons examiné ChatGPT sous ses diverses facettes :

- Comment ChatGPT s'inscrit dans une vaste quête, longtemps infructueuse, de créer des outils d'Intelligence Artificielle.
- Comment il a été formé à comprendre et à parler notre langage naturel.
- Pourquoi l'arrivée de ChatGPT a été un tournant décisif dans l'Histoire de l'IA.
- Comment fonctionne ChatGPT et pourquoi il n'est pas fondamentalement intelligent.
- Comment écrire des "prompts" (requêtes) de façon optimale.
- Quelles sont ses applications pratiques et comment il peut vous assister dans vos activités.
- Les limites d'un tel outil.
- Quelle menace représente-t-il sur le marché du travail ?
- Quels sont les défis liés à l'apparition de tels outils d'IA ?

ChatGPT a été le déclencheur d'une révolution, et celle-ci n'a pas fini de nous surprendre. L'intrusion d'outils d'IA dans notre civilisation a de très nombreuses implications.

Dans le même temps, l'IA a la capacité de rendre réelles des applications qui ont longtemps paru être cantonnées aux sagas de science-fiction. Et elle peut raisonnablement susciter des préoccupations. Ainsi, les applications de reconnaissance d'un individu peuvent décemment produire des frissons dès lors que l'on imagine qu'elles auraient été disponibles durant certaines heures sombres de notre passé. Dans le même temps, l'IA est en mesure de résoudre un grand nombre de problèmes de l'humanité.

Une application telle que ChatGPT, de par sa capacité à comprendre diverses langues et à les traduire instantanément, avec une grande fidélité, est en mesure de faciliter une communication à grande échelle. Les capacités de reconnaissance vocale, développées aussi bien par Google ou Apple qu'OpenAI et d'autres, s'inscrivent dans une même vision d'échanges plus aisés.

Dans le domaine de l'éducation, bien des étudiants décrochent faute d'avoir pu aborder un domaine avec une pédagogie adaptée à leur niveau. L'IA est en mesure d'apporter un tel soutien personnalisé. Elle devrait également contribuer à améliorer la formation continue.

Le secteur de l'emploi est clairement un facteur de préoccupation. Toutefois, on se surprend à rêver que les gains de productivité apportés à l'IA puissent aider à modeler une société où une part du temps de travail hebdomadaire serait réaffectée à l'acquisition de compétences dans des activités plus enrichissantes. Il n'est nullement question de sombrer dans une quelconque vision utopiste, mais on peut au moins dessiner des voies d'évolution a priori souhaitables. Il apparaîtrait également judicieux de taxer les IA à même de supprimer des emplois afin qu'une telle manne aide à la reconversion des intéressés.

En médecine, il importe de noter que l'IA contribue d'ores et déjà à des diagnostics affinés, des traitements mieux supportés par les patients et parfois aussi à des vies sauvées. Par ailleurs, sa capacité à analyser d'immenses volumes de données aide à identifier des tendances qui autrement passeraient inaperçues.

Le dérèglement climatique n'est pas en reste. L'IA est en mesure d'optimiser la consommation énergétique en mettant à contribution diverses solutions durables. Et, là encore, le traitement de vastes quantités d'informations est à même de nous alerter de façon précoce sur des risques pesant sur des régions de la planète.

Que pouvons-nous en conclure ? En premier lieu, que la technologie n'est ni bonne ni mauvaise. C'est l'usage que nous en tirons qui détermine un tel facteur. Certains redoutent que l'IA puisse superviser nos vies et prendre des initiatives à notre détriment et ils n'ont pas tort. Il faut juste que des mesures soient prises en amont afin d'éviter un tel scénario et il est d'ailleurs intéressant de voir que l'Union européenne entretient cette préoccupation. Inversement, l'IA ne va pas résoudre tous nos problèmes et il n'est pas non plus souhaitable qu'elle puisse induire un mode de vie asservi à des machines programmées pour un meilleur des mondes arbitraire.

Il est essentiel que nous soyons vigilants et que nous insistions pour que des réglementations soient mises en place afin que les IA comme ChatGPT soient employées de manière responsable. Nous vous encourageons à rester au fait des actualités de ce domaine et à veiller à ce que l'IA ne soit jamais autorisée à marquer son territoire sans notre consentement.

Il est raisonnable d'assumer que le créateur d'une chose est supérieur à ladite chose.

Quelles que soient les prouesses apparentes de cette technologie, il faut toujours poser la question : qui a créé l'Intelligence Artificielle ?

A

AIDE À L'ÉCRITURE

B

BILL GATES

C

CHANSON

CHATBOT

CHATGPT

CHATGPT PLUS

COMMUNITY MANAGEMENT

CRÉATION DE CONTENUS

D

E

G

T

U

W